친애하는
나의
민원인

친애하는
나의
민원인

'외곽주의자' 검사가 바라본
진실 너머의 풍경들

정명원 지음

한겨레출판

추천의 말

판사라는 직업 때문인지 검사가 쓴 글은 긴장하며 읽게 된다. 스토리텔링이 강한 검사는 특히 위험하다. 판사의 심증을 뒤흔들기 때문이다. 늘 그렇듯 '어디 한번' 하는 마음으로 중심을 바짝 낮췄으나, 프롤로그부터 이끼를 밟고 미끄덩하다 첫 꼭지가 끝나기 전에 머리털이 쭈뼛 서며 중심이 무너졌다. 그 뒤론 뭐, 저자가 가자는 대로 정신없이 달릴 수밖에. 꼭 차안대를 쓴 말 같았다고 할까. 한 순간도 딴생각이 들지 않을 만큼 대단한 문장의 흡인력이다. 군말이 필요 없다. 심각하게 재밌다. 피해자로, 피의자로, 민원인으로, 혹은 피고인과 증인으로 이름만 달리하여 출몰하는 상처투성이 사람들에게, 생의 한 귀퉁이를 정성스레 내어 준 사람만이 할 수 있는 이야기다. 그 얘기를 들려준 사람의 직업이 마침 검사여서 마음 놓였다. 개혁이라는 게 뭐 그리 거창할 게 있을까 싶다. 죄를 묻기 전에 먼저 밥 먹었냐 안부를 묻고, 정량의 범죄 너머 있을 부정량의 그 무엇을 궁금해하며, 조직의 단단한 외곽에서 끊임없이 균열을 꿈꾸는 사람, 삶의 모서리에 마음 다치고 지친 사람들과 국수 한 그릇 같이 먹고 싶다 말하는 사람, 이런 내가 검사여도 괜찮을까 자문하는 사람, 바로 저자 같은 검사가 자주 눈에 띄게 하는 것. 그게 바로 우리가 바라는 진짜 개혁 아닐까.

_박주영, 판사·《어떤 양형 이유》저자

재판 도중 피고인이 사라진다. 사기 피해자들이 상복을 입고 검찰청을 방문한다. 방화사건의 증인이 법정에서 갑자기 자신이 범행을 저질렀다고 고백한다. 검찰 공판부 검사로 오래 일한 저자의 《친애하는 나의 민원인》은 시시비비를 가리는 일의 복잡함에 대한 기록이다. 사람들이 법정에 서기까지의 사연은 뉴스에서처럼 한 줄로 요약되기 어렵다. 법의 테두리 안에서 사고하는 사람의 자기성찰은 이 책의 장점이다. "단호함과 성실함을 탑재한 법조인들이 무언가에 대해 확고한 기준을 갖는다는 것"에 대한 첫 글을 읽고 나면, 책의 나머지 부분도 읽고 싶어질 것이다. 검찰이라는 조직, 동료 검사들과의 관계에 대한 이야기 끝에 가족의 이야기를 꺼내는 순간도 놓치지 마시길. 원의 중심이 명백한 한국사회, 그것도 검찰이라는 조직에서 중심을 놓치지 않고 살아가는 워킹맘의 목소리. 그 누구도 세상살이의 고단함에 지지 않기를 응원하며 읽게 된다.

_이다혜, 《씨네21》 기자·작가

낭만주의 이끼 씨의
검찰 생존기

혹시 만약에, 나중에 말이야, 책 같은 걸 쓰게 된다면 필명을 써야겠다고 생각해본 적이 있어. 내 이름보다도 나 같은 어떤 다른 이름! 뭐라고 하면 좋을까? 나무나 꽃이나 뭐 그런 것 중에 하나면 좋을 것 같은데…. 나는 식물을 좋아하니까, 아무래도 내 삶이라는 것이 좀 식물성에 가까우니까.

'이끼! 어때?'

지구과학 사전에는 이끼류에 대해 '선태식물의 선류에 속하는 하등식물을 말한다'라고 쓰여 있어. 무슨 말인지 잘 모르겠지만 어쨌든 하등식물이라는 말이 마음에 들어. 어딘가 안심이 되는 느낌이야. 나를 이끼류라고 분류하는 것에 누구라도 별다른

이의는 없을 것 같아. 내가 이끼 같은 방식으로 삶을 살아왔다고 하는 것에 대해서 말이야. 어쨌거나 주목받는 쪽은 아니었고 어디서나 튀지도 빛나지도 않았지. 가만히 있으면 내가 거기 있다는 걸 사람들은 잘 몰랐고 누군가의 큰 기대를 받지도 않았어. 그러나 분명한 건, 놀랍게도 나는 언제나 거기에 있었다는 거야. 바위틈이든 나무 밑동이든, 대한민국의 검찰청이든, 좀 서늘하고 어두운 곳, 나는 거기 있었지. 다른 무엇이 아닌 이끼로서! 언제라도 거기에 있었던 존재라는 사실만으로 뿌듯할 수도 있을까. 지난 세월, 내가 나로서, 다름 아닌 이끼로서 거기에 있으려고 했다는 사실이 이제 와서 생각하면 조금은 자랑스러워. 그러니까 이끼로서 존재하기를 포기하지 않았다는 점 말이야. 그것이 나의 자존감의 핵심이지.

어찌어찌 사법시험은 붙었고, 리얼 법조인력시장의 냉혹한 찬바람을 피해 국가의 녹을 먹는 법률 노동자가 된 이끼를 사람들은 검사라고 불렀어.

"이끼야 너는 왜 검사가 되었니?"

선배 검사의 질문에 "세상의 가장 가까운 곳에 서 있고 싶었습니다"라고 아직 발등이 연두색이던 시절의 이끼는 대답했어.

"그래 뭐…. 그럴 수도…. 잘해봐."

오그라든 손가락을 하나씩 펴며 선배 검사는 말했지.

세상의 가장 가까운 곳? 어쩌자고 그런 곳에 서려고 했을까. 머지않아 이끼는 자신이 처음에 한 말이 얼마나 순진하고 호기로운 것이었는지 깨달았어. 살고, 사랑하고, 속이고, 일하고, 다투고, 찌르고, 외면하고, 울고, 탓하고, 쾌락하고, 절망하고, 그러고도 계속해서 무언가를 꿈꾸기를 멈추지 않는 사람들의 이야기는 끊임없이 밀려왔지. 기록으로 인쇄되어 오는 삶들을 가르고 계량해서 그에 적합한 이름표를 붙여주는 일은 언제나 버거운 것이었어. 하물며 그것을 직업으로 밥 벌어 먹고사는 일이란 늘 고단하고도 두려운 것일 수밖에.

뜨겁고 뭉클한 삶의 결들을 세상에서 가장 간결한 문체로 공소장에 옮기는 것이 검사의 일이라는 걸, 하여 아무리 무심하고 시크한 글씨체를 선택한다 하더라도, 검사의 삶이란 늘 어느 정도 울렁거릴 수밖에 없다는 걸 이끼는 명실상부한 이끼가 된 다음에야 어렴풋이 알게 되었지. 어쨌든 이끼는, 습하고 어두운 모든 순간에 그곳에 있었어. 이끼로서.

원래 이동성이 좋지 못한 이끼였으므로 다른 선택의 여지도 없었던 것 아니냐고 할 수도 있겠지만, 꼭 그것만은 아닐 거라고 이끼는 생각해. 서늘한 그곳에 뿌리를 걸고 삶의 축축한 단편을 기꺼이 잡고 있는 일, 개미나 지렁이나 이름을 알지 못하는 작은 생물들의 그늘이 되어주는 일, 그리고 얼마 되지 않는 나의 엽록

소로도 광합성을 멈추지 않는 일…. 그런 일들을 하기 위해 매일 눈을 뜨고 출근하기를 멈추지 않은 것은 어쨌든 이끼의 선택이었으니까.

그 모든 일들이 실은 이끼였기 때문에 가능한 일인지도 모른다는 생각을 하게 된 것은 불과 얼마 전의 일이야. 내가 만약 키 큰 나무이거나 화려한 꽃이라거나 아무튼 좀 더 우쭐한 무엇이었다면 할 수 없는 일이고 알 수 없는 세상이었겠지. 그렇게 생각하면 기꺼이 최선을 다해 이끼로서 존재하고자 했던 한 시절에 대해 이제 좀 더 자랑스럽게 이야기 할 수 있지 않을까 하는 생각도 하게 된 것이지.

오래된 검찰청 건물에는 창마다 방범창이 있어. 그야말로 검찰청 창살 쇠창살인 셈이야. 보통 방범창은 외부로부터의 침입을 막기 위해 설치하는데, 검찰청의 창살은 그 반대의 용도, 그러니까 안으로부터 누군가 밖으로 뛰어내리는 것을 막기 위한 용도로도 설치된다는 사실은 우리의 일터를 한결 더 서늘하게 하지. 쇠창살이 총총히 쳐진 창을 등지고 세상으로부터 실려온 기록에 머리를 박고 있다가 문득 고개를 들면 세상이 갇힌 것일까, 내가 갇힌 것일까, 아득한 생각이 밀려오기도 해. 저 창살을 넘어 검사인 내가 세상을 향해 할 수 있는 말이 있을까. 세상 시크한 명조체의 공소장 말고 나에게 허락된 이야기가 있을까. 감히, 그런 생각을 해볼 수 있게 된 것은 실은 이곳이 '세상의 가장 가까운 곳'이 아닐지도 모른다는 사실을 깨달았기 때문이야.

이상한 말이지만, 벼락처럼 책상 위로 내려와 꽂히며 나를 압도하던 수많은 인간 군상의 이야기들이 실은, 허다한 세상의 이야기 중 그저 일부일 뿐이라는 사실이 나를 안도하게 해.

내가 더듬는 것은 거대한 생의 옷자락 중 한 귀퉁이에 불과할 뿐이며, 그마저도 진실이 아닐 가능성이 많다는 것, 그리고 무엇보다 가슴 뛰는 생의 위대함이나 삶의 정수 같은 것은 내가 만지작거리는 삶의 한 귀퉁이보다는 훨씬 더 풍부하고도 복잡한 무엇에 의해 결정지어지는 것이리라 생각하면, 조금은 가벼운 마음으로 숨이 쉬어진다고나 할까. 그렇다면 비로소 조금은 가벼워진 마음으로, 세상의 외곽 어느 지점에서 내가 본 것들에 대한 이야기를 꺼내볼 수도 있지 않을까, 그런 것들도 세상에 나가 이야기가 될 수 있지 않을까. 그런 생각으로 창살 위로 덧대어진 블라인드 하나를 걷어볼 용기를 낼 수 있게 된 거야.

검사도 알고 보면 평범한 사람이라거나(사람이 아니면 무엇이겠어), 검찰을 향해 폭포수처럼 쏟아지는 비난들에 대해, 대부분의 검사들은 이러하니 양해해주시기를 바란다는 항변 같은 것을 하고 싶지는 않아. 그런다고 거두어질 비난이 아니고, 무엇보다 이끼라고 해서 시대가 던지는 추상 같은 질책으로부터 마냥 떳떳하다 할 수는 없는 것이니까.

그러니까 내가 하고 싶은 이야기는 세상의 중심도, 삶의 진실도 아니고 다만 늘 어느 정도는 서늘한 바람이 부는 검찰청의 한 귀퉁이에서 분주했던 이끼의 이야기야. 각자의 그늘에서 기꺼이 이끼로서 존재하고자 부단했던 수많은 이끼 씨들의 이야기. 그곳에서도 기꺼이 제 몫의 광합성을 멈추지 않은 나와 동료들의 이야기. 하여 나의 이야기가, 세상의 어딘가에서 이끼이거나 들풀이거나 다른 작은 무엇으로 거기에 있는 이들에게, 돌아보니 그래도 한 시절 제법 광합성을 해왔구나 하는 초록의 이끼가 발꿈치를 들어 멀리 전하는 경쾌한 인사가 되었으면 좋겠어.

Hi, 이끼 씨들~ 모두들 안녕하신가요?

2021년 정명원

차례

2 진실 너머의 풍경들

3 슬기로운 검사생활

4 다정한 외곽주의자

1장

검찰청 외곽의
기쁨과 슬픔

털 있는 것들의 비극

사법연수원 때의 일이다. 연수생들이 의무적으로 수행해야 하는 봉사 시간 같은 것이 있었다. 그런 것이 있다는 사실을 까맣게 모르고 있던 우리 조는 여름 방학이 닥친 어느 주말 한 연수생이 개인적으로 알고 있다는 요양원을 급히 섭외하여 단체로 봉사 활동을 떠나게 되었다. 파주 어딘가에 있는 여성 치매 노인 전문 요양원이었다. 우리는 아침 일찍 몰려가 각자 일을 배당받았다. 이불 털기, 창고 정리, 할머니들과 놀기 등 누가 봐도 어려울 것 없는 일들이었는데도, 사법연수생들은 집단으로 어리바리한 탓에 요양원 관계자분들을 당황시켰다. 나는 그중에 할머니와 놀기 파트에 배정되었는데, 핑크 립스틱을 곱게 바르신 할머니가 부르는 노래에 맞춰 박수를 쳐드리는 것이 내가 한 일의 전부였다. 내가 할머니와 놀아드리는 것인지, 할머니들이 나와 놀아주시는 것인지 헷갈릴 지경이었다.

그럭저럭 오전 시간을 보내고 요양원에서 제공하는 점심까지 얻어먹고 나니 더욱 할 일이 없어졌다. 우리가 오늘 취득해야 하는 봉사 시간은 한참 남았는데 이불도 다 털었고, 창고도 다 정리했고, 노래 부를 할머니들은 모두 낮잠 주무시러 들어가셨다. 사법연수생들 하는 꼴을 보아하니 더 어려운 일을 시키면 안 될 것 같고…. 난감해하던 요양원 관리자는 우리를 정원으로 데리고 갔다.

"자, 여기 정원에 잔디의 생장을 방해하는 이런 풀이 있어요. 이 풀을 뽑아주세요. 그런데 이 풀이랑 비슷한 요 풀이 있어요, 요 풀은 나물이어서 우리에게 필요한 것이니 뽑으면 안 돼요."

관리자는 성가신 우리에게 일거리를 제공했다는 데 안도하며 사무실로 들어갔다. 나물로 쓰이는 요 풀은 남기고, 잔디의 생장을 방해하는 이 풀을 모두 뽑을 것! 그것이 우리에게 주어진 명확한 과제였다. 그런데 문제는 이 풀과 요 풀이 매우 비슷하게 생겼다는 것이었다. 초여름 햇살은 뜨거웠고, 아무리 봐도 똑같은 풀을 앞에 두고 연수생들은 혼돈에 빠졌다.

'도대체 이 풀과 요 풀은 어떻게 다른 것인가….'

이들은 이제껏 살아오면서 풀 수 있는 문제가 풀지 못하는 문제보다 월등하게 많았던 자들이다. 하다못해 찍기 실력이라도 남들보다 뛰어났던 자들이다. 그런데 도대체… 이 풀과 요 풀은 어떻게 다른가. 어떤 이는 과감하게 자신의 찍기 실력을 믿고 이 풀인지 요 풀인지 직감적으로 제거해나가기도 했으나 본시 대부분이 신중함을 몸에 두르고 사는 자들이라 기준을 알기 전에는 쉽사리 한 포기의 풀도 제거할 수 없다는 입장에 섰다.

"열 포기 잡풀을 남기더라도 한 포기 나물을 제거하지 말라!"

예비 법조인들은 쓸데없이 비장하게 구호를 외치며 그늘에 모여 서서 웅성거리고만 있었다. 그런데 나는, 사정이 좀 달랐다. 어릴 때 시골에서 자란 덕분인지, 사람 얼굴은 잘 구분하지 못해도, 풀과 나무는 잘 구분해낼 수 있었다. 얼핏 비슷한 모양새를 하고 있는 듯 보이지만 자세히 보면 잎들이 휘어진 각도나 색감, 잎의 질감… 분명히 다른 풀이었다.

오전에 할머니들 방에서 엇박자로 박수를 치던 것에 자괴감을 느끼고 있던 터라 오랜만에 적성에 맞는 일을 만난 나는 열심히 요 풀을 남기고 이 풀을 뽑았다. 한참 뽑고 있는데 내가 풀 뽑는 모습을 유심히 살펴보던 한 연수생이 내 옆으로 슬쩍 다가왔다. 그때까지 대한민국에 존재하는 모든 판례를 머릿속에 넣고 있다는 소문이 돌던 자타 공인 '성실맨'이었다.

"넌 이게 구분이 되냐?"

"네, 자세히 보면 다르잖아요, 분명히 다른데…."

"도대체 기준이 뭐냐?"

"음… 그러니까…."

사실 내가 이 풀과 요 풀을 구분하는 방법은 느낌적인 측면이 강했다. 잎의 각도와 색과 질감이 풀마다 조금씩 다르겠지만 내가 다르다고 인식하는 근거는 그 모든 게 만들어내는 느낌이었다. 그러나 눈빛을 반짝이며 나에게 기준을 구하는 성실맨에게 '느낌적인 느낌' 따위를 말해서는 안 된다는 생각이 들었다.

"그러니까 여기 잘 보시면 이 풀은 잎에 작은 솜털이 덮여 있잖아요…. 그래서 만지면 벨벳 같은 느낌이 나요. 반면 요 풀은 맨질맨질하고요…."

"아하!"

마침내 답을 알았다는 듯 성실맨은 경쾌한 추임새를 넣으며 자리에서 일어났다. 그리고 손나팔을 하고서 그늘에 모여 있는 연수생 무리를 향해 소리쳤다.

"기준은 털의 유무! 털 있는 것들을 모조리 뽑아!"

"아니 꼭 그것만은 아니고…."

뭐라고 설명을 덧붙여보려고 했지만 이미 늦었다.

"아하! 털의 유무!!!"

마침내 기준을 습득한 그들이 일어섰다. 그러고는 망설임 없이 정원으로 나와 무서운 속도로 털이 있는 것들을 제거해나갔다.

나는 그날, 그 자리에서 기준을 명확히 정리한 예비 법조인들의 단호함과 성실함이 어떻게 단시간 내에 잔디밭을 정리해 나가는지를 보았다. 그들의 성실함과 단호함으로 인해 그날 '털 있는 것으로 판단받은 풀들'은 가차 없이 모두 제거되었다. 그 과정에서 얼마나 많은 풀들이 제거되었는지, 이 풀과 요 풀은 정확히 구분되었는지, 털처럼 보이는 무언가를 달고 있다가 함께 제거되어버린 요 풀은 없는지 혹은 털을 가지고 있었으나, 애초에 이 풀도 요 풀도 아니었던 제3의 풀, 그 무고한 희생은 얼마나 되는지 확인해보지는 못했다. 다만, 초여름의 햇살 아래서 그들을 바라보며 나는 왠지 조금 무섭다는 생각이 들었다.

기본적으로 단호함과 성실함을 탑재한 법조인들이 무언가에 대해 확고한 기준을 갖는다는 것이 어쩌면 우리도 모르는 새 어떤 비극으로 이어질 수 있다는 생각, 그것은 무서운 일일 수도 있겠구나 하는 생각을 하며 어느새 말끔하게 정리된 잔디밭을 돌아보았던 생각이 난다. 어찌 되었든 잔디밭은 모두 정리되었다.

요양원 관리자는 봉사 활동 확인서에 선뜻 도장을 찍어주었다. 우리는 봉사 시간을 다 채웠으므로 다시 그 파주의 요양원을 방문하지 않았고 우리가 떠난 잔디밭에서, 어떤 식물들이 제거되거나 살아남았는지 알지 못한다. 예비법조인들은 뿔뿔이 흩어져 어딘가에서 성실하고 단호한 법조인이 되었다. 그리고 가끔 초여름의 어느 공판정에서 나는 10여 년 전 그날의 잔디밭을 떠올리게 된다. 무수히 뽑혀나가야 했던 무고한 풀들과 기준을 습득한 뒤에는 한 치의 흔들림 없던 예비 법조인들의 단호한 얼굴과 얼마나 많은 오류와 무고함이 있었는지 가늠해 볼 길 없이 말끔히 정리된 잔디밭. 그런 것들을 생각하다 보면 섣불리 기준 같은 것을 발설해버린 내 탓도 없지 않은 듯하여 울컥, 부끄러운 마음 같은 것이 차오르기도 한다. 그리고, 혹여 털이 있는 것으로 몰려 항변도 못 해보고 뽑혀나간 무고한 풀들이 있었더라도 부디 풀들이여, 그대들의 끈질긴 생명력으로 다시 그 잔디밭에 뿌리내릴 수 있었기를, 영영 사라지는 것은 아니었기를, 초여름 햇살 아래 당당히 푸르기를 염치없이 바라보기도 하는 것이다.

인간과 곱창에 대한 이해

"검사가 되려면 어떤 능력이 필요한가요?"

검찰청에 실무 수습을 나온 사법연수생이 눈을 반짝이며 내게 물었다. 그와 나는 법정에 들어가 공판 수습이라는 것을 하고 나온 참이었다. 나는 그에게 대마초를 피운 남자의 사건을 맡겼는데, 남자가 피워 없애버린 대마초의 값 2000원을 추징해달라고 해야 하는 상황에서 그는 잔뜩 힘이 들어간 목소리로 2000만 원을 추징해달라고 하여 피고인을 경악하게 하고 나온 참이었다. 공판 카드에 '추징 2000'이라고 적혀 있었으니 설마 법이 그렇게 엄격히 금지하는 대마초가 한 대에 2000원밖에 안 하리라고는 상상하지 못한 것이다. 그의 실수를 당황하지 않고 노련하게 바로잡아준 공판검사인 나에게 일말의 존경을 담아 그가 물어왔으므로 나는 판에 박힌 대답 말고 뭔가 그럴듯한 대답을 해주어야 했다.

"글쎄요…. 인간에 대한 이해, 그리고 약간의 상상력?"

와우~ 내가 생각해도 매우 그럴듯한 대답이다. 대답을 들은 연수생의 눈빛이 한층 더 빛났던 것으로 기억된다. 그리고 나는 오늘 한 판의 곱창 앞에서 나 스스로도 뿌듯했던 그날의 대답을 떠올리게 되었다. 한 판의 곱창 앞에서…. 좋은 일이 있었다. 공판부의 초임검사가 대검에서 뽑는 우수 검사에 선정되었다는 것이다. 축하하는 의미에서 부의 수석인 내가 저녁을 사기로 했다.

공판부 검사의 일상은 생각보다 바쁘다. 보통 일주일에 나흘은 법정에 들어가 공판을 해야 한다. 주 5일 근무이니 하루가 남는데 그 하루에는 매주 쏟아지는 선고에 대한 분석과 항소에 필요한 서류 작성 등의 일을 해야 한다. 주 4회 법정에 들어가기 위해서는 미리 기록을 파악하고 필요한 서류를 준비하는 것이 필요한데, 시간이 없다 보니 재판을 마친 야간 시간에 준비하는 수밖에 없다. 그래서 공판부 검사들은 6시 퇴근 음악이 울리면 구내식당에서 후딱 저녁을 먹고 다시 사무실에 들어와 다음 날 있을 재판 준비를 하는 경우가 대부분이다. 하루 벌어 하루 먹고 사는 처지라고 할 수 있다. 야근이 필수이다 보니 후배들에게 저녁 한번 산다고 하기도 눈치가 보여서 타이밍을 잡지 못하고 있던 주였다. 그러다 오늘 '좋은 일도 있고 하니' 핑계 삼아 수석 노릇 한번 해보려고 했다. 그러나 역시 하루 벌어 하루 먹고 사는 처지이므로, 후배들에게는 내일의 재판 준비를 위해 1시간만 후딱 먹고 들어와 일하자고 했다.

우리는 일전에도 근처 삼겹살 식당에 가서 1시간 동안 일사불란하게 식사를 마치고 업무에 복귀한 적이 있었다. 그때 아직 해가 다 저물지도 않았는데 전투적으로 삼겹살을 구워 먹고 계산을 하는 우리에게 주인 아주머니는 "정말 많이 바쁘신가 봐요"라며 허허 웃었다. 과거에 성공적인 경험이 있었으므로 이번에도 우리는 그렇게 하기로 하고 결연하게 삼겹살집으로 몰려갔다.

그러나 문제는 삼겹살집에 자리가 없다는 것에서 시작되었다. 삼삼데이도 아닌데, 온 동네 사람들이 삼겹살을 먹기로 한 날인 양 삼겹살집은 만석이었다. 당황한 나머지 우왕좌왕하다 누군가 길 건너편에 있는 곱창집을 가리켰다.

"수석님 곱창은 어떠실까요? 저 집 맛있습니다."

보아하니 손님도 없어 보였고 사무실 복귀 전까지 우리에게 허용된 시간이 얼마 없었으므로 우리는 서둘러 곱창집으로 몰려가 일사불란하게 곱창을 시키고 계란찜도 시켰다. 술은? 다시 업무에 복귀해야 하므로, 일부는 한 잔만 마시겠다고 하고, 일부는 아예 시작을 하지 않겠다며 사람은 여덟 명인데, 소주 한 병과 맥주 한 병만 시켰다. 아예 시작을 않겠다는 자들은 주인 아주머니가 사람 수에 맞춰 들고 온 맥주잔을 받는 것조차 거부하는 단호함을 보였다. 곧이어 지글거리는 불판에 초벌

구이된 곱창이 나왔고 배고픈 젓가락이 서둘러 오고갔다.

약간의 망설임 끝에 누군가 조용히 주인을 불러 수줍게 맥주잔을 청했다. 몇 차례 더 주인을 불러 추가로 맥주를 주문하는 자들이 속출했다. 다급한 마음처럼 술잔도 빠르게 비었다. 홀린 듯 술잔을 비우던 누군가가 돌연 현실을 인식하며 한탄하기 시작했다. 오늘 다시 들어가 일하기는 글렀다는 것이다.

"우리는 이제부터 3시간 뒤에는 노래방에 있을 것이고, 4시간 뒤에는 편의점 앞에 앉아 있을 것이다. 아마도 부른 배에다 라면까지 집어넣고 있겠지…."

탄식은 점점 구체화되었고 실의에 빠진 손들이 술잔을 부여잡는 것을 보며 내가 말했다.

"이거 왜들 이러시나, 우리 1시간만 먹고 들어가 일하기로 했잖아."

그때 누군가 말했다.

"그건 삼겹살일 때 애기죠…, 곱창집으로 오는 순간 그건 불가능한 거예요."

"아니 왜? 삼겹살이나 곱창이나? 뭐가 달라?"

"당연히 다르죠…. 삼결살은 마음먹기 따라 식사가 될 수가 있어요. 그러나 곱창은… 어떻게 봐도 안주죠…. 명확히 안주예요…."

그리고 원망 섞인 눈빛으로 술잔에 술을 채우며 한마디 덧붙였다.

"수석님은 인간에 대한 이해가 깊으신 줄 알았는데… 부족한 부분이 있으셨군요."

아~ 그렇다…. 나는 진정 몰랐다. 사실 고백하자면 나는 이전까지 곱창을 곱창집에서 본격적으로 먹어본 적이 없다. 곱창은 가끔 곁다리로 먹었을 뿐 메인으로 곱창을 먹어본 적은 없었다. 더더구나 차곡차곡 순서를 기다리고 있는 토깽이 같은 야근거리를 남겨두고 다급한 마음으로 곱창을 먹어본 적은 더더욱…. 그러므로 나는 곱창에 대해 잘 몰랐으며 곱창과 삼겹살은 본질적으로 다르다는 고차원적인 진실을 알 리가 없었다.

"인정!"

경험에 따른 인간의 이해의 폭이란 얼마나 좁은 것인가.

"뭐… 수석님이 곱창에 대해 잘 모르신다지만 그것 가지고 인간에 대한 이해씩이나…."

곱창을 한 판 더 주문하며 후배가 나를 두둔해주었다. 그러나 아니었다. 곱창에 대한 불이해는 곱창을 먹는 인간에 대한 몰이해와도 같은 것이 된다. 나는 어느 날 증인신문에서 물을 것이다.

"증인, 곱창을 먹었다고 했는데…. 그렇다면 그날의 음주는 처음부터 계획적인 것으로 보이는데 어떤가요? 처음부터 술 마실 생각은 아니었다는 증인의 주장은 거짓말이 아닌가요?"

"그럼 이렇게 항변하겠죠."

다른 후배가 말을 이어 받았다.

"아닙니다. 실은 그날 삼겹살집에 가려고 했는데 마침 그날 삼겹살집이 만석이어서 길 건너편에 있던 곱창집에 간 것뿐입니다. 정말 곱창만 먹고 일하러 갈 생각이었습니다."

그럴듯한 항변이지만 이제 곱창에 대해 이해하고 있는 나는 다시 주장할 것이다.

"그러나 곱창과 삼겹살은 본질적으로 다르지 않나요? 삼겹살 대신으로 곱창을 선택했다는 것은 최소한, 음주를 하게 되리라는 미필적고의는 있었다고 봐야지요."

정말 그럴듯한 이야기라고, 이 정도 되면 음주에 대한 미필적고의를 깰 도리가 없다고, 평소의 주량을 넘어 빈 잔을 채우며 나는 고개를 끄덕였다. 곱창에 대한, 그리고 곱창 먹는 인간에 대한 이해의 폭이 부족하였음을 겸허하게 자인하는 수밖에 없었다.

매일의 공판정에서 우리는 참으로 다양한 사람들을 만난다. 소환장을 받아 들고 공판정에 들어와 그들이 쏟아놓는 각양각색의 이야기들 앞에 우리는 종종 어떤 벽에 부딪치곤 한다. 천 갈래 만 갈래의 세상사 앞에 법조인 나부랭이가 품을 수 있는 인간에 대한 이해와 상상력이란 얼마나 빈약한 것인지, 소주 한 병이 주량인데 그날은 기분이 좋아 혼자서 소주 다섯 병을 마셨고 그다음부터 기억이 안 난다는 준강간 피해자의 진술을 듣고 "혼자서 다섯 병을 마셨다고요?" 놀라고 황당해하던 우배석 판사의 표정을 기억한다.

그것은 마치 도저히 이름을 알 수 없는 제3의 생명체 같은 것으로부터 "애피타이저로 곱창을 먹었더니 소화가 잘 되더라" 하는 진술을 들은 것과도 같은…. 도대체 해석 불가능한 고대 언어를 해석해야 하는 사람의 망연자실함 같은 것이었다. 한 자리에서 소주 다섯 병을 비워버리는 삶을 사는 자와, 그런 삶을 상상해본 적 없는 판사 사이에 나눌 수 있는 대화는 더 이상 없었다. 그들은 서로 같은 언어를 말하나 다른 언어를 쓰는 자와 같았다. 그의 표정을 보며 나 역시 얼마나 자주 저런 표정을 하고 있을 것인가 생각했다.

거짓을 말하면 처벌받겠다는 선서를 하고 증인석에 앉아 떨리는 목소리로 진실이라고 말하는 이들 앞에, 나의 가난한 경험과 빈약한 상상력은 종종 곱창과 삼겹살의 본질적 차이 같은 것을 알지 못하는 순수하고도 막막한 얼굴을 하고 앉아 있었을 것이다. 그 막막한 자들에 의해 진실의 실체가 가려지는 것이 법정이라니 이 답답한 노릇을 어찌한단 말인가.

그럼에도 불구하고 길을 묻는다면 시작은 어쨌든 그 막막함과 몰이해를 자인하는 것에서부터일 것이다. 마흔 평생을 살면서도 곱창을 본격적으로 먹어보지 않은 자가 체득할 수 있는 이해의 한계, 모를 수 있으므로, 내가 모르는 영역에 진실이 있을 수 있다는 사실의 인정, 바로 거기에서부터 말이다. 한발 더 나아가 보자면 기회를 만들어 곱창을 한 번 본격적으로 먹어보는 것, 술을 마시지 않고는 견디기 힘든 그 고소함과 느끼함을 기억하는 것.

그리하여 우리는 3시간 뒤에 노래방에서 괜히 어깨를 걸고 소리를 지르고 있었을까, 4시간 뒤에는 동네 편의점 앞에서 부풀고 마비된 위장에다가 라면을 들이밀고 있었을까. 백발백중 그럴 것이라고 생각했다면 미안하지만 나는 당신의 부족한 상상력을 잠시 비웃겠다. 곱창이 불판에 올라오고 인간과 곱창에 대한 논의를 마치고 볶음밥까지 야무지게 볶아먹고 정확히 1시간이 지난 시간 우리 모두는 사무실 각자의 자리로 돌아와 앉았다. 사무실에 다소 냉정한 검찰청 분위기를 흐리는 구수한 내장 냄새가 나긴 했지만, 누군가는 혈색이 좀 붉어지기도 했지만 8인의 공판검사는 업무에 전혀 지장이 없는 형형한 눈빛으로, 내일의 증인신문 사항 같은 것을 작성했다. 하루 벌어 하루 먹고사는 자의 간절함이란 그렇게 무서운 것이었다. 우리는 당장 목전에 닥친 해야 할 일을 재산처럼 차고앉은 공판검사들이었던 것이다.

유쾌한 방구 씨의
검사생활

방구 씨라는 사람이 있다. 가명이다. 참고로 여자다. 방구 씨는 검사다. 아니 검사였다. 내가 방구 씨에게 처음 연락을 했던 이유는 그가 내가 없는 동안 내 업무를 대신 수행하도록 정해져 있는 사람이기 때문이었다. 그 시간에 내가 없는 이유가 내 잘못은 아니었지만 어쨌든 내 일을 대신해야 하는 그에게는 일말의 미안한 마음이 들었다. 나는 '사정이 되는대로 바로 업무에 복귀하겠으니, 미안하지만 그동안 내 업무에 대한 준비만 좀 해달라'는 내용의 메시지를 그에게 보냈다. 보통 그런 경우 "아이고 괜찮습니다. 선배님, 제가 다 해놓을 테니 걱정 말고 천천히 오세요"라는 정도의 대답을 기대한 연락이었다. 속으로는 투덜투덜하면서도 그렇게 하는 것이 이 바닥의 의례다.

그러나 그에게서 온 연락은 단 한 줄. "네, 알겠습니다"였다. 초면에 이모티콘 같은 것을 기대한 것은 아니었지만, '얘는 뭐지?' 싶은 정도의 뜨악한 반응이었다. 요즘 애들은 그런가 보다고 서둘러 업무에 복귀해보니 정말 "네, 알겠습니다"만큼만 내 업무를 위한 준비를 해놓았다. 나는 그녀와 내가 쉽게 친해질 수 없을 것이라고 생각했다.

방구 씨는 예쁘게 생겼다. 그와 나는 같은 사무실을 썼는데, 아침에 출근하면 분주하게 화장을 하고 있는 그녀의 자리를 지나야 한다. "굿모닝~" 수줍게 인사를 건네면, 눈썹을 그리는 데 집중하면서도 크고 또렷한 목소리로 "안녕하세요" 인사를 했다. 나는 그녀의 힘찬 목소리에 깜짝 깜짝 놀라곤 했다.

방구 씨는 운동을 잘한다고 했다. 온갖 운동을 다 잘하지만 그중에서 수영을 잘한다고 했다. 매일 새벽 일어나 수영을 하고 출근한다는 이야기를 전해 듣고 나서야 그녀가 매일 출근 시간에 화장을 하고 있는 이유를 알게 되었다. 언젠가는 무슨 바다 수영 대회에 나가 실미도를 몇 바퀴 돌고 왔다고도 했다. 그녀가 수영하는 것을 한 번도 본 적이 없지만 어쩐지 날렵한 수영복을 입고 힘차게 물살을 가르는 모습을 떠올릴 수 있을 것 같았다. 물에서뿐만 아니라 일상에서의 태도도 어딘가 탄력 있는 돌고래를 연상시키는 측면이 있었다.

방구 씨는 술을 잘 마신다. 잘 마신다기보다는 좋아한다. 술을 마시는 방식이 좀 특이한데, 입을 크게 벌리고 한꺼번에 많은 양의 술을 털어 넣는다. 그것은 마치 대형 수족관에서 본 고래상어가 먹이를 삼키는 모습과 유사했다. 내가 아는 사람 중에 술을 마시는 순간 속도로는 방구 씨가 가장 빠르지 않을까 싶다. 그래서 빨리 취한다. 취하면 다소 제멋대로 하려는 경향이 있는데, 노래방에서 이상한 춤을 추면서 이상한 노래를 부르기를 좋아한다. 그러고는 쌩하니 집으로 간다. 방구 씨가 술에 빨리 취하고, 취하면 제멋대로이면서도 큰 사고 안 치고 살아가는 데에는 그나마 그 쌩하는 귀소본능 덕이 있는 듯했다. 술을 잘 마시지 못하는데다가 술 취하는 상태를 좋아하지 않는 나로서는 술에 취해 제멋대로인 방구 씨가 좀 무서웠다. 그래 봤자 근육질의 단단한 팔뚝을 내 어깨에 올리고 내가 잘 모르는 노래를 같이 부르자고 하거나 이상한 춤을 추자고 할 뿐이었지만, 삶의 한순간이라도 저토록 천진하게 무방비일 수 있다는 사실이 나로서는 생경한 것이었다.

성격이 급한데다가 몸도 재빠른 방구 씨는 검사로서의 일도 엄청 빠르게 해냈다. 야근이 통상화된 검찰에서도 그녀는 칼퇴근의 여신이었다. 오후 6시가 조금 넘어 뭐라도 물어보려고 그녀의 자리에 가면 이미 자리는 말끔히 정리된 뒤다. 그렇다고 남들보다 일을 적게 하거나 일에서 문제를 일으키는 일도 없었다. 일 운이 좋은 편인가 보다고 훗날 그녀와 나는 평가했다. 그런 그녀를 당연히 간부들은 그다지 좋아하지 않았는데, 그나마 그녀가 받은 긍정적인 평가 중 최고봉은 "넌 선진국형

검사인가 보구나"였다고 한다.

방구 씨는 나를 떠올리면 그녀의 자리 앞을 지나는 '축 처진 어깨'와 '비실비실한 걸음'이 떠오른다고 했다. 우리는 공판 검사실에서 함께 일을 했는데, 공판을 마치고 기력이 쇠한 상태로 돌아오는 내 모습이 인상적이었다는 것이다. 반면 나는 방구 씨를 떠올릴 때 언제라도 발사 준비가 되어 있는 듯한 그녀의 서 있는 자세가 그려진다. 흡사 용수철 같다고 할 수 있겠다. 축 처진 어깨와 용수철이라니 그녀와 나는 여러모로 많이 다른 인간이었다.

여러모로 튀는 그녀라 그런지, 그녀에게는 따라다니는 소문도 많은 듯했다. 나중에 그녀와 친해지고 나서 확인해본 결과 사실인 것보다 아닌 것이 더 많았지만 방구 씨는 별로 신경 쓰지 않는 것처럼 보였다. 그녀가 소문을 몰고 다니는 부류라면 나는 소문으로부터 가장 먼 곳에 사는 부류였다. 나는 세간에 떠도는 소문을 잘 주워듣지 못하고 들어도 곧잘 잊어버리는 사람이었다.

처음부터 끝까지가 다 달라서 좀처럼 친해질 수 없던 그녀가 나를 찾아온 것은 어느 여름날 오후였다. 재판이 없는 오후 조용한 틈을 타 그녀가 내 방으로 찾아왔다. 그녀답지 않게 쭈뼛거리며 꺼낸 말이 "저에 대한 소문, 수석님도 들으셨어요?"

였다.

"아니, 무슨 소문?"

"누구랑… 뭐… 어떻다는 거…."

"사실이야?"

"아~~ 아~~니~~오~~!"

방구 씨는 정말로 크게 손사래를 쳤다. 그리고는 어디에서 부터 비롯된 것인지 모를 악의적인 소문이 매우 구체적으로 흘러나와 조직 내에 파다하다고, 어떻게 해야 할지 모르겠다고 말했다. 그리고 잠시 울었다. 울고 있는 돌고래 앞에 나는 어떻게 해야 할지 몰라 우두커니 있었다. 오해하거나 착오해서 소문이 날 만한 어떤 빌미 같은 것이 있느냐고 그녀에게 물었다. 방구 씨는 아무리 생각해도 그런 일이 없다고 답했다.

먼저 소문의 근원으로 추정되는 자에게 사실을 확인하고, 사과받자고 제안했지만 방구 씨는 선뜻 엄두가 나지 않는다고 말했다. 그런다고 소문이 사라질 것 같지도 않고 사실은 소문의 출처보다 아무 생각 없이 무한대로 소문을 퍼 나르는, 이름을 특정할 수 없는 무수한 동료들이 더 무섭고 밉다고 방구 씨는 말했다. 나만 몰랐을 뿐, 실로 그 소문이라는 것은 이미 파다한 것이었다. 방구 씨와 대화를 나눈 그날 저녁 마침 다른 검찰청에 근무하는 옛 동료들과 모임이 있었는데, 그 자리에서도 발 없는 말은 안줏거리로 올라와 있었다. 나는 그것이 사실이 아니며, 피해자가 많이 힘들어하고 있으니, 누구라도 그 말을 입에 올리는 자가 있으면 사실이 아니라고 얘기해주라고 당부했으나, 나의 당부가 파도같이 밀려오는 소문의 물결에 작은 영향이라도 줄 수 있을지, 나로서도 도무지 자신할 수 없었다.

우리는 결국 어떤 해결책을 찾아내지 못했다. 대신 그날 이후부터 방구 씨는 나에게 13층까지 계단 오르기 운동을 하자고 제안했다. 계단을 오르는 것은 너무나 숨이 찬 일이어서 우리는 별다른 말도 하지 못한 채 다만 계단을 올랐다. 마지막 층에 거의 다다르면 그녀는 "지금부터는 두 칸씩!"을 외쳤으나 내 후들거리는 다리는 도저히 두 칸 너비로 벌어지지 않았다. 그렇게 힘들었지만 숨이 머리 꼭대기까지 차오른 채 그녀와 함께 옥상에 도착하면 훅 끼쳐오던 차가운 바람의 느낌이 좋아서 나는 방구 씨가 나를 불러주기를 은근히 기다리곤 했다.

소문은 소문대로 흘러 다니고, 방구 씨와 내가 어찌할 줄 모르는 사이에도 세월은 흘렀다. 소문의 끝 동네에 사는 나로서는 아직도 그 소문이 유효하게 유통되고 있는지 알지 못했지만, 방구 씨는 그런대로 괜찮아 보였다. 여전히 새벽 수영을 다니고 큰 소리로 "안녕하세요" 인사를 하고, 일을 빨리빨리 처리하고, 입을 크게 벌리고 한 번에 술을 털어 넣고는 쌩하니 집에 갔다. 딱히 해결책을 알지 못하기도 했지만 당사자가 괜찮다면 다 괜찮은 것 아닐까 불현듯 밀려오는 일말의 책임감 같은 것을 멀리 밀어놓았다.

방구 씨와 나는 공판검사실을 떠나 나란히 '일을 푸지게 받으면서 인정은 못 받는' 자리에 배치되었다. 충분히 예측 가능하고 또 익숙한 자리였지만 우리는 서로를 위해 분노해주었다. 짜증을 내면서도 나는 비실비실하게, 방구 씨는 재빠르게 그 많은 일을 쳐내던 어느 날이었다. 방구 씨가 호기롭게 이탈을 선언했다.

"저 검사 그만둡니다. 이미 보고도 다 했어요."

'그만둘까 봐요' '그만둘까요?' 같은 의문이나 상의가 아니고 통보였다.

"나가지 마."

"싫어요."

"그래, 그럼!"

한번 먹은 마음을 말린다고 거두는 자가 아니라는 걸 알고 있었지만, 나는 어쩐지 그녀를 붙들 명분 같은 것이 더는 없다고 생각했다. 알고 보니, 사직서는 워드로 치면 안 되고 자필로 써서 대통령의 결재를 받아야 하는 것이라고, "설마 대통령이 이 못생긴 글씨를 실제로 보는 건 아니겠죠?"라고 말하며 방구 씨는 자필로 적었다는 사직서를 보여줬다.

"일신상의 이유로 검사의 직을 면하고자 합니다."

동글동글하고 귀여운 손글씨가 옹기종기 박혀 있었다.

'검사의 직이 이렇게 면해지는 거구나' 하고 그 귀여운 글씨체를 보며 생각했다. 다른 건 몰라도 검사의 직을 면할 때만큼은 진심이어야 한다고 손글씨로 쓰도록 되어 있는 사직원이 말해주는 듯했다.

갑작스런 방구 씨의 사직 소식에 '갑자기 왜 나가는 걸까'에 대한 의문이 구름처럼 피어올랐다. 일찍이 소문을 몰고 다니던 그녀답게 근거 없는 소문들이 사직의 즈음에도 발 없이 떠돌아다녔을 것이다. 몇몇은 방구 씨와 친한 나에게 "방구 씨는 왜 그만두는 것이냐"고 묻기도 했는데, 그러고 보니 왜 그만두는 것인지에 대해 나조차도 방구 씨에게 물어본 적이 없다는 사실을 뒤늦게 깨달았다. 그만두는 이유 같은 것 묻지 않아도 알 수 있을 것 같았지만, 군이 본인에게 확인한 바는 아니니 딱히 내가 나서서 뭐라고 말할 수는 없는 일이었다.

그로부터 한참 훗날 방구 씨에게 "그런데 도대체 왜 나간 것이냐"고 물으니 "더 머물 이유가 없어서요"라는 답이 돌아왔다. "그곳에서의 미래가 너무 그려져서요"라고도 덧붙였다. 더 머물러야 하는 이유를 찾지 않고 '왜 떠나는가'만을 물었던 우문들이 일시에 머쓱하게 입을 다물 것 같은 대답이었다. 방구 씨가 떠나고 방구 씨를 따라다니던 소문들도 잦아들었지만, 나는 가끔 내 방을 찾아와 눈물짓던 방구 씨를 떠올린다.

"나를 바라보는 모든 사람들의 눈빛이 두려워요. 누가 웃으며 인사를 해도 '저 사람은 내 소문을 들었을까?'라는 생각부터 하게 돼요."

그녀 자신은 아무 짓도 하지 않았는데 어느 날 소문이라는 것이 발생했고 그녀도 모르는 곳에서 떠돌다가 마침내 그녀에게 당도하여 그녀의 일상을 집어삼켰다.

어디서부터 어떻게 풀어야 할지, 푼다고 풀어질지도 모르겠다고, 오히려 소문만 더 커질 뿐 아니겠느냐고 그녀는 소문의 끝 동네에 사는 아무 힘 없는 나에게 물었다. 나는 결국 대답해주지 못했고, 그녀 역시 대답을 찾지 못한 채로 우리는 다만 계단 오르기를 함께했다. 세상의 오만가지 일에 기소와 불기소를 가르며 잘난 척하는 두 여자가 소문이라는 발도 형체도 없는 그것 앞에 무력할 수밖에 없다는 사실은 때로 우리를 부끄럽게 했지만, 일단 근육을 키우고 볼 일이라고, 근육이 있으면 뭐라도 버틸 수 있는 것 아니겠느냐고 앞장서서 계단을 오르며 방구 씨는 말했다.

검찰을 떠나고 나니 어떠냐는 나의 질문에 방구 씨는 "운동은 더 잘하고 술은 좀 덜 마시게 되었어요"라고 답했다. 그전보다 일을 좀 덜 해도 되는 삶이 아직은 어색하다며 씩 웃었다. 그러고는 가끔 검찰에서의 삶이 그립다고 했다.

그러고 보면 도도하고 차가워 보이는 이미지에도 불구하고 방구 씨를 유독 따르는 사람들이 많았다. 특히 같이 근무한 적이 있는 수사관, 실무관들과 한참의 시간이 지난 뒤까지 끈끈한 친분을 유지하고 있었다. 그냥 친분이라고 하기에는 현저히 부족한, 가족이나 오랜 동지 같은 절절한 무언가가 그들 사이에는 있었다. 비결이 뭐냐고 물으니 "다 좋은 사람들이니까요"라고 말했다. 어쩌면 그런 것이 방구 씨의 근육인가 보다고 나는 생각했다.

미래가 너무 그려져 방구 씨가 떠난 이곳에서 나는 아직 미래에 대해 다 그리지 못한 상태로 남아 계단을 오르고 있다. 방구 씨처럼 뜨겁고 무서운 후배가 없어서 혼자 하는 계단 오르기는 더디기만 하지만, 무엇보다 근육이 있으면 뭐라도 버틸 수 있는 거라는 방구 씨의 말을 기억하며 당분간은 계단을 계속 올라보고자 한다.

나도 가끔 방구 씨가 그립다.

여실하게 잔인한

        검사는 지나간 기억을 더듬는 사람이다. 이미 지나가버린 시간을 재구성하는 일, 더는 이 세계에 존재하지 않는 사실을 불러와 최대한 그럴듯한 그림을 그리는 일, 그 속에서 인과와 책임을 따지는 일이 검사가 하는 일이다. 과거는 증거에 의해 조합된다. 과거에 발생했던 어떤 일들이 발자국처럼 남긴 흔적을 따라가 증거를 모으고 퍼즐을 맞추는 일이 사실확정의 과정이다. 사실확정을 잘하기 위해서는 무엇보다 흩어지거나 숨겨진 증거들을 찾아내는 일이 중요하다. 적시에, 그 흔적이 아예 사라지거나 영영 감춰지기 전에 찾아내어 증거의 형태로 고정시켜놓는 것, 그것을 증거 수집이라고 한다. 증거 수집 기술 못지않게 중요한 것이 증거의 해석과 조합 능력이다. 각각 의미 없는 조각처럼만 보이는 파편화된 증거들이 머금고 있는 의미를 해석하고 그들이 서로 어떻게 연관되는지를 짜 맞추는 작업을 거쳐야만 흔적은 증거가 되고 증거는 사실이 된다.

        옷가지가 어지럽게 널브러진 좁은 원룸, 방사형으로 퍼져

나간 혈흔, 우편함에 쌓여 있는 카드 고지서와 문자함에서 읽히지 않고 있는 문자메시지, 식탁 위에 남아 있는 소주잔 두 개와 액정이 깨진 휴대폰의 배경화면에서 환하게 웃고 있는 남녀의 사진은 그 현장에서 어떤 일이 있었는지를 짐작하게 한다. 어떤 일이 있었던 장소, 어떤 시간이 머물렀던 공간을 더듬어 그 안에 한때 존재했던 사실에 대한 가장 근접한 이야기를 찾아내고자 하는 것, 그것이 검사가 추구하는 사실확정의 과정이다.

일단 증거를 모은 다음, 거기서부터는 어느 정도 상상력이 필요한 영역이다. 증거는 흔적일 뿐 사실 그 자체는 아니기 때문에 사건의 실체를 곧바로 보여주지는 않는다. 증거는 누군가의 기억일 수도 있고, 핏방울일 수도 있고, 통화 내역이나 카드 인출 내역일 수도 있다. 하나만 떼어놓고 본다면 그 의미를 알 수 없는 흔적들이 가지고 있는 개별적인 의미를 모아 과거에 존재하였던 어떤 순간을 재구성해내는 일에는 증거 법칙과 별개로 인간의 상상력이 필요하다. 그러니까 증거를 하나의 숨소리로, 표정으로, 감정으로 살려내는 과정에서 상상력은 필수적으로 작동하게 된다. 법률가의 상상은 소설가의 상상처럼 마냥 자유롭게 나래를 펼칠 수만은 없는 것이다. 철저히 증거에 근거한 상상, 증거가 보여주는 조각의 의미 안에서만 조합될 수 있는 상상이다. 따라서 증거가 멀고 희미하다면 검사가 상상력을 불어넣어 재구성한 사실 또한 안개가 낀 듯 희미할 수밖에 없다.

과거 시대의 증거들은 대부분 멀고 희미한 것들이었다. 우연히 그 장소에 있던 누군가의 목격, 목격자로부터 전해 들은 이야기, 바람을 타고 떠도는 풍문이거나 한순간 남았다 사라지는 족적이거나 시간이 지나면 없어져버리는 상처 같은 것들이었다. 흔적들은 고정되지 않은 형태로 남아 있다가, 쉽사리 마모되었다. 한 귀퉁이가 떨어져나간 불완전한 증거, 어디서부터 흘러온 것인지 그 출처와 경로를 가늠할 길 없는 증거, 원본의 상태를 알 수 없도록 희미하게 남은 증거들로 확정할 수 있는 사실에는 한계가 있었다. 검사가 제아무리 상상력을 가미한다 하더라도, 그렇게 되살려낸 과거의 어느 시간은 역시 희미하고 어딘가 가려진 것이어서, 확정의 세계로 편입되지 못했다. 희미한 증거들 앞에서 검사의 상상력은 이따금 무력한 것이었다.

과거의 것들에 비해 현대의 증거들은 훨씬 더 또렷하고 직접적이다. 현대의 과학기술은 쉽사리 마모되던 흔적들을 적시에 채집하고 고정하는 기술의 발달을 가져왔다. 범인이 흘린 눈에 보이지 않는 땀방울에서 범인의 유전자를 추출해낼 수 있게 되었고, 휴대폰의 기지국 위치, GPS 정보 들은 범인의 동선을 그대로 남긴다. 사람의 말은 바람을 타고 떠도는 대신 어딘가에 녹음되거나 채팅창에 저장되고, 곳곳에 설치된 CCTV는 때로 범죄의 현장을 그대로 녹화한다. 흔적들은 이제 지나가버리는 그 시간, 그 순간을 그대로 박제하는 형태에까지 이르렀다. 그야말로 여실하게, 상상의 영역이 가미될 여지도 없이 어떤 현장을 그대로 보전하기도 한다. 여실한 증거의 세계에서 더 많은 범죄들이 드러나고 사실로 확정되는 것은 물론이다. 사실이 아닐 가능성을 더 많이 배제할 수 있게 되었고, 범죄 수사를 하는 자들은 보다 기민하게 사실에 접근할 수 있게 되었다. 오늘날의 수사 환경에서는 상상의 영역보다 어떻게 더 많이 직접적인 증거를 적시에 수집하는가가 더 중요하게 되었음은 당연하다 하겠다.

현대의 커뮤니케이션은 대부분 통신망을 타고 이루어진다. 사람들은 만나서 이야기하기보다 전화를 통해 이야기하는 경우가 더 많고, 점점 전화보다 문자메시지를 이용하는 경우가 많아졌다. 과거 누군가에게 사기를 치기 위해서는 반드시 누군가를 만나서 그의 눈을 보며 거짓말을 늘어놓아야 했지만, 이제는 한 번도 만난 적 없는 누군가에게 문자메시지만으로 사기를 칠 수 있고, 사기를 당할 수 있다. 그런 경우 그 사기의 흔적은 모두 채팅창에 그대로 저장된다.

흔한 인터넷 물품 사기에서 증거로 제출된 채팅 내용에는 한 사람이 다른 한 사람을 속여가는 과정, 다른 한 사람이 한 사람을 의심했으되 결국 그 의심을 놓고 다급히 돈을 보내게 되는 과정, 돈을 보낸 후 왜 물건이 오지 않느냐는 독촉과 물건이 가고 있다는 가지각색의 거짓말들, 마침내 사기당했다는 점을 인지하는 순간의 분노, 경찰에 신고하기 전에 내 돈을 돌려 달라는 으름장에서, 그것은 내 마지막 생활비였다는 울음 섞인 하소연까지 고스란히 남아 있다.

날짜와 시간이 특정되어, 그들이 표정 대신 사용한 이모티콘까지 고스란히 살아 있는 채팅창을 읽어 내려가는 일은 괴롭다. 사기범이 피해자를 낚기 위해 떠벌리는 그럴듯한 상황 설정들과 나름 자기가 아는 지식의 범위 내에서 사기가 아닌지 피해자가 의심의 눈초리를 거두지 않고 있는 범행 초기의 채팅창이 더욱 그렇다. 그것은 마치 비극적인 결말을 알고 있는 영화의 다정하고 평화로운 도입부를 보고 있는 듯한 느낌이다. 인간 군상들의 욕망과 감정이 어떻게 비극으로 흘러가는지를 책상머리에 앉아 너무나도 여실히 목격하는 일은 멀고 먼 증거의 진위를 더듬는 때와는 또 다른 차원으로 고통스럽다.

교통사고의 과실 여부와 인과관계를 따지기 위해 과거에는 경찰관이 작성한 실황 조사서를 면밀히 검토하는 일부터 시작했다. 실황 조사서는 사고 상황을 알기 쉽도록 그림으로 표시

한 일종의 약도 같은 것이다. 검사는 도형으로 간략히 기재된 실황 조사서를 더듬어 사고 발생의 극적인 상황을 떠올려야 했다. 과거에는 신호 위반 사건만큼 어려운 것이 없었다. 누군가 한쪽은 신호를 위반하였을 것이 명백한데도 그 찰나의 순간을 복원하기 위해 신호 체계를 분석하고 목격자를 수소문해야 했다. 그러나 이제는 대부분의 사고 장면이 블랙박스나 CCTV에 남는다. 누군가의 흐린 기억과 진술로만 재구성되던 사고 당시의 상황은 이제 현장 그대로의 실시간 영상으로 저장된다. 저장된 블랙박스 영상을 통해 운전자와 같은 시각으로 몇 달 전에 일어난 사고 현장으로 가볼 수 있다.

영상은 보통 아직 사고가 일어나기 전 평화로웠던 때로부터 시작한다. 아직 무슨 일이 일어날지 모르는 운전자는 라디오에서 흘러나오는 음악을 따라 흥얼거리며 어두운 거리를 주행한다. 전방에서 갑자기 길을 건너는 한 사람이 나타난다. 결말을 이미 알고 있는 내 눈은 운전자보다 먼저 길을 건너는 노인을 발견하지만, 아마도 그 순간 운전자의 눈길은 다른 방향에 있었으리라. 퍽 하는 소리와 함께 보행자와 충격하고 당황한 운전자의 숨소리, 황급히 자동차 문이 열리는 소리, 여전히 평화롭게 흘러나오는 음악 소리….

실황 조사서의 도형과 선들이 거친 숨을 헐떡이는 비극으로 살아나는 순간이다. 누군가에게 일어난 극단적 비극의 순간을 이렇게도 여실하게 다시 체험한다는 것은 매번 마음을 단단히 먹어도 마음속에 어떤 파동을 남긴다.

　가끔은 어떤 사람의 다른 사람의 생명을 빼앗는 극단적 순간이 CCTV에 그대로 녹화되어 나의 사무실 책상 위까지 생생하게 도달하기도 한다. 아버지가 어머니를 살해하는 현장을 목격한 아이가 다급히 119에 전화를 건 목소리를 법정에서 재생하고 난 이후 한동안 그대로 잠을 이루기 어려웠다. 너무나 사실적인 증거에는 사건 자체의 끔찍함과는 또 다른 잔인함이 있다.

　더 정확히 지나간 시간을 재현해내고 가늠할 수 있음에도 불구하고 여실한 증거들 앞에서 주저하게 되는 날들이 있다. 의심할 여지없이 여실한 증거에 의해 명명백백히 재구성된 듯 보이는 사실 앞에서 무언가 설명하기 힘든 위화감을 느낀다. 그것은 희미한 증거를 더듬을 때와는 다른 모종의 주저함이다. 멀고 희뿌연 것을 더듬어 진실에 가장 가까운 곳에 도달하고자 안간힘을 써오던 자의 오랜 관성 같은 것일까. 상상력이 배제된 사실확정의 지점에서 꼭 한 번은 마른침을 삼키게 된다.

　'저기 분명한 사실처럼 보이는 저것은 정녕 진실인가.' 마땅히 근거가 있는 의문은 아니다. 다만 의심의 가능성이 없는 영역에서도 끝내 안도하지 못하고, 방황하는 쪽이 어쩐지 인간의 영역인 것 같다는 막연한 생각일 뿐이다. 과학기술의 발달에 따라 어떤 과거의 순간들은 가상현실처럼 체험이 가능한 정도에 이르렀다고도 하겠지만, 그런 시대가 오더라도 증거를 더듬어 과거의 어느 지점을 상상하던 시절의 감각에 대해 어쩐지 오래 추억할 것 같다.

이런 '나'라도
괜찮을까요

'이런 내가 검사여도 정말 괜찮은 걸까?'

이는 내가 불과 몇 년 전까지만 해도 시즌마다 했던 나의 단골 고민 레퍼토리였다. '이런 나'란 능력이 모자란 나를 말하고, 괜찮지 않을 것으로 우려되는 대상은 대한민국을 말한다. 어느 회사, 어느 조직이나 마찬가지겠지만 검사의 업무 능력도 실적이라는 이름으로 평가된다. 지금은 점차 그 기준이 달라지고 있지만 전통적으로 검사의 능력을 평가하는 인자로 인지·직구속 실적이 있다. 인지란, 검사가 어떤 범죄를 발견해 입건했다는 것이고, 직구속은 검찰에서 바로 구속영장을 청구해 피의자를 구속했다는 것이다. 일반적으로 검사의 업무는 경찰이 입건하고 송치해온 사건들을 검토하고 보완해 처리하는 방식으로 이루어지는데, 그렇게 주어지는 사건을 그저 법원으로 넘기는 것에 머물지 않고 무언가를 더 파고들어 덧붙인다는 것이다. 그러니까 그 플러스알파의 적극성이 검사의 덕목이자 실적으로 평가된다.

그런 관점에서 나는 그다지 실적이 좋지 않은 검사였다. 기본을 따라가기만도 숨이 벅차기도 했지만, 무엇보다 조직에서 중요한 실적 기준으로 잡고 있는 플러스알파에 대해 나로서는 그다지 마음이 동하지 않는다는 것이 저조한 실적의 원인이었다. 주어진 문제를 잘 보고 그 결을 따라 답을 찾아내는 일을 충실하게 해내는 것, 그것이 내가 잘할 수 있는 내 몫의 임무라고 생각하는 편이었다. 그러므로 플러스알파를 위해 더 기울일 힘이 별로 없었다. 굳이 검사로서 나라는 인간을 냉철히 평가해보자면, 나는 기소보다는 불기소를 더 잘하는 검사였다. 업무 영역에서 내가 받은 칭찬 중 대부분은 불기소장을 잘 쓴다는 것이었다. 무언가를 파고들어 그것이 처벌받아 마땅한 이유를 밝히고 더 엄히 처벌해야 한다고 주장하는 일보다는 어떤 일이 죄가 되지 않는다는 사실이나 처벌하지 않아도 된다는 사실을 확인하는 일에서 편안함을 느꼈다. 물론 두 가지 영역 모두 검사에게 중요한 일이다. 그러니까 이것은 굳이 말하자면 성향의 문제다.

다만 성향의 문제라고 쓰면서도 그 성향의 문제는 항상 나를 괴롭혀 왔다. 불기소를 잘하는 일은 매우 중요한 검사의 덕목이지만, 전통적으로 검사의 실적을 평가하는 방향성에서는 살짝 빗겨나 있었다. 근무 실적을 기재할 때마다 '통상 업무를 안정적으로 처리함'이라는 글귀 외에 대단히 내세울 것이 없는

나 자신에 대해, 이대로 검사로 살아가도 괜찮은지 오래 회의
하는 날들이 있었다.

내 고민이 최고조에 다다를 무렵 나는 친구에게 하소연을
했다. 친구는 법조계에 대해서는 전혀 아는 바가 없는 자유로
운 영혼의 예술가인데, '잘난 사람들 사이에서 찌질이로 사는
것이 힘들다'는 취지의 내 고민을 한참 듣더니 내게 처방 하나
를 내어놓았다.

"잘 모르겠지만, 니가 잘하는 뭔가를 찾아봐. 너도 뭔가 잘
하는 게 있을 거 아니야. 니가 잘하는 뭔가를 일에 잘 붙여넣어
보면 괜찮지 않을까? 그래서, 너는 뭘 잘하는데?"

"내가 잘하는 것이라면…? 음…? 폭탄사?"

폭탄사(일반적으로는 건배사라고도 한다)란 폭탄주를 앞에 두
고 하는 1분 스피치 같은 것이다. 왜인지는 모르지만 어느 순
간 폭탄사라는 것이 센스 있는 앞글자 따기를 일컫는 말이 되
어버린 듯하다. 인터넷에 '센스 있는 건배사'라고 치면 청바지
(청춘은 바로 지금부터!), 사우나(사랑과 우정을 나누자), 마당발(마주
앉은 당신의 발전을 위하여) 같은 줄임말들이 줄줄이 나온다(그중
에 마돈나(마시고 돈내고 나가자)가 제일 마음에 든다). 하지만 그
시절, 그러니까 매번 각기 비슷하지만 다른 명목의 술자리가
열리고, 모름지기 한자리에 뒤엉켜 술잔을 부딪치는 것만이

화합의 지름길이자 미덕이라는 점이 별다른 의심 없이 통용되던 시대의 폭탄사란 그런 단순한 것이 아니었다. 대부분은 그 자리의 소감 같은 것을 밝히고 앞으로의 화합 같은 것을 다짐하는 말들을 하곤 했지만 나는 어쩐지 술자리의 화합에 대해서는 떨떠름하면서도 폭탄사에서 만큼은 그 이상의 무엇을 추구하고 싶었다.

그 시절은 일과 시간 동안 입에 단내 나게 일을 하다가도 저녁마다 어김없이 술자리가 벌어지던 시절이었고, 고만고만한 멤버들이 모여서 술을 마시는 자리에서도 으레 폭탄사가 성행하던 시절이었으므로, 그 무렵의 나는 매일 그날이 그날 같은 회식 자리에서 어떻게 창의적이고 기발한 폭탄사를 할 수 있을까를 고민하는 사람이었다. 그러니까 당시의 내 고민은 '이런 능력 없는 내가 검사로 계속 살아도 좋을까'와 '오늘은 어떻게 어제와 다른 창의적인 폭탄사를 할 수 있을까' 두 가지 정도로 요약할 수 있겠다.

폭탄사를 구성하는 방식에 대해 몇 가지 나만의 원칙이 있다. 매일 똑같아 보이는 그렇고 그런 의미의 술자리들이 각각 나에게 무엇인지를 진솔하게 밝히고, 하여, 그 자리에 술잔을 마주하고 앉은 나와 당신이 이 순간 무엇이어야 하는가를 매번 새로운 언어로 표현하고자 했다. 폭탄사의 언어는 과장되거나 거짓되지 않아야 하는 동시에 좌중의 흥미를 끌어야 하고 나아가 뇌리에 깊은 인상을 줄 수 있는 것이어야 한다. 무엇보다 진실이어야 하고, 내가 책임질 수 있는 범위의 언어여야 한다.

그런 노력 덕분인지 그 무렵의 나는 폭탄사로 인정받고 있었다. 매번 새로운 폭탄사 앞에 간부들은 매우 흡족해했고, 후배들은 초롱초롱한 눈망울로 어떻게 하면 그런 멋진 폭탄사를 할 수 있느냐고 감탄하기에 이르렀다. 그렇다면 내가 남들보다 잘하는 것은 폭탄사인데 도대체… 이것을… 이렇게 일에 접목하여 괜찮은 검사가 될 수 있다는 말인가. 물음을 던진 친구도 답을 한 나도 더 이상의 답을 찾을 수 없었다.

그런데 의외로 머지않아 나의 숨겨진 재능을 펼칠 날이 왔다. 청을 옮기고 다시 '통상 업무를 안정적으로 수행하나 플러스알파가 부족한' 형사부 검사로 일하던 중 동기 검사가 유학을 가는 바람에 그가 하던 공판검사 자리에 갑자기 내가 땜빵으로 투입된 것이다. 자리를 급히 옮기느라 진행하던 사건에 대해 인수인계서를 써둘 겨를이 없었다. 그래서 내 후임으로 지목된 후배 검사에게 인수인계서 대신 만날 때마다 틈틈이 사건 이야기를 해주었다.

"자, 한 남자가 있었어. 그 남자는…."

정식 인수인계가 아니고 점심을 먹거나 커피를 마시는 자리에서 비공식적으로 이루어지는 인수인계였으므로 사건은 이야기 형식으로 대부분 전달되었다. 보통 한 남자나 한 여자가 등장하는 것에서부터 시작하는 사건 이야기를 후임 검사는 무척 흥미로워했다. 후임이 아닌 다른 검사들까지 한 남자와 한 여자의 이야기를 주위듣고 빠져들곤 했다. 곧 그 여자와 그 남자에게 적용할 법조문과 공소사실 때문에 머리를 싸맬 자신의 운명을 떠올리지 않고 오직 이야기에 집중하는 그들을 보면서 내 안의 어떤 능력이 희미하게 떠오르는 것 같았다.

희미한 생각이 확신의 영역으로 이동하게 된 것은 내가 본격적으로 국민참여재판을 하게 되면서부터였다. 내가 갑작스럽게 투입된 재판부는 국민참여재판을 하는 재판부였는데, 전임 검사는 그 재판부를 맡고 있는 동안 단 한 건의 국민참여재판을 했을 뿐이라고 했다. 그런데 내가 그 업무를 맡게 되자 마자 봇물처럼 국민참여재판 신청이 터져 들어왔다. 만만한 검사가 새로 국민참여재판 전담으로 오게 되었다는 소문이 난 게 아닌가 싶은 정도였다. 나는 공판검사로 투입된 다음 날 첫 번째 국민참여재판을 했고, 그로부터 2주 뒤에 두 번째 국민참여재판을 했다. 그 뒤로도 쭉 그런 식이었다.

국민참여재판은 일반 국민인 배심원들에게 사건을 설명하고 그에 대한 판단을 받는 재판이다. 오래전부터 정해진 문법에 따라 작성된 서류를 내고 남들이 알아듣기 힘든 전문용어 몇 개를 구사하면 끝나던 그간의 재판과는 달리, 형법의 적용에 대해 알지 못하는 일반 국민들에게 사건의 낱낱을 설명해야한다. 어떤 일이 벌어졌으며 그것을 어떻게 해석해야 하는지 전문가가 아닌 그들이 납득할 수 있는 언어로 말해야 한다. 그들의 마음에 닿아 그 마음을 움직여야 한다. 이는 하나의 거대한 스토리텔링이라는 것을 얼떨떨했던 첫 번째 국민참여재판을 마치고 깨달을 수 있었다. 그다음부터 나는 고민하기 시작했다. 무엇보다 국민참여재판에서는 배심원들을 사건의 중심으로 끌고 들어가는 것이 관건이었다. 거기에는 내가 오래전부터 고민해왔던 어떤 문법이 적용됐다.

과장되지 않고 거짓이 아닌 언어를 사용하는 것, 그러면서도 배심원의 흥미를 끌면서 뇌리에 깊은 인상을 주는 것, 무엇보다 진실이며 내가 책임질 수 있는 범위 안의 언어를 사용하는 것! 어쩐지 내가 오래 고민해왔고 잘할 수도 있는 일이 아니었던가. 창의적인 폭탄사를 향해 하릴없이 쏟아붓던 치열한 고민이 이제 나의 업무 영역에서도 존재감을 발휘하기 시작한 것이다. 어떤 사건이 어떻게 이루어졌는지를 설명하는 것을 넘어, 그것이 우리에게 어떤 의미인지, 그 자리에서 당신과 나는 무엇이어야 하는지 힘주어 말하는 일은 의외로 내가 잘하는 일이었다. 그를 위해 매번 새로운 언어를 고르고 다듬는 일, 눈빛을 반짝이며 나를 향해 열린 그들에게 기꺼이 가닿고 싶어 안달하는 일 말이다. 그래서 나는 이제 이야기꾼 검사가 되기를 꿈꾼다. 최고의 이야기꾼이 되어 최고로 생생한 이야기를 배심원이라는 관중에게 풀어놓고 싶다.

대한민국에는 2000명쯤 되는 검사가 있고, 어딘가에는 그들의 능력을 차곡차곡 수치화한 성적표 같은 것이 존재한다고 한다. 그 실적의 서열에서 나는 어디쯤에 있을까 가늠해보는 일은 멀고 아득하다. 모르긴 해도 위에서부터 보다는 아래에서부터 내 이름을 찾는 쪽이 훨씬 빠를 것이다. 그러나 나는 더 이상 '이런 내가 검사여도 괜찮을까' 고민하지 않는다. 아니 좀 덜 고민한다. '이런 나라도 괜찮지 않을까' 하는 쪽으로 고민의 추가 조금은 기울었다고도 할 수 있겠다.

이야기꾼 검사 같은 것을 어디에 쓰겠느냐고 아직도 많은 사람들이 물을 테지만, 2000명의 검사 중에 이야기꾼 검사 몇 명 정도는 있어도 괜찮지 않겠는가. 세상을 뒤흔드는 특수 수사의 귀재와 세상 끝까지 따라가서 꼭꼭 숨겨둔 불법 수익을 환수해내는 환수의 천재들과 참혹한 살인의 현장에서 귀신 같이 답을 찾아내는 검사들이 든든한 가운데, 그 어느 한구석에서는 세상을 향해 이야기를 전달하는 것에 진심인 편인 검사한 명쯤 있어도 되지 않겠느냐고 혼자 막연히 생각해보는 것이다.

"이런 '나'라도 그런대로 괜찮을까요?"

정식으로 대한민국 님께 물어본 것은 아니지만 어쩐지 괜찮을 것 같다는 생각이 든다.

울보 검사

"오늘도 울고 말았어요."

오후 재판을 마치고 돌아온 후배가 공판실의 낡은 소파에 퍼져 앉으며 말했다.

"법정에서 울었다고? 검사석에서?"

"네, 증인신문 시간에 그만, 최종진술 하는데 한 번 더~."

후배는 재판을 하다가 잘 운다고 했다. 오늘도 예외 없이 울어버렸는데 그래도 재판은 제대로 하고 왔다며 걱정 섞인 눈빛의 선배를 향해 싱긋 웃어준다.

법정에서 우는 검사를 본 적이 있는가. 나는 없다(원래 검사들은 다른 검사들이 법정에서 뭘 하는 걸 볼 기회가 별로 없기는 하다). 어쩌다 가끔, 참으로 기막힌 사연의 사건들에 대해 최종 의견 진술 같은 것을 하다가 나도 모르게 울컥하는 경우가 있기는 하지만, 보통은 거기까지다. 검사는 다시 목소리를 가다듬고 전문가의 언어로 전문적인 의견을 말한다. 그런 것이 우리가 익히 알고, 상상하는 검사의 모습이다. 그런데 재판하면서 우는 검사라니…. 나는 그녀에게 '울보 검사'라는 별칭을 지어주었다.

울보 검사는 매사 열혈이다. 일도 열심히 하고 아이도 열심히 키운다. 그 와중에 자기 공부도 하고, 운동도 하고, 점심을 건너뛰고 악기 연습을 하기도 한다. 열심히 한다는 것은 그저 일을 많이 한다는 것이 아니라 뜨겁게 한다는 뜻이다. 그중에 가장 열심인 것은 노래방에서 노래할 때지만, 아무튼 매사에 온몸과 마음을 다해 임한다. 비실비실한 타입으로 한정된 에너지를 적절히 분배해 효율적으로 써야 하는 나 같은 인간과는 배터리 용량부터가 차이가 나는 인간이다.

'만사, 온몸과 온 마음으로 임하다 보니 재판에서 울기도 하는 것이겠구나' 미루어 짐작할 뿐, 나와는 참 다르구나 신기해할 뿐, 재판을 하다가 운다는 그녀의 행위에 대해 당시에는 오래 생각해보지 않았다.

공판부를 떠나 각자 일하는 부서가 달라지고, 인사이동으로 일하는 지역이 달라지고 그 사이 해외 파견까지 다녀오느라 서로의 세세한 사정을 나누지 못한 채 몇 년이 지난 후 나는 그녀가 우리 검찰의 1호 '공판 전문 검사'*가 되었다는 소식을 들

---

* 대검찰청에서는 특정 분야에서 전문성을 인정받은 검사들에게 전문 검사로 인증을 주는 제도를 두고 있다. 그 분야에 대한 실무 경험과 연구 실적들을 나름 엄격하게 심사해서 선정한다. 블루벨트와 블랙벨트의 두 단계가 있다.

었다.

울보 검사가 공판 전문 검사가 되었다니 실로 놀라운 소식이었다. 반가운 마음에 메신저로 연락해 그녀에게 자초지종을 물어봤다.

"어떻게 공판 전문 검사가 다 되었어?

"그게 처음에는 어떤 사건을 하는데…. 어쩌고저쩌고…. 어쩌다 보니 그렇게 되었어요…."

칭찬을 기다리는 아이처럼 잔뜩 신이 나서 그간의 사연을 줄줄이 늘어놓는 그녀, 그러나 나의 그다음 질문에는 한참 뜸을 들이다가 대답했다.

"그래서 이제는 재판하면서 안 울어?"

"그건… 아직도 울어요~."

그랬다. 울보검사가 메가 변이를 거쳐 공판 전문 인증 검사가 된 것이 아니라, 그녀는 울보인 채로 공판 전문 검사가 된 것이었다. 그것은 어떻게 가능한 일인가. 울면서 공판을 잘하는 검사라니 아무래도 신기한 일이어서 그녀에게 몇 가지 심층 질문을 더 던져보았다.

그녀는 어릴 때부터 우는 데는 일가견이 있었다고 했다. 어떤 뻔한 신파조의 드라마 같은 것을 볼 때 '저런 걸 보고 누가 운다고 그러는 거야'라고 말하는 순간, 옆에서 혼자 대성통곡을 하고 있는 사람이 있다면 그게 바로 자기라는 것이다. 조금이라도 슬픈 기미가 보이는 영화를 그녀와 보려고 한다면 마음을 단단히 먹어야 한다. 혼자서 그 극장의 울음을 독차지해버리는 바람에 함께 간 친구들이 주위 사람들의 눈총을 모두 감당해야 했다는 것이다. 어느 순간에든 잘 우는 편이지만 특히 스토리가 있는 영역에서 그녀는 더 자주 진정성 있게 우는 것 같았다.

그런 그녀가 검사가 되어 마주하는 사건들은 하나같이 사연 없는 것이 없었다. 그 사연의 하이라이트 같은 것이 압축적으로 펼쳐지는 공간이 법정이다 보니 가뜩이나 남다른 감정이입 능력을 지닌 그녀의 눈물샘은 매번 대책 없이 터졌다는 것이다. 검사가 되어 거기서 그러면 안 되는 줄은 알고 있지만 저 자신의 의지로는 어쩔 수 없는 영역이었다고 그녀는 힘주어 항변했다.

"드라마만 봐도 우는 저에게 100퍼센트 리얼인 법정은 그야말로 치명적인 극장이에요."

증인이 나와서 피해 당시의 상황에 대해 이야기하면 울고, 피고인이 일어나서 자기 억울한 사연을 이야기해도 울면서도, 그녀는 자기 순서가 되면 질문을 하고, 그들의 대답을 기억해 놨다가 조목조목 반박하고, 슬프기는 하지만 피고인에게 엄벌을 처해달라고 눈물의 최종 논고를 하면서 공판검사로 커나간 것이었다. 잘 운다는 것이 공판 수행에 어떤 영향을 끼치게 되느냐는 질문에 대해, 기어코 참지 못하고 눈물을 흘리는 경우라면 사건에 깊이 이입하고 있는 경우이기 때문에 보다 치열하게 공판 수행을 하게 된다는 점이 장점이겠으나 아무래도 객관적으로 보이지는 않을 것 같아서 이제는 최대한 자제하고 있다는 답이 돌아왔다.

"이제는 최대한 참고 있어요. 눈물이 터지려고 하는 빈도는 예나 지금이나 비슷한데, 그래도 적절히 삼키고 가릴 수 있게 되었어요. 공판 진행에는 방해가 안 될 정도로 꾹 참고 있다가 집에 와서 울어요. 슬픈 영화나 드라마 같은 것 틀어놓고⋯."

아마도 그녀에게는 울어내야 하는 어떤 분량이 있는 것 같다. 태어날 때부터 검사로 태어난 것이 아니고, 울보인 아이가 커서 검사가 되었으니, 울보 검사일 수밖에 없는 것 아니냐고 그녀는 말했다. 맞는 말 같았다.

생각해보면 특히 스토리에 약한 울보 아이가 커서 검사라는 직업을 택하는 것은 남들보다 한결 더 어려운 일이었겠다 싶다. 사건마다 매번 숨겨져 있는 사연들을 그때마다 온몸으로 느끼고 눈물 흘리는 자는 같은 사건을 해결하더라도 더 많은 에너지를 소비하게 될 것이 아닌가. 그런가 하면 다른 한편으로는 차라리 그것이 그녀의 검사로서의 원동력이 아닌가 싶기도 하다. 터져나오려는 눈물을 꾸역꾸역 삼키며(더러는 삼키지 못하고 터뜨리기도 하며) 그녀가 했던 증인신문과 논고들, 그녀가 쓴 의견서들이 결국 그녀를 공판 전문 검사로 만들어준 게 아닐까. 그러고 보면 그녀는 스토리에 유독 약한 울보였으나 실은 그 스토리들을 누구보다 사랑하고 깊이 빠져드는 스토리러버가 아닌가도 싶다.

아닌 줄 알면서도 사람들은 어떤 직업군의 사람들이 대략 비슷한 유형의 성향을 가졌을 것이라고 쉽사리 단정하는 경향이 있다. 그것이 검사처럼 좀 특이하고 대체로 미움받는 직업군인 경우에는 더더욱 그렇다. 그러나 잘 들여다보면 그 안에는 다양한 유형의 사람들이 있다. 냉담하고 무심한 표정의 검사만 있는 것이 아니고 울보 검사도 있고, 소심한 검사도 있고, 수다쟁이 검사도 있다. 검사든 판사든 어떤 직업을 수행하고 있는 사람일 뿐이라는 사실을 우리는 자주 잊는다. 직업을 나타내는 어떤 이름 안에 원래의 자아와 직업적 자아를 매치시키기 위해 부단히 흔들리고 있는 어떤 인간이 있다는 사실을 잘 보지 않는다. 원래부터 울보였던 자가 어떻게 울음을 삼키며 공판을 수행하는 법을 터득해가는지를 가만히 들여다보면 그 안에 한 인간의 고군분투가 보이기도 하는데 말이다.

몇 년이 지나 다른 공판부의 수석으로 있을 때, 나는 또 다른 울보 검사를 만났다. 아직 재판이 끝날 시간이 아닌데 사무실로 돌아온 초임검사에게 웬일인지 물으니 '증인이 너무 슬프게 울기에 따라 울다가 참지 못한 재판장이 휴정을 선언했다'는 것이다. 그녀는 원래 옆에서 누가 울면 따라 우는 경향이 있다고 아직 울음기가 다 가시지 않은 목소리로 대답했다. 흔히, 어떤 사유로든 누군가가 울게 되는 것이 형사 법정인데, 우는 사람을 보면 따라 우는 경향이 있다니, 그의 앞날도 참 험난하겠구나 싶었다. 그래도 다시 개정 시간이 되면 눈물을 닦고 씩씩한 얼굴로 법복을 입고 법정으로 향했다. 그해 말, 그는 대검찰청에서 선정하는 '올해의 공판 우수 검사'가 되었다. 울보 검사들이 공판을 잘한다는 것은 과연 우연일까, 어쩌면 그들의 남다른 공감 능력이 공판을 잘 수행할 수 있게 하는 힘이 아닐까 하는 가설에 대해 두 번째 울보 검사의 케이스에서 보다 확신하게 된다.

생각해보면, 재판을 받는 누군가와 함께 운다는 것은 이상한 일이 아니다. 형사 법정에서 펼쳐내는 생의 어떤 비극적 단면에 대해 함께 공감하고 진동하는 누군가가 있다는 것은 오히려 자연스럽고 멋진 일이라고 할 수 있겠다. 다만 제아무리 타고난 울보라고 하더라도 재판의 공정과 객관성에 오해를 받을까 애써 울음을 삼킬 뿐이다. 그래서 뭐 어쨌다는 것은 아니지만, 늘 너무 무심하다는 의혹을 받고 있는 형사 법정의 한편에서 남몰래 울음을 삼키는 울보 검사들이 있다는 사실에 대해 한 번쯤은 이야기하고 싶었다고나 할까.

딥 블루 레이디를
위하여

공판을 갔던 후배가 씩씩거리며 들어왔다. 법정에서 피고인한테 욕을 먹었단다. 재판을 하다 보면 흥분한 피고인이나 증인들이 검사에게 고성을 지르거나 욕을 하는 경우가 드물게 있다. 나는 어떤 피고인으로부터 "저 미친 아줌마를 감옥에 처넣어라"는 말을 들은 적이 있다. 이번에 후배 검사가 들었다는 욕은 이런 것이었다.

"새파랗게 젊은 년이 어디서 거짓말을 하는 거냐!"

검사가 피고인이 어떤 범죄 사실로 기소되었는지 공소사실을 낭독하자 피고인이 소리쳤다고 한다. 법정이라는 근엄한 공간과 어울리지 않는 흔하고도 선명한 욕설이었다. 피고인이 그런 난동을 부리는데도 재판장은 "피고인 그러지 마세요"라고 할 뿐이었다고 하니, 재판장 입장에서는 별다를 것도 없는 말이었나 보다. 험한 꼴을 당하고 온 후배가 마음을 다쳤을까 걱정이 되었는데 후배는 씩씩거리기는 해도 그다지 상처받지는 않은 모양이다. "그래서 너는 괜찮아?"라고 물으니 "뭐…. 늙은 년보다는 낫잖아요" 한다. 그래, 그렇기는 하다.

'새파랗게 젊은' '년' '거짓말'.

피고인의 발언은 세 가지 내용으로 구성되어 있다. 검사가 젊다는 것과 여성이라는 것, 그리고 그 젊은 여성 검사가 거짓말을 한다는 것이다.

'새파랗게'는 '젊은'을 수식하여 검사가 경험과 연륜이 부족한 풋내기라는 주장을 강조하고 있으며 '년'은 여성을 비하하는 표현으로 공적인 업무를 수행하는 검사를 성별을 이유로 얕잡아 보려는 의도를 내포하고 있다. 그리고 젊은 여성 검사에 의해 실행되는 소추권의 행사를 불신하는 내용을 담고 있다. 그 모든 요소가 결합하여 피고인의 발언은 욕이 되었다. 사실 위 세 가지 구성 요소 중에 거짓말을 빼면 다른 요소들은 그 자체로 욕이라거나 비난이라고 볼 만한 것이 아니다. 어쩌면 젊다는 건 좋은 말이기도 하다. 새파랗게 젊다는 건 한 밑천이기도 하니까…. 그런데 그런 말들은 어쩌다 결합하여 욕이 된 것일까. 그토록 선명한 모욕이 된 것일까.

법조계는 전통적으로 새파랗게 젊은 여성을 기본값으로 두지 않는다. 일반적으로 떠올리는 법조인의 상은 중년의 남성이다. 검은 양복을 입었고, 중후한 말투를 사용하며 조금은 따분한 인상을 가졌다. 상정하는 법조인이 정의의 용사이건, 전관예우에 찌든 속물이건 구분하지 않고 그렇다. 그런 상이 법조가 가지는 권위와 어울린다고 생각한다. 현실의 법조계에는 젊은 여성 법조인들이 매우 많음에도 불구하고 전통적인 성 역할이나 고정관념으로부터 가장 늦게 열리는 분야가 또한 법조계라고 할 수 있다.

삶의 다양한 경험이 부족하다는 측면에서 젊다는 것은 법률가로서 덜 신뢰받아 마땅한 요인이 아닌가 반문할 수 있겠다. 그럴 수도 있지만 옳은 말은 아니다. 법률가가 사실관계를 확정하고 법률을 적용하는 데 있어 삶의 다양한 경험과 그로부터 자연스럽게 얻어지는 지혜가 도움이 되겠지만, 그렇지 않다고 해서 그러한 판단들이 불가능한 것은 아니다. 법률가는 부족의 가장 나이 많은 촌장처럼 그간의 경험에서 오는 지혜를 가지고 이것은 감이고 저것은 배라고 판단하는 자들이 아니다. 그들은 직업적으로 지식과 원칙에 따라 판단하고 실행하는 법을 훈련받은 자들이다. 연륜과 경험은 지혜가 되기도 하지만 때로는 아집과 편견이 되기도 하고, 젊음은 섣부르기도 하지만 보다 예민하고 명민한 감각을 유지하는 원천이 되기도 한다. 특히나 젊다고 해서 검사가 거짓말을 하지는 않는다.

젊음이란 그 자체로 어떤 비난의 의미를 담고 있다고 보기 어려운데, 유독 그것이 여성과 결합하여 모멸과 얕잡음의 의미로 사용되곤 한다. 젊은 남자 검사가 주로 섣부르기는 하더라도 패기 있는 모습으로 그려지는 것과 비교해보면 알 수 있다. 나 역시 젊은 여성 검사이던 시절이 있었다. 검사로 처음 임관하였을 때 나는 20대였다. 누가 봐도 새파랗게 보이는 나에게 선배 여성 검사가 한 충고는 '어린 여성 검사처럼 보이지 않게 하라. 말도, 옷차림도, 행동도…'였다. 내가 가진 젊음과 여성성이 나의 직업인으로서의 정체성에 흠결로 작용할 수 있다는 사실은 아프게 공감되는 현실이었다. 누가 봐도 새파란 여성 검사인데, 새파랗지 않은 척 하느라 애를 쓰던 시절이었다.

유난히 손글씨가 예쁜 어느 후배 여성 검사는 공소장에 들어가는 서명 때문에 부장으로부터 지적을 받았다고 했다. 동글동글하니 귀여운 글씨체가 너무 여성적이어서 검사답지 않고 권위가 없어 보인다는 이유였다. 도대체, 권위 있는 글씨체는 어떻게 써야 하는 거냐고, 내가 내 이름도 내 마음대로 못 쓰냐고 후배는 울분을 터트렸다. 법조계의 권위란 그런 것, 중년 남성들이 구사하는 궁서체 같은 것이었다.

시간이 흘러 나는 이제 더 이상 구태여 감추어야 할 만큼의 젊음을 가지고 있지 않다. 안 구르는 머리를 너무 열심히 굴린 탓인지 나이보다 일찍 흰머리가 나서 어설픈 젊음을 감추는 데 도움이 되었다. 매일 이어지는 야근과 스트레스가 가져온 피부 노화와 잔주름들도 나를 새파랗게 젊다는 혐의로부터 멀어지게 만들었다. 이제는 더 이상 '이렇게 젊은 분이 검사이시네요' 같은 말을 듣지 않는다.

몇 년 만에 부쩍 늘어난 흰머리를 보고 왜 염색을 하지 않느냐고 묻는 사람들에게 나는 "늙어 보이려고"라고 대답한다. 절반쯤 진심이고, 농담은 아니다. 사회는 여성인 나에게 젊어 보일 것을 강요하고, 나의 직업은 나의 젊음을 불편해한다. 그 아이러니, 충돌 속에서 균형을 찾기란 때때로 어려운 것이어서 하릴없이 흰머리나 늘리고 있는 것이다.

우리나라 여성 검사 1세대이자 최초의 여성 검사장인 조희진 전 검사장에 대한 기사를 보다가 그녀도 역시 어느 피의자로부터 "새파랗게 젊은 여자가 뭘 안다고"라는 욕설을 들었다는 내용을 발견했다. '새파랗게 젊은 년' 그것은 참으로 시대를 넘어 역사가 구구한 수사였구나 생각하게 된다. 조희진 전 검사장으로 대변되는 여성 검사 1세대를 넘어 다수의 여성 검사들이 조직 내에 들어오기 시작한 것은 대략 21세기가 시작되면서부터이다. 사법연수원 20기 후반대부터 30기 초반대를 점하고 있는 여성 검사 2세대는 이제 검사장이 되기도 하고 최초의 중앙 여성 부장이라거나 최초의 강력부장과 같은 타이틀을 달고 언론에 나오기도 한다. 그녀들이 새파랗게 젊은 검사 시절을 어떻게 관통하고 그 자리에 다다랐는지에 대해 세세한 사연을 알 수 없지만, 술자리에서 남자들보다 더 거칠게 폭탄주를 마시고 더 찰지게 음담패설을 늘어놓는 방식으로 살아남았다는 언니들의 전설은 세기를 넘어 지금까지 전해지고 있다. 과거에는 여성 검사 워크숍이라고 해서 전국의 여성 검사들이 모이는 자리가 있었는데, 그럴 때면 어떻게 그들이 여성성을 가지고도 이 조직에서 살아남았는지에 대해 열변을 토하는 전설의 언니들을 만날 수가 있었다.

언니들의 시대가 저물고, 이제는 조직 내에 더 이상 예외적인 존재가 아닌 여성 검사 3세대들은 과거의 여성 검사들과는 분명 다른 환경에 있다. 어떤 때는 여성 검사의 애환이라든가, 여성 검사의 고충에 대해 이야기하는 것 자체가 좀 촌스럽고 쿨하지 못하다는 느낌마저 드는 것이 사실이다. 그러나 여전히 '새파랗게 젊은 여자가 뭘 안다고'와 직면하고 있는 현실에서, 우리의 고민을 착시라 말할 수는 없다.

21세기의 대한민국에서 여성이 검사로 살아간다는 것은 어떤 의미인지에 대해 우리는 오래 이야기를 나눠보지 못했다. 여성 검사가 아니라 한 사람의 검사로서 보아 달라는 주장이 마땅함과는 별개로 여성인 한 개인이 검사라는 직업을 선택하고 살아가는데 있어 그 개별 성별과 인격이 가지는 특성들을 직업적 개인과 어떻게 조율해 나아갈 것인가에 대한 고민 말이다.

그래서 후배들로부터 여성 검사의 삶에 대한 롤모델이 있었으면 좋겠다는 아쉬움 가득한 고민을 자주 듣게 된다.

새파란 젊음이야 시간이 흐르면 자연스레 해결되는 문제지만, 새파랗지 않은 이후에도 여전히 여성인 우리는, 대책 없이 흰머리나 늘리며 늙음을 자처하는 외에 무언가… 내가 나다운 상태로 직업인으로서 삶을 영위할 수 있는 방법을 고민해야 한다. 시대를 넘어 젊고 늙은 여성들에게 골고루 가해지는 그 모욕이 어디로부터 연유하는지를 오래 들여다보고, 그로부터 우리가 스스로 세워내고자 하는 직업인으로서의 삶이 무엇인지 그 답을 찾아가야 한다.

법정에서 법복을 입고도 '새파랗게 젊은 년'으로 불린 후배는 이제부터 자신을 '딥 블루 레이디'로 불러달라고 말하며 유쾌하게 웃었다. 그런 말 따위에는 티끌만큼도 상처 입지 않는다는 듯이…. 희멀건한 블루 정도에 이른 선배가 오래 찾지 못한 답에 대해 골몰하는 사이 그녀의 새파란 젊음이 빛 방울을 튀기며 빛난다. 사실 우리의 딥 블루 레이디들은 이미 길을 알고 있는지도 모르겠다. 더더더 많은 딥 블루 레이디들이 법정에서 사무실에서 종횡무진하며 유쾌해할 날들을, 기대해본다.

너무 쉬운 오타

       부장은 아무래도 '반려 애착자'인 것 같았다. 내가 올리는 모든 결재 서류는 최소 한 번 이상은 '반려' 쪽지를 달고 돌아왔다. 내가 하는 모든 결정의 어느 틈바구니에서라도 그는 반드시 틀린 지점을 찾아냈다. 단 한 번이라도 그냥 통과된 적이 있나 생각해보아도 잘 생각나지 않을 정도로 그해 6개월간은 반려의 물결 속에 있었다.

    사건에 대해 비교적 독립적으로 결정하는 판사들과는 달리 검사의 업무는 대부분 상급자에게 결재를 받는 방식으로 이루어진다. 공소 제기 결정도 불기소 결정도 검사 한 사람의 이름으로 나가지만, 실은 위임 전결 규정에 따라 부장, 차장 혹은 그 이상에게 결재를 받는 것이다. 검사의 결재 제도가 개별 검사의 독립적인 판단을 저해한다는 비판도 있지만 나는 누군가에게 중대한 영향을 미치는 결정인 만큼 여러 사람이 다각도로 검토하는 쪽이 좋다고 생각하는 편이다. 그런 과정을 통해 오류 가능성을 조금 더 줄일 수 있고, 결정을 내어놓는 자로서도 조금은 더 안심이 되는 것이다. 처리 방향에 대해 나와 다른 의견을 가진 사람과의 토론을 통해 사건은 조금 더 객관적이고 단단한 길을 찾는다.

이론상 그러하지만, 내가 내린 결정에 대해 오류를 지적받고 반려를 당하는 것은 그리 유쾌한 일이 아니다. 도대체 뭐가 문제냐는 반감과, 이런 걸 또 틀려서 지적받았다는 자괴감이 교차하기 마련이다. 반려를 대하는 자세에는 여러 가지가 있겠지만, 나는 초임 시절 어느 선배가 해준 말을 기준으로 반려에 대한 나의 입장을 정했다. 추풍낙엽 같은 반려 쪽지에 내상을 입고 허덕이는 나에게 선배는 말했다.

"다 사건 잘 처리하자고 하는 일이지 무슨 사심이 있어서 그런 건 아니야. 그리고 대부분은 부장 쪽이 옳아."

매우 단순한 말인데도, 어쩐지 모든 것이 명확해지는 기분이었다. 어쩌다 간혹 내가 미워서 꼬투리 잡는 부장도 있기는 했겠지만, 다 사건 잘 처리하자고 그런 것이라고 믿어버리면 마음이 편했다. 결재를 올리는 일이 내 일이듯, 오류를 찾아내고 반려하는 일이 부장의 일이라고 생각하면, 내가 만들어내고 그가 발견한 오류들이 그리 부끄럽거나 자괴감이 드는 일만은 아니었다. 서로 쿨한 밥벌이의 관계로 연결되어 있을 뿐임을 인정한다고 해야 할까. 그리고 대부분은 역시 검찰 밥 한 숟가락이라도 더 먹은 부장 쪽이 옳았다. 연차가 쌓일수록 반려의 빈도는 줄어들었고, 그래서인지 반려에 대해서라면 나는 성공적으로 쿨한 입장을 취한다고 믿었다. 열 건을 올리면 아홉 건을 돌려보내던 그 부장을 만나기 전까지는 말이다.

부장은 분명 사심은 없어 보이는 사람이었다. 다만 너무나 신중하고 너무나 꼼꼼하고, 작은 오류나 차이조차 그냥 넘길 수 없는 성격의 사람이었다. 당시 유행하던 MBTI의 관점에서 나와는 가장 먼 대척점에 있는 유형이었다. 그러다 보니 문제에 접근하고 해결하는 방식에 대한 그의 관점은 대부분 나와 다른 것이었다. 그 무렵 나는 나대로 머리가 굳어질 대로 굳어진 상태였으므로 그저 '대부분은 부장 쪽이 옳다'는 명제를 기계적으로 적용하기는 어려워졌다. 그간 유지해오던 반려에 대한 쿨한 입장이 간혹 위태롭게 흔들렸다. 그래도 쌍방이 프로의 법칙 아래 오래 일해온 사람이었으므로 우리는 서로 선을 지키며 대립하고 설득했다. 대부분의 경우는 내가 보지 못한 오류를 그가 찾아준 것에 대해 안도하고, 어떤 경우는 '끝내 이해는 되지 않으나, 당신이 결재자고 내가 결재를 받는 사람이니 당신 뜻대로 하겠다'는 마음으로…. 업무 속도는 느려졌지만 앞으로 나아갔다.

업무가 업무대로 진행되는 것과는 별개로 마음이 몹시 지쳐가고 있음은 인정할 수밖에 없었다. 특히 나의 지치는 마음은 부장과 내가 관점을 달리 하는 부분, 그래서 서로 설득해야 하는 부분에서 오는 것이 아니라 명백히 내가 틀린 부분, 따라서 그냥 잘못을 인정하고 고치면 되는 부분에서 온다는 사실을 알았다. 예를 들자면 명백한 오타 같은 것 말이다. 나는 특유의 덤벙거림과 두 번 돌아보지 않는 성격으로 인해 번번이 오타를 냈고 부장은 특유의 꼼꼼함과 수십 번 돌아보는 성격으로 기어이 한 톨의 오타까지 잡아냈다. 공문서에 오타가 있어서야 되겠는가라는 당연한 원칙에 수긍하면서도, 한 글자의 오타 때문에, 혹은 띄어쓰기 때문에 수십 장의 서류를 뜯어내고 다시 붙여야 할 때면 속에서 뭔가 치밀어 오르는 것은 어쩔 수가 없었다. 의미를 파악하는 데 아무 지장 없는 이 정도의 오타는 좀, 그냥 넘어가주면 안 되냐는 반감과 함께, 기어이 오타 하나를 남겨 업무의 완결성을 저해하는 나의 손모가지에 대한 저주로 마음이 부글부글 끓었다. 아무리 주의를 해도 나는 기어이 오타를 남겼고, 그는 기어이 찾아냈다. 그리고 끝내 참지 않고 돌려보냈다.

생각해보면 그와 내가 충돌하는 지점은 수없이 많았는데도 내가 그의 오타 반려에 이르러 유독 뜨겁게 타올랐던 이유는, 그것만큼은 내 잘못이 분명한 영역이기 때문이었다. 오타나 남겨 지적받는 인간은 법리 논쟁에서도 한 수 접을 수밖에 없는 것이다. 내 잘못이 분명하므로 항의도 못하는 영역에서 무너진 자존감과 자괴감은 수습하기 어려웠다. 씩씩거리면서 오타를 고치다 보면 나조차 그 터무니없음에 놀라고 다시 좌절하기를 반복하던 날들이었다.

그날도 무언가 나의 수십 가지 고민이 응축된 결정문이 부장이 발견한 몇 개의 오타를 품고 내게 돌아왔다. 기록이 너무 무거워 부장실 실무관이 직접 카트에 싣고 내 방으로 가지고 왔다. 내가 씩씩거리며 오타를 고치는 동안 부장실 실무관은 수정된 서류를 다시 받아가기 위해 기다리고 있었다. 실무관은 1984년부터 검찰청에서 근무를 했다는, 그야말로 검찰에서 산전수전 공중전을 다 지켜봐온 베테랑이었다. 베테랑 실무관은 벌겋게 상기된 얼굴로 오타를 고치는 나의 민망함을 눈치챘는지 넌지시 이야기 하나를 꺼냈다.

"검사님, 옛날에, 검찰에 아직 컴퓨터가 보급되기 전에는요, 타자기로 공소장을 쳤잖아요. 검사님들이 종이에 연필로 적어주면 실무관들이 타자를 쳤거든요. 부본도 만들어야 하니까 한꺼번에 여러 장을 먹지를 대고 치는데, 피고인이 많으면 부본도 많으니까 먹지 끼운 종이가 엄청 두꺼워지기도 했어요. 그때는요 검사님, 오타가 나면 몸이 바로 알아요. 그때는 한 글자가 틀리면 처음부터 다 새로 써야 했잖아요. 그러니까 손목

뿐만 아니라 온몸에 힘을 주고 타자를 치는 거예요. 절대로 한 자도 틀리면 안 되니까. 그래서 거의 틀리지 않는데 어쩌다 오타가 나면 몸이 먼저 띵하고 반응해요. 요즘엔 그냥 손가락이 스르르 지나가면 글자가 되잖아요. 그러니까 오타가 쉽게 나는 거 같아요. 또 그건 금방 고치면 되니까요."

　실무관이 수정된 서류를 들고 부장실로 돌아간 뒤에도, 들척하게 덥혀진 사무실 공기 안에 실무관이 남기고 간 말이 오도카니 남았다. 가끔 아주 옛날 기록을 찾아보면 편철되어 있는 얇은 종이에 박힌 정갈한 글씨체가 떠올랐다. 이제 막 학교를 졸업하고 삭막한 검찰청에 취직한 그녀들이 여린 손목에 힘을 주고 한 자 한 자 타자기를 눌러 작성했다는 공소장을 생각했다. 스르르 손가락만 움직이면 글자가 되는 시기부터 검찰 일을 시작한 나로서는 알지 못하는 세계였다. 그 한 글자 한 글자가 종이가 아닌 세상의 캄캄한 하늘에 타박타박 박히는 장면을 상상했다.

　너무 쉽게 번번이 오타를 내고 씩씩거리는 손가락을 컴퓨터 자판 위에 가만히 올려본다. 아직 뜨거워지지 않은 자판의 미지근한 온기가 손끝으로 미세하게 전해진다. 다음에는 오타 같은 것 정말 내지 말아야지, 그냥 스르르 말고…. 몸으로 밀고 나가는 글을 써야지. 그러고 나서 그 언제보다 당당히 어깨를 펴고 부장을 법리로 설득해야지….

　'그래 정 검사, 제발 좀 그래보자!'

　수정판 서류들을 뽑아내느라 잔뜩 열받은 프린터가 화답이라도 하듯 드르르 몸을 떤다.

넌 법복 입을 때가
젤 멋져

'분명 여기 어디 뒀는데…. 어디 갔지?'

무채색의 옷들이 늘어선 옷장 안을 벌써 몇 번째 뒤지고 있다. 6개월 전 쯤 분명 여기다가 걸었던 것이 생각나는데, 넓지도 않은 옷장에서 찾을 수가 없다. '설마 버린 건 아니겠지….' 불안감이 차오르던 찰나 옷장 가장 깊은 곳에 구겨지듯 걸려 있는 그를 발견한다. 나의 법복이다.

법복은 검사가 법정에 갈 때 입는 시커먼 옷을 말한다. 검사로 임관할 때 법무부에서 한 벌씩 준다. 법무부에서 주는 법복을 입고 임관식에서 선서를 할 때만 해도 이게 검사 유니폼인가 싶었지만, 검사가 되고나서도 법복을 입는 경우는 그리 많지 않다. 공판검사로 일하면서 법정에 들어갈 때만 법복을 입는다.

검찰에 지원했을 당시 나의 성적은 매우 아슬아슬하게 커트라인에 걸려 있었다. 법무부에서 그해 뽑겠다고 공표한 검사의 수 마지막 즈음에 내가 있었다. 일찌감치 취업을 확신하고 임지를 가늠하고 있는 다른 동기들과 달리 나는 초조했다. 문을 닫고 들어갈 수 있을 것인가 문에 끼일 것인가, 초조함이 극에 달할 때쯤 낯선 번호로 전화 한 통이 걸려왔다.

"검사 법복 만드는 ○○사인데요, 사이즈 어떻게 하면 될까요?"

"법복이요? 검사 옷이요? 그럼 저… 합격한 건가요???"

달뜬 나의 목소리와 달리 지극히 사무적인 목소리로 그는 대답했다.

"그건 모르겠고, 우리는 그냥 명단 받아서 사이즈 확인하는 것뿐이에요. 여자분은 보통 S사이즈로 하는데, 그걸로 할까요?"

"그러니까 법무부로부터 명단을 받으셨다는 거지요? 그 명단에 제가 있어서 저에게 전화를 하신 거고요. 네네, S 하세요. 아무거나 하세요."

서둘러 끊기는 전화기에 대고 나는 연거푸 "감사합니다"를 외쳤다. 마치 그가 나를 합격시켜준 것 같았다. 수화기 너머로 멀리, 아마도 올해 분의 검사들에게 새로 지급할 법복을 만들고 있는 듯한 기계 소리가 분주히 들렸다. 그래서인지 법복을 보면 합격을 극적으로 알게 된 그 순간의 기쁨이 떠오른다. 그런 이유로 그 순간부터 나는 법복에 평균 이상의 애정을 품게된 것인지도 모르겠다.

초임으로 발령받은 직후 관사가 있는 동네에서 밤늦게 귀가하는 여성을 대상으로 한 흉악한 범죄가 연거푸 터졌다. 귀 갓길이 두렵다는 나에게 친구는 검사가 뭘 그런 걸 두려워하냐고 말했다.

"그렇지만 흉악범은 내가 검사라는 걸 모를 거 아니야. 이마에 검사라고 쓴 것도 아니고."

"그렇네…. 그럼 출퇴근할 때 법복을 입고 다니면 어때?"

"진짜? 그럼 검사인 줄 알고 안 건드릴까?"

"아니, 미친 여자인 줄 알고 안 건드리겠지."

그의 마지막 멘트가 아니었다면, 정말로 법복을 입고 퇴근을 했을지도 모르겠다. 그러면 그 구역에는 흉악범에 이어 시커먼 보자기 같은 것을 뒤집어쓰고 다니는 이상한 여자도 출몰한다는 흉흉한 소문이 났겠지….

영화나 드라마에서 봤겠지만 법복은 시커먼 통 자 형태로 생겼다. 핏이랄 것이 없는 통 핏이다. 통 핏은 모든 검사들의 몸매를 그 안에 품어준다. 어떤 경우는 공판검사가 만삭인데도 재판부에서 그걸 끝까지 모르는 경우도 있었다고 한다. 한 인간의 개인성을 소멸시킨다는 점에서 성공적인 셈이다. 통 핏 덕분에 검사는 거대한 직사각형처럼 보인다. 내 법복의 경우 2006년식인데 그 당시에는 어깨에 뽕을 넣어서 과도하게 어깨를 강조하는 바람에 더욱 각이 선 직사각형처럼 보이는 효과가 있다. 요즘 검사들 법복을 보니 그런 뽕이 없던데…. 언제부터 디자인이 변경되었는지는 모르겠다. 아마도 검사가 어깨에 힘 주고 다니면 욕먹는다는 사회 문화적 배경에 대한 고려가 영향을 끼친 것이 아닌가 싶다.

법복의 검은 부분은 구김이 잘 가지 않는 가벼운 소재로 되어 있는데, '폴리에스테르나 나일론이겠지'라고 생각하며 찾아보니 쿨울cool wool이라는 첨단 소재로 만든 것이란다. 거기에 양쪽 어깨부터 두 줄로 내려오는 짙은 자주색의 띠 부분은 양단이라고 한다. 섬유에 대한 지식이 없는 내가 이토록 확정적으로 그 소재에 대해 말할 수 있는 이유는 검사의 법복에 대한 세부 사항이 『검사의 법복에 관한 규칙』이라는 법무부령으로 정해져 있기 때문이다. 검사의 드레스 코드까지 무려 법무부령에 의해 정해지는 것이라니 그 치밀함에 경이를 표하면서도, 어쩐지 재판에 들어가 있는 모든 순간에 국가가 어깨에 올라타고 있는 것 같아 어깨가 뻐근해지는 느낌이다. 아무튼, 법복이 법무부의 령에 의해 의외로 고급 소재로 만들어진 관계로 물빨래를 하지 못하고 드라이클리닝을 하기 위해 세탁소에 가지고 가면 옷을 이리저리 뒤적이던 사장님이 못내 궁금하다는 듯 묻기도 한다. "근데 이건 어디 성가대 옷이에요?"

언젠가 판사, 검사, 의사인 여자 셋이 모여 수다를 떨 일이 있었다. 우리는 각자의 전문 직업군에 대해 서로 모르는 것이 많았다. 나는 그 자리에서 판사들은 10년마다 재임용 심사를 통과하면 법복을 새로 지급받는다는 사실을 처음 알았다. 검사들은 임관할 때 한 번 받으면 끝인데 말이다. 우리의 법복 수다를 듣던 의사가 물었다.

"일종의 가운인데 법복이 한 벌 뿐이면 어떻게 빨아 입어요?"

그녀의 돌연한 질문에 당황한 두 법조인은 선뜻 대답하지 못하고 눈길만 마주쳤다.

"… 빨아요?"

"뭐 어쩌다… 가끔….'

"우리 거는 까만색이잖아요. 때 탈 일도 잘 없어요…. 가만히 입고 앉아 있는데요. 뭘.'

그런 면에서는 법조 2류가 크게 다르지 않다는 점에 대해 우리는 안도했다.

법복은 마치 과거 선비들 도포 자락처럼 통이 큰 소매를 가졌는데 그 부분은 정말 불만이다. 팔을 움직일 때마다 지나치게 넓은 소매통이 여간 걸리적거리는 게 아니다. 과거 검사들은 가만히 앉거나 서서 말만 하면 되는 것이어서 법복을 그렇게 만든 것인지 모르겠는데, 증거를 들고 넘기고 제시도 해야 하는 요즘의 공판검사에게는 어울리지 않는 디자인이다. 걸리적거리지 않고 증거 서류를 넘기려면 선비가 술 따를 때처럼 소매통을 단아하게 모아 잡아야 한다. 가끔 볼펜 같은 것을 돌리다가 떨어뜨려 소매 통 안으로 들어가면 난감하다. 그런 불만이 조금은 반영되었는지 요즘 검사들의 법복이 2006년식 내 법복보다 소매통이 좁다.

법복에 남다른 애정을 가져서인지 나는 평균보다 약간 많게 공판검사를 했다. 주로 초임이나 경력이 적을 때 공판을 하는데 나는 느즈막이 공판 전문 검사를 하겠다고 공판에 투신하는 바람에 뒤늦게 다시 법복을 입고 다녔다. 어깨 뽕이 들어가고 소매통이 지나치게 넓은 2006년식의 옛날 법복을 입고 젊은 검사들과 함께 공판을 다닌다. 다소 모양새가 부자연스럽다는 생각이 들 뿐 미세한 차이라서 그냥 보면 별로 티가 나지 않는다. 디자인이 비실용적임에도 법복을 입으면 그 자체로 뭔가 든든한 느낌이 있다. 그 옷을 입는 순간만큼은 일상의 찌질한 내가 아니고 다름 아닌 공판검사라는 사실이 굽은 어깨를 조금 더 펴게 만든다. 그 옷을 입으면 반드시 허리를 곧추세우고 걸어야 한다. 누군가는 이 허접해보이는 옷에 전투력을 상승시키는 특별한 기능이 있다고 말하기도 한다.

법정은 주로 검사에게 외로운 공간이다. 공판검사는 피해자의 이름으로, 혹은 공공의 이익이라는 국민의 이름으로 공판정에 나아가지만, 대부분 검사를 적대시하는 사람만 가득한 곳이 법정이다. 검사의 부당 기소를 주장하며 절절히 억울함을 토로하는 인상이 선량해 보이는 피고인과 그를 호위하는 변호인들, 피고인을 응원하며 공판검사에게 적의 가득한 눈빛을 쏘는 가족과 지인으로 방청석이 가득 찬 법정에 홀로 앉은 검사에게 자주색 광택나는 천을 두른 쿨울 재질의 법복만이 방패막이 되어준다. 법복을 입고 그 자리에 있는 한 검사는 외로운 개인이 아니고 흔들리면 안 되는 공익의 대변자가 된다. 법복은 공판검사의 특수 슈트이고, 강철 갑옷이다.

예상치 못한 타이밍에 공판부로 이동하게 되었다. 우리 회사의 인사 패턴으로 보아 당분간은 쓸 일이 없을 것 같아 옷장 깊이 처박아 두었던 법복을 어렵사리 찾아낸 이유도 그 때문이다. 15년 전 예기치 않게 나에게 검사 합격 소식을 알려줬던 ○○사의 로고가 아직 달려 있다. ○○사의 재봉틀에서 매끈하게 뽑아져 나온 후, 내가 거쳐간 외롭고 뜨거웠던 재판의 현장마다 늘 함께 했던 소맷단도 아직 건재하다. 짜릿했던 합격의 순간으로부터 처음 법복을 걸치던 임관식의 설렘으로부터, 아직 내가 갚아야 할 법복 값이 남아 있는 모양이다. 하긴 나에겐 누구보다 값비싼 법복이었으니까.

느지막히 또 공판을 하느냐고 묻는 동료들에게 주름이 잘 가지 않고 때도 타지 않는 강철 갑옷을 걸치며 한마디 해본다.

"난 법복 입을 때가 젤 멋지거든. 홋!"

그걸 또 "인정!"이라고 해주는 착한 동료들이 있다.

2장

진실 너머의
풍경들

피고인이 사라졌다

피고인이 사라졌다. 국민참여재판을 하던 중이었다. 아침부터 수많은 사람이 모여 배심원을 선정하고, 오늘의 재판 개요를 설명하는 절차까지 마친 뒤였다. 잠시 점심을 먹고 이어서 진행하기로 했는데, 점심 식사 후 모든 사람이 법정으로 돌아왔으나 피고인은 돌아오지 않았다. 조금만 더 기다려보자고 하고, 국선 변호인이 계속 피고인에게 전화를 걸었으나 아무리 기다려도 피고인은 나타나지 않았다. 국선 변호인 말로는 전화를 받기는 하는데 바로 끊어버린다는 것이다. 재판의 구성원으로 참여하는 누구하나 중요하지 않은 사람은 없지만, 어쨌거나 재판의 주인공은 피고인인데…. 피고인이 사라져버린 법정에서 우리가 할 수 있는 일은 아무것도 없었다.

그날은 하필 재판에 참여한 사람이 많았다. 배심원 여덟 명에, 단체로 방청하러 온 그 지역 로스쿨생들이 방청석을 가득 채우고 있었다. 여덟 명의 배심원을 선정하기 위해 배심원 후보자로 아침 일찍 법정에 소환되었던 사람들까지 치면 족히 100명 가까운 사람들이 재판에 참여했다. 그러나 점심을 먹고 난 뒤 돌아왔어야 할 피고인 한 사람이 돌아오지 않았으므로 그날의 재판은 무산되었다. 재판장은 법정 뒤에 있는 조정실에 변호인과 검사를 불러 협의한 다음, 결국 그날의 재판은 중단됨을 선언했다. 모두들 황망히 돌아갔다. 방학 과제인 법정 방청을 하지 못한 로스쿨생들은 이제 올해의 국민참여재판이 더 없는데 어떻게 해야 하느냐며 망연해했다.

그 와중에 아마도 가장 황당한 사람은 검사인 나일 것이었다. 이 재판을 위해 가장 많은 노력과 시간을 들인 사람은 나였다. 사건 기록을 검토하고, 재판에 필요한 자료를 수집하고, 재판 전략을 구성하고, 증거 기록을 하나하나 스캔하고 스캔된 증거를 ppt로 구성하고, 증인의 출석을 확인하고, 어떤 시점에 어떤 말을 할 것인지를 세세히 고민하며 재판일에 이르렀다. 그런데 피고인이 나타나지 않아 이 모든 준비가 무위로 돌아갔다니, 허탈할 수밖에 없다.

사실 이 재판이 국민참여재판이 된 이유는 오직 피고인이 그것을 원했기 때문이다. 블랙박스 영상이 남아 있어 특별히 의심이 되는 부분이 전혀 없는 사건이었는데도, 피고인은 상식적으로 납득할 수 없는 주장을 하며 굳이 국민참여재판을 희망했다. 법관이 아닌 배심원에게 물어야 할 특별한 사정이 없지 않느냐는 설득에도 피고인은 완강했다. 그렇게 고집을 부려 판을 다 벌여놓고 재판 도중에 사라져버리다니….

실은, 재판을 시작하기 전에 나는 피고인이 재판에 나오지 않을 것에 대해 조금 우려하고 있었다. 수사 기록을 보면 피고인은 경찰과의 약속도, 검찰 수사관과의 약속도 한 번에 지킨 적이 없었다. 번번이 나오겠다고 하고 약속한 시간에 나오지 않았고 그때마다 납득할 수 없는 이상한 변명을 늘어놓았다고 수사보고서에 빼곡히 적혀 있었다. 그런 그가 재판이 시작되는 시간에 딱 맞춰 나타났기에 웬일이지 하면서도 마음을 놓았는데, 재판을 하는 도중에 사라져버릴 거라고는 정말 생각지도 못했다.

그동안 수없이 많은 재판을 해왔지만 재판 도중에 사라지는 피고인은 없었다. 처음부터 안 나오는 피고인은 종종 있었지만, 나왔다가 사라지는 경우는 없었다. 생각해보면 불구속 상태인 피고인이 재판 중간에 주어진 점심시간에 국밥 한 그릇을 먹다가, '이 집은 깍두기가 좀 약하네…' 생각하다가 '에잇, 오후 재판은 들어가지 말아야겠다'라고 생각해버리는 일은 충분히 가능한 일이었다. 그런데도 우리는(판사, 검사, 변호사 모두 말이다) 그런 상황이 발생할 수 있다는 상상을 한 번도 해보지 않았던 것이다. 당연히 그런 것을 방지할 만한 어떠한 강제 방안도 없었다. 상상하지 못했던 일이 벌어지고 난 다음에야, 법조 3륜은 텅 빈 피고인석을 바라보며 '그래…. 이런 일이 충분히 있을 수 있는데 말이야…. 그동안 왜 한 번도 이런 생각을 해보지 않은 걸까….' 멍한 깨달음에 눈을 뜨게 된 것이다.

피고인이 돌아오지 않는다는 사실을 알고 나서 재판부는 가장 먼저 이전에 다른 사례가 어떻게 처리되었는지를 찾아보았다고 한다. 그러나 전국 어디에서도 국민참여재판 도중 피고인이 사라지는 일이 발생한 적은 없었다고 재판장은 말했다. '전국 초유의 일이 왜 우리 재판부에 벌어진 것일까' 하는 표정으로 우배석 판사가 멍하니 앉아 있었다. 지금 이 순간에도 전국에서 수많은 재판부가 이런 일이 일어날 수 있으리라는 것은 상상조차 못한 채 "점심 먹고 재판을 계속합시다" 하고 있을 것이었다.

그러고 보니 피고인의 죄명은 하필 '특정범죄가중처벌등에관한법률위반(도주치상)', 즉 뺑소니였다. 피고인은 그의 빨간색 스포츠카를 몰고 골목에서 나와 큰 도로로 우회전해 진입하다가 도로 끝에 잠시 정차하고 있던 택시의 뒤꽁무니를 들이받는다. 그리고 그냥 갔다. 피해자가 택시를 몰고 피고인을 뒤쫓았으나 워낙 쌩하고 가버려 놓치고 말았다. 경찰은 택시의 블랙박스에 남은 빨간 차의 번호를 추적해 피고인을 특정했다.

처음 경찰이 찾아간 피고인의 집에는 피고인은 없고, 블랙박스에서 보았던 그 빨간색 스포츠카만 서 있었다. 경찰이 찍은 사진 속, 얼기설기 판자를 덧대어 만든 대문을 가진 집 앞에 서 있는 빨간색 스포츠카의 모습은 어쩐지 묘한 분위기를 자아냈다. 그저 빨간색 스포츠카라고 하기에는 너무 낡은 올드카였고, 그저 올드카라고 하기에는 엄밀히 새빨간 스포츠카였다. 거기서부터 피고인은 다만 평범한 뺑소니범은 아닌 것 같다는 인상이 들었다.

재판을 받으러 나온 날 피고인은 긴 머리를 하나로 묶고, 카키색 사파리 점퍼 같은 것을 입고 있어서 말쑥한 자연인 같은 느낌이었다. 외모에서부터 역시 평범한 사람은 아니구나 생각했지만, 이런 식으로, 이렇게까지 자유로운 인간일 줄은 미처 상상조차 못 한 것이었다.

재판장이 재판의 중단을 선언하고, '이건 뭐지?' '이런 경우도 있는 건가?' 잠시 어리둥절하던 배심원과 방청객 들이 돌아간 뒤에도 나는 한참 동안 허탈한 마음으로 법정에 멍하니 있었다. 뒤늦게 기록들을 싸들고 검찰청으로 돌아오면서 검찰청과 법원을 연결하는 지하 통로에서도 줄곧 피고인이 보여준 놀라운 자유로움에 대해 생각했다. 교통사고를 내고도, 부득부득 우겨 100명은 족히 되는 사람들을 그의 재판을 위해 모아놓은 다음, 그저 그 자리를 이탈해버릴 수 있는 자유, 자신에게 불리한 것은 앞 뒤 안 가리고 그저 회피할 수 있는 자의 자유! 그저 떠나버릴 수 있는 자의 자유!

　오랜만에 국민참여재판 한다고 긴장해서 잠까지 설친 것이 억울하면서도, 나는 어쩐지 그의 그 극단적이고 무책임한 자유에 대해 한편 부러워하고 있다는 사실을 깨달았다. 그것은 묘한 질투심 같은 것이었다. 나라는 인간은 한 번도 가져보지 못한 전혀 다른 차원의 세계에 대한….

　인간의 상상력이란 어차피 각각의 인간이 가질 수 있는 그릇 안에서만 존재하는 것이다. 각자가 직간접적으로 경험한 세계에서 조금, 반 발짝이나 한 발짝 정도, '세상 어딘가에는 이상한 일이 있기 마련이니까' 하는 정도의 발짝만큼만 상상의 범위는 확장될 수 있다. 자기가 속한 세상 외의 다른 세계가 존재한다는 사실을 염두에 둔다고 하더라도, 애초에 합리와 규범의 틀 안에서 성장하고 살아온 인간들이 확장할 수 있는 삶에 대한 상상의 영역은 한계가 있다. 그래서 법조인들의 상상은 번번이 어떤 사각의 벽에 부딪치기 마련이다. 주차선 하나조차 무시하지 못하는 삶을 사는 자는, 뺑소니 사고에 대한 재판을 받다가도 홀연히 자기 볼일을 보러 가버리는 인간의 마음에 대해 상상할 수 없다. 그 너머에는 무엇이 있을까, 지나온 날도 닥쳐올 날도 생각지 않는 인간의 삶이란 도대체 어떤 것일까.

　그가 닥쳐올 날에 대해 어떤 생각이란 것을 하기는 했는지 모르겠지만 머지않은 날에 그는 구속되었다. 재판을 받다가 도주하였으니 구속영장이 발부되었고 그는 그 빨간 스포츠카를 몰고 다니다 어느 불심검문에 걸려 들어온 것이다. 수의를 입고 법정에 선 그는 길게 길렀던 머리까지 짧게 자르고 있어 한결 멀끔해 보였다. 그러고 보니 잘생긴 인상이었다.

"재판을 받다가 왜 사라져버렸는가."

판사의 질문에 '점심을 먹으러 집에 갔다가 순간 쓰러져버려 법정에 오지 못했다'는 등의 믿을 수 없는 변명을 아무렇게나 늘어놓았다. 들을수록 상대방의 전의를 상실하게 하는 이상한 능력을 그는 가지고 있었다. 법조인들은 더 이상 따지고 묻는 것을 포기하고 그의 재판을 어서 끝내는 쪽으로 마음을 모았다. 그러나 그는 뒤도 안 돌아보고 현장을 떠나버리는 블랙박스 영상을 재생해 보여줘도 여전히 도망가지 않았고, 그 자리에 서서 피해자를 기다리고 있었다는 주장을 굽히지 않았다. 이렇게 된 마당에 재판이라도 빨리 마치자는 법조인들의 마지막 바람마저 무색하게 만드는 그였다. 역시 그는 우리가 상상할 수 있는 영역에 살고 있지 않았다.

그러나…. 그가 뻔한 거짓말을 늘어놓는 거짓말쟁이라고 해서, 국민참여재판을 하겠다고 사람들을 잔뜩 모이게 해놓고는 사라져버렸다고 해서 법조인들이 줄 수 있는 불이익은 별로 없다. 재판에 출석시키기 위해 일정 기간 구속되어 있어야 했지만, 그뿐이었다. 그렇다고 해서, 검사가 구형을 엄청나게 올리지도 못했고, 판사가 어마어마한 중형을 선고하여 그를 단죄할 수도 없었다. 법조인들의 그릇은 거기까지였다. 상상할 수 없는 영역에 대해서는 가늠할 수 없으므로 속수무책인 것이 법조인들이었다. 법조인들은 그들이 상정할 수 있는 세계에 대해서만 무게를 달 수 있는 저울을 가지고 있을 뿐이다. 피해자가 많이 다친 것은 아니었으므로 그는 결국 집행유예를 선고받고 석방되었다.

집행유예가 선고되었으므로 그를 석방하라는 문서에 도장을 찍으면서, 나는 다시 어쩐지 그가 부럽다는 생각이 들었다. 세상의 법칙과는 상관없이 바람처럼 머릿결을 흩날리며(아, 지금은 짧은 머리지만) 달려갈 그의 빨간색 올드카를 떠올렸다.

나로서는 상상할 수 없는 멀고 아득한 곳으로 피고인이 다시 사라졌다.

딱 보면 압니까

　　　　　　"검사들은 딱 보면, 거짓말인지 참말인지 알아요?" 검사를 처음 만난 사람들로부터 자주 듣는 질문이다. 이들은 눈빛을 빛내며 참과 거짓을 가리는 우리만의 비법 같은 것이 있느냐고 묻는다. 내가 "아니오"라고 대답하면, 실망하는 빛이 역력하다.

　　전설의 어떤 검사는 기록에 손만 딱 얹어놓아도 기소인지 불기소인지 안다고도 하고, 병원을 오래 운영한 어느 의사는 환자가 문을 딱 열고 들어오는 순간, 진상 환자인지 아닌지 안다고도 하던데, 나는 도통 거짓말인지 아닌지 딱 보면 아는 경지에 이르지는 못했다. 주변에 동료들을 살펴보아도 딱히 그런 고도의 관심술 같은 것을 가진 자는 없는 것 같다. 다만 검사들은 직업적으로 참과 거짓을 가려 진실을 찾는 일을 반복하는 자들이다. 어떤 단서들, 낱낱의 조각인 듯한 파편들을 모아 진실에 가까운 쪽과 거짓에 가까운 쪽을 가려내는 훈련을 반복하게 된다. 그러다 보니 남들보다는 조금 더 참말과 거짓말을 가려내는 촉이 발달하는 경향이 있다고는 볼 수 있겠다. 그러나 촉은 어디까지나 촉일 뿐, 촉에 기대어 해결할 수 있는 일들은 많지 않다.

"그러면 어떻게 해요?"

조금 실망한 눈빛으로 묻는 질문에 나는 조금 다른 이야기를 들려준다.

"참말인지 거짓말인지보다 주로는 입증할 수 있는지 입증할 수 없는지를 중심으로 고민하는 것 같아요."

그것과 그것이 어떻게 다르냐고 묻는다면, 그것은 진실을 대하는 태도, 혹은 진실에 접근하는 관점이나 방식에 대한 문제인데…. 그러니까 이런 말이다.

어느 여성이 고속도로 휴게소 화장실에서 지갑을 잃어버렸다고 경찰에 신고했다. 화장실에 들어갈 때 분명히 지갑을 들고 갔는데, 잠시 뒤 화장실에서 나와 지갑을 놓고 나온 사실을 깨닫고 돌아가보니 이미 자신이 사용했던 용변 칸에는 지갑이 없었다고 한다. 보통은 "그것 참 안된 일이네요, 그런데 화장실 안에 CCTV가 있는 것도 아니고 누가 가져간 것인지 찾기는 어렵겠네요…"라고 하고 끝났을 일일 것이다. 그런데 이 사건이 일어난 고속도로 휴게소의 화장실에는 뜻하지 않게 고도의 디지털 기술이 접목되어 있었다. 왜인지 모르겠으나 화장실의 각 용변 칸마다 센서가 있어 문이 열리고 잠기는 시간이 기록되는 기능이 탑재되어 있었다. 화장실 앞에 설치된 CCTV와 용변 칸의 사용 시간에 대한 기록을 종합한 결과 경찰은 피해자가 사용한 용변 칸은 10번 칸이고, 피해자가 사용한 이후 다시 화장실로 돌아와 자신이 사용한 용변 칸을 확인하기까지 사이에 여성 두 명이 화장실에 들어갔으며 10번과 11번 용변 칸을 나란히 이용한 뒤 자리를 뜬 사실을 확인했다. 이제 용의자는 여성 둘로 압축되었고, 경찰은 다시 휴게소 전체 CCTV를 분석한 결과 그 두 명의 여성들이 화장실에 들어가기에 앞서 휴게소 내에 있는 옷가게에서 옷을 사고 신용카드로 결제한 사실을 알아냈으며 압수수색 영장을 받아 신용카드 가입자 정보를 확인한 결과 마침내 멀지 않은 지역에 사는 50대 여성 A씨와 그의 친구 B씨를 피의자로 특정했다.

경찰로부터 '한 달 전쯤에 어느 고속도로 휴게소에서 화장실을 사용한 사실이 있지 않느냐'는 연락을 받은 피의자들은 그야말로 황당해했다. 어제 뭐 먹었는지를 떠올리는 일도 힘겨운 나이인데, 한 달 전에 화장실을 사용했냐는 질문은 뜬금이 없었으며, 일단 나와보라는 말을 듣고 경찰서에 가서 '그때 당신이 10번과 11번 칸 중 하나를 사용한 것을 이미 알고 있다'는 말을 들었을 때는 그저 멍하기만 했다. 그러고 나서 '10번 칸에 있던 지갑을 가지고 가지 않았느냐'는 추궁을 들었을 때 마침내 사태의 심각성을 파악한 A와 B는 모두 결연하게 고개를 저었다.

"아니오, 그런 사실 없습니다. 저는 정말 아니에요."

"우리가 확보한 증거들에 의하면 그 시간, 지갑이 있다가 사라진 10번 용변 칸을 사용한 사람은 당신 둘뿐이에요. 당신이 아니라면 당신의 친구가 범인일 수밖에 없습니다. 누가 10번 용변 칸을 사용했나요?"

고속도로 휴게소 화장실을 사용하는 이름 없는 무수한 사람 중에 단 두 사람, A와 B로 피의자를 특정해놓고도 경찰이 아직 확신을 하지 못하는 이유는 화장실에 설치된 고사양의 디지털 기술에 의해서도 거의 동시에 화장실에 들어가고 나온 두 사람 중에 과연 누가 10번 용변 칸을 사용했는지는 특정할 수 없었기 때문이다. 기록에 의하면 10번과 11번 칸은 거의 동시에 열리고 닫혔고 A와 B는 거의 동시에 들어가고 나왔다.

경찰은 A와 B에게 한 달 전, 화장실에서 당신이 몇 번 칸을 사용했는지를 입증하라고 다그쳤으나 피의자들이 할 수 있는 말이란, 그걸 도대체 어떻게 기억할 수 있느냐고 되묻는 것뿐이었다(물론 지갑을 주운 행운의 날이라면 당연히 기억할 수 있으리라는 것이 경찰의 논리였지만, 가져가지 않았다고 주장하는 그들에게 먹힐 논리는 아니었다).

수상한 점은 둘 다 있었다. A는 경찰이 처음 연락해 어느 휴게소 화장실을 언급했을 때 무턱대고 아니라고 한 사실이 발목을 잡았고(A는 진짜 순간적으로 기억이 안 나서 그랬다고 항변했다), B는 화장실을 이용하고도 손도 씻지 않고 뭔가 바쁜 걸음으로 화장실을 나가버린 것이 경찰의 의심을 샀다(B는 너무 추워서 빨리 차로 간 것뿐이라고 항변했다). 그러고 보니 둘 다 화장실 사용 시간이 15초 남짓에 불과한데, 과연 50대 여성이 그 시간 안에 용변을 모두 마칠 수 있는지도 의문이었다.

결단코 둘 다 자신은 아니라 펄쩍 뛰었으므로 경찰은 결국 최후의 카드, 거짓말 탐지기 검사를 실시했다. 검사 결과 A 거짓, B 판단 불능. 경찰은 더 이상 고민하지 않고 'A 기소' 'B 혐의 없음' 의견으로 사건을 검찰에 송치했다. 왜인지 모르게 고사양의 디지털 정보 기록 기능을 갖춘 고속도로 화장실에서 비롯된 장대한 수사 기록을 읽으며 검사인 나는 막막했다. 도대체 이걸 가지고 나보고 어쩌란 말이냐. 우선 A를 만나 그의 진술을 들어보기로 했다.

영상 녹화실에 들어가니 CCTV에 나오던 그 여성이 무표정한 얼굴로 앉아 있었다. 나를 소개하고, 어떤 사건인지 말하고, 진술거부권이 있음을 고지하는 동안에도 아무런 표정 없이, 다만 주먹을 꽉 움켜쥐고 있었다.

"그리고 지금 이곳은 영상 녹화실입니다. 오늘 진술하시는 내용은 저희가 영상으로 녹화를 해서 기록하려고 하는데, 동의하시나요?"

영상 녹화 방식에 대해 동의 여부를 묻는 단계에서 그가 갑자기 고개를 들었다.

"내가 동의하든 안 하든 검사님 마음대로 하실 거잖아요. 마음대로 하세요."

적대감을 가득 담은 눈빛이었다. 뭔가 대단히 틀어져 있었다. 자세를 고쳐 앉으며 내가 다시 말했다.

"A씨…. 저는 오늘 A씨를 처음 봤고, A씨도 3분 전에 저를 처음 보셨지요. 저는 A씨에 대해 어떤 확신도 가지고 있지 않아요. 다만 A씨의 말을 들어보기 위해 오늘 오시라고 했고, 저와 A씨가 나눈 대화를 기록으로 남기기 위해 영상 녹화를 하려고 한다고 말씀드린 것뿐입니다. A씨가 동의하지 않으시면 녹화는 안 합니다. 그런데 왜 이렇게 날이 서 있으신 거죠?"

꽉 쥐고 있던 주먹을 풀어 얼굴을 가리며 그가 말했다.

"세 달 전에 휴게소에 들러 오줌 한 번 눈 것 때문에 이 자리에까지 왔어요. 한 달도 더 지난 일을, 언제 어느 휴게소에서 화장실에 갔냐고 물으니 저는 당연히 기억이 안 나서 아니라고 했지요. 어제 있었던 일도 가물가물한데요, 그 사람이 어느 칸을 썼는지, 지갑을 잃어버렸는지 저는 모르지요, 물론 잃어버리지 않고 잃어버렸다고 하지는 않았겠지요. 그런데 저는 정말 지갑 같은 거 보지도 못 했고 가져가지도 않았어요. 나 아니면 친구라는데, 걔도 아니래요. 그냥 휴게소에 들어갔고 오줌을 누고 온 것뿐이에요. 제가 뭘 더 어떻게 해야 해요?"

그녀는 오래 길게 울었다.

그녀의 긴 울음이 잦아들기를 기다렸다가, 몇 가지 의문 나는 지점에 대해 더 질문하고, 그녀는 아니라거나 모르겠다고 대답하고 그날의 조사는 끝이 났다. 모든 과학적 증거들은 그녀가 범인이라고 말하고, 내 앞에 앉은 그녀는 오열하며 진실로 범인이 아니라고 항변하는 사건. 나는 결국 사건을 혐의 없음(증거불충분)으로 종결했다.

그녀가 10번 용변 칸을 사용했을까? 그녀가 지갑을 가져갔을까? 지갑을 가져간 사실이 없다는 말도, 어느 용변 칸을 사용했는지 기억하지 못한다는 말도 사실은 거짓말이 아니었을까? 그때나 지금이나 나는 그 진실을 알지 못한다. 그럼에도 내가 사건을 결국 불기소처분한 이유는 그녀의 눈물 어린 진술을 믿었기 때문이 아니다. 그 사실은 더 이상 입증될 수 없다고 판단했기 때문이다.

어쩌면 그녀는 고도의 연기력을 갖춘 거짓말쟁이일 수도

있다. 불기소처분 통지를 받아 들고 검사 하나쯤 속이는 건 쉽다고 통쾌해할 수도 있고, 역시 일단 부인하고 보는 것이 장땡이라고 생각할 수도 있다. 그러나 그 반대의 위험에 대해 생각해보아야 한다. 실로 그녀가 지갑을 가져간 사람이 아닐 가능성, 지갑 같은 거 애초에 거기서 잃어버린 것이 아닐 가능성, 그녀는 어느 날 그 시간에 휴게소 화장실을 한 번 사용한 대가로 지난 세 달간 수사기관으로부터 온갖 추궁을 받아야 했던 선량한 피해자일 가능성…. 둘 중에 어느 가능성이 더 높은가를 단순히 저울에 달아 조금 더 무거운 쪽을 선택하는 것이 아니다. 어느 경우든 검사의 수사력이 비웃음거리가 되는 위험보다 한 사람의 억울함을 빚어낼 위험이 더 크고 중하다. 그것은 신이 아닌 우리가 감히 진실에 다가가기 위해 정한 원칙이다. 입증해내지 못하는 진실은 사법의 세계에서는 존재하지 않는 것이 된다. 그것은 때로 진실을 찾고자 하는 인간을 무기력하게 하기도 하지만, 그것이 또한 유한한 존재로서의 인간이 다가갈 수 있는 진실의 가장 가까운 지점이 되는 것이다.

그 말은 반대로, 딱 보면 참말인지 거짓말인지 알지 못하는 검사도 입증할 수 있는 사실인지 없는 사실인지를 중심으로 고민하다 보면 진실 가까운 곳에 도달할 수 있다는 말이 된다. 그것이 우리가 진실에 접근하는 방식이다. 그런 힘으로 우리는 일한다. 입증의 방식으로 쌓아 올린 진실의 세계, 그것이 실체적 진실이라고 말하며 위안하며….

고사양의 디지털 기술이 접목된 그 휴게소 화장실을 나도 가끔 이용한다. 화장실 입구에 비어 있는 칸을 안내하는 화면이 있다는 정도 외에 그전에는 별다른 생각 없이 사용해오던 화장실인데, 지갑 분실 사건 이후 그 화장실을 사용할 때면 묘한 긴장감이 인다. 내가 용변 칸 문을 잠갔다가 다시 여는 시간이 어딘가에 저장되고 있다는 사실을 잠금쇠를 딸깍 만질 때마다 인식하게 된다. 용변 칸에서 나오면서도 '여긴 CCTV가 어디에 있지?' 두리번거리게 된다. 어느 날, 어느 수사기관이 이 순간의 CCTV를 확보한다면…. 이상하게 긴장한 상태로 두리번거리며 화장실을 사용하는 여자로 1번 용의자가 될지도 모르겠다는 생각을 하며 최대한 자연스럽게 손을 씻고 나온다. 아는 게 병이다.

친애하는 나의
민원인

초임검사로 발령받고 며칠이 지나자 사부검사*가 나를 불러 말했다.

"정 검사가 우리 청의 반복 민원 사건들을 맡아 줘. 초임이니까 처음의 마음으로 민원인의 말을 잘 들어주기만 하면 되는 거야."

뭐가 어떻게 돌아가는 것인지 상황 파악만으로도 녹초가 되어버리던 어리바리 초임에게 믿고 맡길 만한 일이 있다니 일단 반가웠다. 들어주면 된다고 하니 잘해보겠다고 힘주어 고개를 끄덕였다. 파도가 바다의 일이라면,** 반복 민원인의 민원을 듣는 것이 나의 일이었다.

민원인 1은 60대 여성이었다. 하얀색 손수건을 말아 들고 수줍게 검사실에 들어오는 자태가 고왔다. 검사실의 모든 사

---

* 당시 초임검사들은 임관하면 곧바로 단독으로 사건을 처리하지 못하고 6개월 정도 선배 검사 방에서 더부살이를 하며 수습 교육을 받았다.

** 소설가 김연수의 소설 제목.

람에게 허리를 굽혀 인사를 하며 들어온 그녀가 마침내 내 앞에 앉았다. 하얀 손수건으로 이마에 맺힌 땀방울을 찍어내며 그녀가 시작한 이야기는 약 40년 전으로 거슬러 올라가 시작했다.

20대 초반의 어느 날 그녀는 인생에서 딱 한 번 고고장에 갔다고 한다(이야기의 편의를 위해 이제부터는 그녀를 '고 여사'라고 하자). 고 여사는 원래 그런 곳에 들락거리는 그런 부류의 사람이 아니었고 동네에서 조신하기로 소문난 처녀였는데, 친구의 꼬임에 빠져 딱 한 번 가게 된 고고장에서 운명의 남자를 만나게 된다. 그들은 불 같은 사랑에 빠졌고 급기야 단칸방을 얻어 살림까지 차렸다고 했다. 남자는 학교 교사였는데, 문제는 처자식이 있는 유부남이었다는 것이다.

동네 소문난 조신한 처녀가 딱 한 번 고고장에 갔다가 유부남을 만나 살림을 차리게 되는 과정은 너무 급진적이기도 하고 비약적이라는 생각이 들었지만, 내가 잘 모르는 영역에 대한 이야기였으므로 의심하지 않고 겸손하게 들었다.

고 여사는 하얀색 블라우스를 깨끗하게 다려 입고 고고장에 처음 갔을 때의 기분과, 온 고고장의 남자가 자신을 황홀하게 바라보았다는 사실을 오래 설명했다. 그리고 키가 훤칠한 교사 남자를 만나서 했던 데이트며, 단칸방 살림의 추억도 어제인 듯 꼼꼼하게 설명했다. 어찌나 이야기가 세밀하고도 실감 나던지 나는 이제 고고장에서 처음 만난 그와 그녀가 데이트를 했다는 호숫가의 능수버들이나 그들이 처음으로 살림을 차린 단칸방의 석유곤로 같은 것을 눈앞에 그릴 수도 있을 것만 같았다. 40년 전의 일을 어떻게 저렇게 눈에 그린 듯 설명할 수 있는지 신기하기만 했는데, 손수건으로 마른 이마를 꼭꼭 찍으며 이야기를 이어가는 그녀의 눈빛은 이미 40년 전으로 가 있는 듯했다.

그다음 스토리는 우리가 예상할 수 있는 범위의 이야기였다. 남자의 본처가 애를 업고 그들의 살림집에 쳐들어오고 세간들이 나뒹굴고~. 40년 전 데이트 코스까지 상세히 설명하던 것과 달리 이 지점에 이른 그녀의 이야기는 듬성듬성했다. 이야기의 호흡이 가파르고 많은 것이 생략되었다. 맥락과 인과가 생략된 이야기였지만 어쨌든 종합해보자면 본처가 쳐들어온 그날 이후에도 남녀는 어찌어찌 관계를 이어갔다는 것이고, 고 여사는 시집도 안 가고 그 남자만 바라보고 한평생 살았다는 것인데, 세월이 흘러 교장까지 지내고 은퇴한 남자는 고 여사를 찾아오는 날들이 점점 뜸해지더니 이제 아예 발길을 끊었다는 것이다.

"그래서 저에게 무엇을 요청하시는 것인가요?"

민원인의 장대한 이야기 속에서 무언가 법률적인 구성 요소를 찾아보려고 머리를 굴리던 내가 마침내 포기하고 물었다. 돌연 40년 전 뜨거웠던 처녀의 눈빛에서 점프해 초로의 쓸쓸한 눈빛으로 앉아 있던 고 여사가 목소리를 높여 말했다.

"아니 교육자라는 사람이 조신한 동네 처녀를 꼬셔가지고 한 인생 말아먹었으니, 대명천지에 이럴 수가 있습니까, 이건 정말 말이 안 되는 거잖아요. 법이 이런 것을 가만히 둬서 되겠습니까?"

"아, 그 문제에 대한 것이라면…. 40년 전이라고 하셨으니 이미 공소시효가 모두 지났어요. 어떤 범죄 사실이 있다 하더라도 처벌할 수 없고요, 게다가 선생님은 남자분이 유부남이라는 사실을 알고도 최근까지 관계를 유지해오신 거잖아요, 그걸 지금에 와서 처벌할 수는 없습니다."

20대 후반의 젊은 초임검사였던 나는 딱 부러지게 말했다. 마침내 민원인의 법률문제를 파악하고 그에 적합한 법률가다운 결론을 내놓았다는 뿌듯한 얼굴로~.

"아니 그게 아니고…."

잠시 멍하게 나를 보던 고 여사가 핸드백 속에서 고이 접은 종이 한 장을 꺼내 내밀었다.

〈요청 사항〉

1. 나 ○○○을 △△△의 처로 인정하고

　　호적에도 올려달라.

2. 월화수목은 본가에서 살고 금토일은

　　나와 살 것을 인정하라.

...

　무슨 말이냐는 표정으로 그녀와 쪽지를 번갈아 보는 나에게 고 여사는 보충 설명을 이어나갔다. 현실적인 장벽에도 불구하고 그녀와 그의 관계는 시종 뜨거웠다는 것이다. 50대까지만 해도 남자는 생쥐가 풀빵집 드나들 듯 여자의 집에 드나들었고, 신혼부부 못지않게 뜨거웠다는 점을 납득시키기 위해 구체적이고도 길게 이어지는 이야기를 당시 미혼이었던 나는 민망함을 감추며 오래 들어야 했다. 그러던 남자가 발길을 끊은 것에는 아무래도 본처의 입김이 작용했을 것으로 보이고, 그러므로 본처가 저 조건에 합의만 해준다면 모든 문제가 해결된다는 것이었다. 아…. 이 무슨 말도 안 되는 요구인가, 아무리 우리와는 다른 시대를 살아온 여성이라 해도 이런 식의 인식의 전개는 도대체 왜 어디로부터 오는 것인가. 그것이 왜 본처의 탓이며 본처와 협상할 문제인가. 무엇이라도 민원인의 억울한 사연을 찾아내어 문제를 명쾌하게 해결해보겠다는 의지로 길고 긴 이야기를 참고 들었던 시간이 허무하게 느껴졌다.

"민원인께서 요구하시는 것은 중혼을 인정해달라는 것인데요, 우리나라 법은 그런 것을 인정하지 않고 있습니다. 제가 도와드릴 수 있는 일은 없을 것 같습니다."

단호한 얼굴을 하고 딱딱한 어조로 무언가 사무적인 말을 쏟아내는 젊은 검사의 얼굴을 고 여사는 잠시 멍하니 보고 있다가 퍼뜩 상황 파악을 하고 다시 소리쳤다.

"아~~ 니~~ 교육자라는 자가 대명천지에 고고장에서 젊은 아가씨를 꼬셔가지고 그래도 되는 겁니까, 그게 대한민국 법입니까….."

뭔가 상황이 불리할 때면, 혹은 청자가 집중력을 잃고 이야기를 대충 듣고 있다는 판단이 들 때마다 고 여사는 "아니, 교육자라는 사람이 대명천지~~"를 외쳤다. 고 여사는 족히 1시간이 넘는 시간 동안 그녀의 40년간의 러브스토리와 현재의 요구 사항을 반복적으로 이야기하고 나서야 검사실을 떠났다.

그리고 다시 돌아왔다. 똑같은 내용이 기재된 진정서를 들고….. 대략 2주에 한 번 정도의 패턴이었다. 당시는 지금처럼 철저하게 청사 출입 통제가 되지도 않는 상황이었고, 무엇보다도 '민원인의 말을 잘 들어주라'는 지시를 이행하고 있는 나로서는 2주에 한 번 그녀의 방문을 거부할 방법이 없었다. 2주에 한 번 나는 이미 여러 번 들어 다 알고 있는 그녀의 러브스토리를 듣고, 그녀의 요구 사항이 적힌 쪽지를 전달받고, 내가 할 수 있는 일이 없다고 말하고, 그것을 편철하여 민원을 종결하고, 그녀는 처음인 것처럼 다시 같은 내용의 진정서를 적어 검사실을 방문하는 것이 고 여사와 나의 루틴이었다. 어떤 날은 그 이야기 이제 다 알고 있으니 그만하셔도 된다고 짜증도 내어보고, 아니 불륜을 저지른 것은 여사님의 선택이 아니었냐고 공격도 해보았지만 고 여사는 아랑곳하지 않았다.

속수무책으로 고 여사의 방문을 감내하고 있는 내가 한심하고도 안쓰러웠는지, 하루는 나의 사부검사가 고 여사를 자기 방으로 불렀다. 민원인을 어떻게 대하면 되는지 잘 보라는 눈빛을 나에게 던진데다가 사부의 방과 나의 방은 문 하나로 연결되어 있었으므로 나는 문을 열어놓고 사부가 하는 양을 지켜보고 있었다.

사부는 노련한 자세로 고 여사의 이야기를 진지하게 듣는 척했다. 그러나 역시 고 여사의 러브스토리는 너무 길었다. 내가 이미 잘 알고 있는 그 이야기는 아직 5부 능선도 넘지 않았는데, 사부의 인내심은 바닥이 났다. 사부는 이런저런 말로 이제 그만 돌아가시라고 고 여사를 설득해보려고 했지만, 우리의 고 여사님이 그렇게 호락호락할 리가 없었다. 결국 어떤 설득도 먹혀들지 않는다는 현실을 자각하고 사부검사가 마지막으로 내놓은 카드에 나는 책상 아래에 떨어진 펜을 줍는 척 하며 쿡 웃었다.

"저는 지금부터 여사님이 어떤 이야기를 해도 듣지 않을 겁니다. 혼자서 이야기하든 말든 마음대로 하세요."

고 여사는 그로부터 얼마간 더 아직 남은 이야기를 하다가, 어느 순간 한숨을 푹 쉬더니 스르르 일어나 검사실에서 나갔다. 모양이 좀 빠지는 방법이었지만 고 여사의 길고 긴 이야기를 중단시키는데 베테랑 검사는 성공한 것이다. 그동안 내가 화를 내는 날도 고분고분한 날도 고 여사의 이야기 패턴은 한결같았으므로 나는 고 여사가 상대방의 반응에는 별 상관없이 자기 말만 하는 사람이라고 생각했다. 그런데 그날 보니 그래도 최소한 듣는 사람이 있는지 없는지에 대해서는 자각을 하고 이야기를 풀어놓고 있었던 것이었다.

원래 해야 하는 이야기를 다 못하고, 준비한 요구 사항 쪽지를 내어놓지도 못하고 검사실을 떠나는 고 여사의 어깨가 쓸쓸해 보여서, 나는 사부검사에게 앞으로도 고 여사의 민원은 내가 담당하겠다고 말했다. 사부는 이의 없이 동의했다.

그 뒤로도 오랫동안 고 여사의 민원은 반복되었다. 익숙지 않은 업무에 끊임없이 실수를 자아내며, 이 길은 내 길이 아닌 모양이다…. 안드로메다로 날아가려는 멘탈을 겨우 붙잡고 있는 날에도, 동네 자전거 도둑을 잡겠다고 불꽃같이 압수영장에 서명하고 사명감 뿜뿜 하는 날에도 고 여사는 찾아왔다. 나보고 이야기해보라고 해도 할 수 있을 만큼 다 아는 레퍼토리였지만 어떤 날은 그저 고개를 끄덕이며 나른히 처녀의 봄날 러브스토리에 빠져들었고, 어떤 날은 '왜 남성과의 문제에서 적을 또 다른 여성으로 설정하느냐'고 때 아닌 여성학 논쟁을 펼치기도 했다.

매번 답이 없는 고 여사의 이야기를 질리도록 듣고 있는 나도 좀 한심하고, 그런 나를 붙들고 했던 얘기를 또 하고 또 하는 고 여사도 안타까운 가운데 나의 초임 6개월이 갔다. 그러는 동안 어떤 이야기는 답을 요구하는 것이 아니라 다만 듣는 자를 요구하는 이야기로서만 존재하기도 한다는 사실을 어렴풋이 알게 되었다.

나의 두 번째 민원인은 정의의 투사였다(이분은 정의의 할아버지 정 영감님이라고 하자). 정 영감님의 민원은 개인적인 것이 아니라 각종 사회문제를 담고 있었다. 그 시기의 신문지 상을 달구는 핫이슈가 아니더라도 정 영감님이 오래 고민한 사회문제 같은 것들을 붓글씨를 연상시키는 글씨체로 빼곡히 적어내고 검사의 의견 제시와 해결책의 강구를 촉구했다. 온통 무언가를 선언하는 진정서는 그 의미를 제대로 파악하기에 어려운 경우가 많았으나 언제나 시대를 개탄했고 젊은이들의 아무 생각 없음을 질책하는 것으로 마무리되었다.

그런 정 영감님에게 애송이 검사가 내어놓을 수 있는 대답은 하나였다.

"선생님의 민원은 사회문제에 대한 비판과 정책 건의의 성격으로 검찰청에서 해결할 수 있는 것이 아닙니다. 그런 문제는 역시 청와대에 가시거나 최소한 국회에 가셔서…."

"됐고!"

정 영감님은 그래서 이 문제에 대한 너의 생각은 무엇이냐고 물었다. 매번 새로운 사회 분야 면접 문제를 받아드는 기분이었다. 처음 몇 번 어리숙하게 내 의견 같은 것을 이야기했다가 무한 토론의 지옥을 경험한 이후부터, 나는 개인이 아니라 공적 업무를 수행하는 검사이므로 개인적 의견을 밝힐 수 있는 지위에 있지 않다고 답했다. 그러면 다시 요즘 젊은이들은 이렇게 생각이 없어서 쓰겠냐는 한탄을 한바탕 쏟아낸 뒤 정 영감님은 늘 들고 다니는 두툼한 서류 가방을 들고 미련 없이 떠났다. 떠나는 발걸음이 활기찼다. 그리고 얼마 지나면 다음 문제를 들고 돌아왔다. 나중에 그가 과거에 어떤 부정선거에 분노하여 도끼를 들고 관공서에 난입한 전력이 있다는 사실을 알게 된 뒤부터는 조금 더 그를 대할 때 깍듯이 대했다. 그러면서 그가 늘 들고 다니던 서류 가방에는 과연 서류만 들었을까 유심한 눈으로 살펴보기도 했다.

그날은 나로서도 너무 힘든 날이었다. 또 무슨 실수를 저질러 자존감이 바닥을 기고 있는 상황에서 정 영감님이 새로운 문제를 들고 들어왔다. 청의 하나밖에 없는 초임검사가 저지르는 실수는 금방 온 청에 소문이 났고, 모든 직원들이 나를 한심하게 여길 것 같았다. 그때 정 영감님의 어떤 말끝이 반말 비슷하게 끝나는 것이 가뜩이나 예민해진 귀에 꽂혔다.

"지금 저한테 반말하신 거예요? 제가 비록 나이가 어리지만, 공적인 권한으로 여기 있는 것이지 어린 사람으로서 여기 앉아 있는 것이 아니잖아요."

난데없이 발끈하는 나에게 정 영감님은 적잖이 당황했다. 사실 그날 정 영감님이 특별히 잘못 말했다기보다는 자존감이 마이너스를 향해 떨어지고 있던 내가 괜히 트집을 잡았다고 해야 옳을 상황이었다. 그런데도 매사에 경우 바른 정 영감님은 자신이 부지불식간에 반말 같은 것을 해버려서 나의 검사로서의 공적 지위를 인정하지 않는 자로 오인되는 상황이 민망해서 어쩔 줄 몰라했다.

"아니…. 그게 반말이 아니고… 아니 거… 원… 사람 말꼬리를 잡고… 거 참…."

정 영감님은 그날의 대담을 서둘러 마치고 서류 가방을 들고 황급히 떠났다. 그리고 한동안, 다시 새로운 문제를 들고 나의 검사실에 찾아오지 않았다. 그것으로 때로는 지루하고 때로는 뜨겁게 이어지던 우리의 시사 대담도 중단되었다. 괜한 자격지심에 발끈하였던 것이 미안하기도 해서 다음에 정 영감님과의 토론은 조금 더 길게 응해드려야지 생각했는데, 정 영감님은 한동안 소식이 없었다. 연세가 있으신 분이라 건강에 문제가 생긴 건 아닌지, 아버지가 진정서 들고 다니는 모습을 그렇게 싫어한다는 아들네 집에 오래 머물고 계신 건지 간간이 궁금하기도 했다.

부서를 옮기고, 형사 1부의 반복 진정인 전담 검사의 비공식 직에서 풀려나 나의 단골들을 잊어가던 어느 날 정 영감님이 찾아왔다. 약속도 없이 이렇게 막 들어오시면 안 된다고 막아서는 민원실장의 저지를 뚫고 활기찬 발걸음의 정 영감님이 내 사무실 문 앞에 떡하니 섰다.

"정 검사님, 그동안 잘 지내셨소?"

갑자기 와락 반가운 마음이 들어 나도 일어나 인사했다.

"요즘 통 안 보이시던데, 무슨 일 있으셨어요?"

"이제 검사님 말대로 여기 말고 청와대로 갈려고 준비를 좀 했어요. 가기 전에 내가 정 검사한테 인사도 하고, 뭐 하나 보여주고 갈려고…."

그러고 보니 정 영감님이 늘 들고 다니던 서류 가방은 보이지 않고, 대신 무언가 막대기같이 생긴 물건을 어깨에 척 걸치고 있었다. 순간, 관공서 도끼 난입 사건이 머리를 스쳤다. 영감님과 나 사이 거리는 약 5미터 정도, 이 방의 유일한 탈출구인 문은 영감님이 막고 있고, 마침 방 안에 다른 직원은 아무도 없는 상황, 책상 밑으로 들어가야 하나, 피할 곳을 찾아 눈길을 두리번거리는 순간 영감님이 막대기를 들고 있는 팔을 나를 향해 펼치는 것이 보였다. 놀라서 두 눈을 질끔 감는 내 앞에 차르륵 하고 낚싯대가 펼쳐졌다. 낚싯대 끝에 흰색 천이 매달려 있었다. 영감님의 붓글씨 글씨체로 쓴 선언문이었다. 청와대 앞으로 먼 걸음하기 위해 거추장스런 서류 가방 대신 휴대성이 좋은 낚싯대를 마련한 것이었다.

놀란 가슴을 쓸어내리며 애써 태연한 척 "무겁지 않으세요?"라고 물었다.

"응~~ 해보니까 이게 젤 가볍고 좋더라고…."

반말 비슷한 말이었지만, 이번에는 발끈하지 않았다. 영감님은 낚싯대를 접더니 다시 활기찬 걸음으로 검찰청을 떠났다. 영감님과 나는 헤어지기 전에 5미터 거리를 두고 서서 친구처럼 손을 흔들어 인사를 했다. 정말 청와대로 간 것인지, 영감님은 다시 찾아오지 않았다.

그 뒤로도 수많은 민원인들을 만나고 그들의 요구 사항이 적힌 진정서를 받아 처리했다. 진정서의 태반은 우리가 해결할 수 없는 문제들로 이루어져 있고, 그런 문제는 우리가 해결할 수 없다는 점을 납득시키는 것이 업무의 전부인 경우가 많다. 납득시키려 하지만 납득이 되지 않는 사연들은 반복 민원이 된다.

이후로도 수없이 많은 민원인들을 만났을 텐데, 그 이후에 만난 민원인들에 대해서는 잘 기억이 나지 않는다. 고 여사님과 정 영감님이 가장 오래되었지만 가장 강렬한 기억으로 남은 이유는 아마 나의 처음을 함께한 분들이기 때문일 것이다. 그러니까 그들의 특수성이 아니라 나의 특수성 때문이다.

검사가 정확히 어떤 일을 하는지에 대해 제대로 알지 못한 상태로 검사가 되었다. 검사 임용장을 받고 검사 명패를 문 앞에 걸었으나, 당시의 나를 생각해보면 아직 검사라고 불리기에는 미흡한 존재였다. 말하자면 그냥 인간에서 검사 인간으로 변이하는 중간 단계 정도에 있었던 것 같다. 고 여사와 정 영감님은 그 변이의 순간을 함께한 사람들이다. 변이하는 과정에 있는 존재는 물컹하다가 딱딱해지고 예민하다가 부드러우며 자기도 자기가 뭐가 되는 것인지 몰라 불안한 존재다. 그 변이의 과정에서 나의 민원인들은 끊임없이 내가 해결할 수 없는 문제를 제기하며 나와 함께했다. 어떤 날은 화를 내고 어떤 날은 그들을 달래면서 실은 나도 위로받고 있었다는 사실을 깨닫는다. 세상의 모든 요구에 답이 있어야 하는 것은 아니며, 답이 아니라 다만 관계로서만 존재하는 요구도 어딘가에는 있다는 사실, 우리는 서로 답답하고 복장 터지는 관계였지만 어쩌면 그 시절 서로의 안부를 궁금해하는 유일한 벗이었는지도 모르겠다는 생각을 15년쯤 지난 어느 날 해보는 것이다.

그래서 여사님과 영감님은 안녕들 하실까, 그들의 민원은 이제 멈추었을까.

그 남자의 속사정

　　한 남자가 주택가의 어느 집 담을 넘어 들어갔다. 넓지 않은 정원이 갖춰진 집이었는데, 정원에서 집 안쪽을 기웃거리다 집주인에 의해 그 자리에서 체포되었다. 경찰이 출동해 확인해보니 남자는 이전에도 다른 사람의 집에 들어가 물건을 훔친 전력이 많은 사람이었다. 경찰은 남자를 '야간주거침입절도미수'죄로 검찰에 송치했다. 야간에 물건을 훔칠 목적으로 다른 사람의 주거에 침입하였는데 결국 물건을 훔치지는 못했다는 의미이다. 별다른 의심 없이 적합한 죄명인 것 같았다. 그러나 남자는 극렬히 부인했다.

　　"내가 그 집 담을 넘어 침입한 것은 사실이다(현장에서 잡혔으니 이건 뭐 사실이 아니라고 우길 수도 없다). 그런데 물건을 훔치기 위해 담을 넘어 들어간 것이 아니다(엥? 대관절 그 외에 남의 집 담을 넘을 만한 사유가 뭐가 있지?). 나는 급성 장 트러블을 가지고 있는데…. 그러니까… 급한 신호가 와서 장 문제를 해결하기 위해 그 집 담을 넘은 것이다(아~~ 신박한 변명인데…)."

　　남자는 그 동네에 사는 사람이었는데, 야간 산책 중 갑자기

급한 신호가 와서 그 집 담을 넘었다고 진지하게 주장했다. 원래 장 트러블이 있는지라 언제 신호가 올지 몰라 항상 화장지를 가지고 다닌다며 입고 있던 추리닝 주머니에서 꼬깃 접힌 화장지까지 꺼내 보였다. 큰일을 처리하기에는 휴지의 양이 좀 적은 것 아닌가 하는 의심이 드는 정도의 양이었지만 이 남자, 진지한 것 같았다.

그러나 대한민국 경찰도 그렇게 호락호락한 사람들은 아니었다. 동네 CCTV를 모두 분석해 산책을 했다고 보기에는 주택가의 으슥한 곳을 지나치게 골라 다닌 듯한 그의 동선을 복원해냈다. 그가 급한 신호가 왔다고 주장하는 지점에서 멀지 않은 곳에 그의 집이 있다고 지도에 표시했다. 그리고 그가 뛰어 넘은 담의 높이를 실측했다. 급한 장 트러블을 겪고 있는 자가 성인 키보다 높은 이 담을 뛰어넘는 것은 불가능하다고 수사보고서에 적었다. 그러고도 만약 정말로 그 남자에게 부득이하게 급한 볼일이 찾아왔다고 한다면, 그가 담을 넘지 않고도 좀 더 쉽게 볼일을 해결할 수 있는 장소를 모두 찾아 사진으로 첨부했다. 주차장의 으슥한 코너, 골목의 꺾어진 틈새 등 정말이지 그 동네에는 은밀하게 볼일을 해결할 만한 곳이 많이도 있었다. 그럼에도 불구하고 담을 넘어야 할 이유가 있었는가⋯. 경찰은 증거를 들이대고 남자에게 물었다.

"저는 그런 문제에 있어 예민한 편입니다. 급하기는 해도, 지하 주차장의 으슥한 코너는 좀…. 아무래도 담장 안이 안전하다고 생각했고, 그래서 담장을 넘었습니다."

"급한 상태로 이렇게 높은 담을 어떻게 넘는다는 말인가요?"

"저는 운동신경이 좋습니다. 그리고 마침 거기에 딛고 올라갈 만한 돌 같은 것이 있어 그렇게 어렵지는 않았습니다."

"그렇게 급했다면 왜 바로 볼일을 보지 않고 집 안을 기웃거렸나요?"

"누가 보면 안 되니까…. 확인은 해야 하잖아요."

"집주인에게 잡혔을 때 똥 누러 들어왔다고 말하지 않은 이유는 무엇인가요?"

"부끄러워서요."

한마디도 지지 않는 피의자에게 경찰은 마지막으로 회심의 질문을 던진다.

"그런데, 피의자는…. 집주인에게 잡힌 후 조사를 받고 있는 지금까지도 화장실에 안 갔잖아요? 급했다면서요?"

"아… 그게…. 놀라서 쏙 들어갔어요."

쏙 들어가버렸다는데 어쩌겠는가. '어쨌든 급한 문제는 해결이 되셨다니 다행입니다'라고 하며 넘어갈 수 있으면 좋으련만, 검사인 나의 경우 그렇게 쉽게 마음을 놓아버릴 문제가 아니다. 남의 집 담을 뛰어넘어 들어가야 할 만큼 그의 대장에 급박한 사정이 있었는지, 그러다 놀라서 쏙 들어가버린 것이 사실인지는 원래 나와 하등 관련이 없는 문제였지만, 그의 죄명이 야간주거침입절도미수인 이상 그것은 내가 입증해야 할 세계가 된다.

범죄를 구성하는 모든 구성요건적 요소에 대한 입증책임은 검사에게 있다. 검사가 합리적 의심을 배제해도 좋을 만큼 입증해내지 못한 사실은 존재하더라도 인정받지 못하는 사실이 된다. 남의 집 담을 왜 넘었는가, 즉 침입의 목적은 검사가 입증해야 할 주관적 구성요건이라고 하고, 이 경우 '무언가를 절취하기 위하여'라는 실행되지 못한 꿈이 그의 가슴속에 있었다는 점을 검사가 입증해야 한다. 그는 급한 대장 영역의 문제를 호소하고 있었으므로 적어도 나는 그의 대장에 별다른 문제가 없었다는 점을 입증해내야 하는 것이다.

사람의 마음은 어떻게 입증할 수 있을까, 그것은 머릿속에 있는 것이기 때문에 피고인이 그렇다고 인정해주지 않는 한 결국 모른다고 해야 하는 걸까? 수많은 것의 판단 기준에 대해 정하고 있는 대법원은 사람의 마음을 판단하는 기준에 대해서도 기준을 마련해두었다.

「고의, 목적 등 내심의 의사는 이를 인정할 직접적인 증거가 없는 경우에는 사물의 성질상 고의와 상당한 관련성이 있는 간접사실을 증명하는 방법에 의하여 입증할 수밖에 없고, 무엇이 상당한 관련성이 있는 간접사실에 해당할 것인가는 사실관계의 연결 상태를 논리와 경험칙에 의하여 합리적으로 판단하여야 할 것임.」

뭔가 대단한 기준을 제시하는 듯하지만, 실은 '이런저런 앞뒤 사정을 종합해서 잘 살펴봐라' 하는 말이다. 앞뒤 사정을 잘 살펴볼 때는 일반적인 논리와 경험에 따라 생각하면 된다는 것인데…. 당연해 보이는 말이지만 실제로 적용해보면 한도 끝도 없이 어렵다.

급히 장에 신호가 온, 예민하고 운동신경이 좋으나 부끄러움을 많이 타는 남자가 볼일을 보기 위해 남의 집 담장을 넘어 들어가 집안을 기웃거린 일은 과연 경험칙과 논리칙에 부합하는 것인가. 남의 집 담을 넘지 않을 수 없을 정도로 급히 들이닥쳤던 다급한 신호가 주인에게 들키는 순간 쏙 들어가버리는 일은 현실에서 어느 정도 빈도로 일어나는가. 그런 류의 데이터가 있을 리도 만무하지만, 세상의 어느 구석에 장 문제에 대한 고도의 호기심을 가진 어느 학자가 있어, 놀라면 쏙 들어가는 빈도에 대한 연구 같은 걸 했다 치더라도, 그에 해당하는 인류의 퍼센티지가 얼마에 이르러야 그의 말이 진실이거나 거짓이라고 확정할 수 있을까. 그리하여 만약 그의 장이 사실은 평온했음을 입증한다 하더라도, 아직 문제가 완전히 해결된 것은 아니다. 이전에도 남의 집에 담을 넘어 들어가 물건을 훔쳐 나온 전과가 줄줄이 있다는 이유만으로 그의 가슴속에 물건을 훔치려는 목적이 있었다고 확신해도 좋을까? 전과자는 똥도 못 싸냐는 항변 앞에 검사의 입증책임은 잠시 당황한다.

사람들이 차마 말해주지 않는 세계, 미처 행동으로 실행되지 않았거나 가슴속에만 간직하고 있는 마음들에 대해 규명하는 일은 아득하다. 철저한 규명 끝에 '아마도 그렇겠지, 그거 아니면 뭐겠어. 그렇게밖에 볼 수 없는 것 아니야?'에 이를 수는 있지만, 결국 확정적으로 안심할 수는 없는 세계가 존재하는 것이다. 만에 하나의 가능성, 그 확정할 수 없는 세계에 대해, 이 정도면 더 이상 의심하지 않아도 좋다고 할지, 아니면 이것은 결국 규명될 수 없는 문제임을 시인할지를 결정하는 것도 검사의 몫이다. 그 경계라는 것이 똑 떨어지는 기준선을 가지고 있는 것이 아니라서, 검사는 언제라도 조금씩 주춤거리는 인간이 된다. 입증되지 않는 세계에 사는 이상한 변명들을 오래 생각하느라 신호가 바뀐 줄도 모르고 서 있다가 빵~ 뒷차의 경적

소리에 놀라 서둘러 차를 출발시키기를 여러 번, 그리고 나서 마침내 어느 쪽으로든 단단해진 마음이 기우는 순간이 온다.

며칠의 고민 끝에, 조금은 더 단단해진 마음으로 나는 장 트러블을 호소하는 남자를 야간주거침입절도미수죄로 기소했다. 주머니 안에서 꼬깃한 휴지를 내 보이는 남자의 표정은 진지했지만, 담을 넘고 난 뒤 정원의 으슥한 곳이 아니라 집안을 향해 기웃거리는 남자를 잡았다는 집주인의 진술, 잡힌 직후에도 그는 한 번만 봐달라고 할 뿐, 배가 아프다거나 급한 사정이 있었다고 호소한 사실이 없다는 점, 그리고 아무래도 급한 장 트러블을 가진 사람이 2미터 높이의 담을 뛰어넘어 들어갈 수는 없다는 경찰의 수사보고서 쪽으로 마음이 기운 것이다.

그가 기어이 절도의 고의를 인정할 수 없었던 이유는 단순 주거침입죄와는 달리 야간주거침입절도죄에는 벌금형이 없고 1년 이상의 실형만 규정되어 있기 때문이다. 이미 다른 전과가 있어 집행유예를 받을 수도 없는 상태에 있었던 남자로서는 아직 실현되지 않은 절도의 고의를 빼는 것이 무엇보다 중요한 일이었던 것이다. 그렇다고 해서 '아 네, 그러세요, 그럼 빼드리지요'를 할 수도 없는 것이 검사의 입장이 아니겠는가. 그래서 검사는 밥을 먹으면서도 운전을 하면서도, 잘 모르는 한 남자의 장 문제에 대해 깊이 골몰한다.

그에 대한 공소장에 도장을 찍어 보내고 한참의 세월이 흘렀다. 그 뒤로도 수도 없이 나를 찾아 온 입증되지 않는 세계에 사는 이상한 변명들과 반상회를 하느라 남자의 속사정은 기억 속에 사라졌다. 그 사이 인사이동도 있어 아예 다른 지역의 검찰청으로 옮겨 근무하던 중이었다.

그날은 대학가 원룸촌에서 다른 사람의 집에 침입해 빨래 건조대에 걸린 여성 원피스를 입고 있다가 발각된 남자를 신문하고 있었다. 건장한 체형의 젊은 남성은 바로 앞 원룸 건물에 사는 대학생이었는데, 깊은 밤 알몸으로 나와 앞 건물의 원룸으로 들어가는 모습이 찍힌 CCTV, 다소 끼는 여성 원피스를 입고 베란다에 웅크리고 있는 그의 사진이 기록에 첨부되어 있었다. 왜 그랬냐는 질문에 대해 그가 내어놓은 답은 하나였다.

"너무 추워서요."

그래 추웠겠지. 초가을의 밤에 알몸으로 나와서 돌아다녔으니 추운게 당연하겠지. 그런데 대관절 왜 남의 집에 들어가서 여성용 원피스를 입고 있느냐는 말이다. 아니 애초에 왜 너의 집에서 알몸으로 나왔냐는 말이다.

그가 침입한 집은 마침 여성 혼자서 사는 집이었고, 맞은편 남자의 집에서 보면 아주 잘 보이는 위치의 집이어서, 남자가 오랫동안 여자의 집을 지켜보고 있었다거나, 어떤 성적인 목적으로 침입하였을 것을 의심할 수 있는 상황이지만 남자는 그 밖의 사정에 대해 입을 굳게 다물었다. 여성 옷에 대한 어떤 취향을 가지고 있는지를 물었으나 그것은 아니라고 했다. 다만 너무 추웠다는 남자를 어떻게 해야 할지 고민에 빠져 있는데, 전에 근무하던 검찰청의 공판검사가 내부 메신저로 대화를 요청해왔다.

"선배님, 기소하신 사건 중에 야간주거침입절도미수 사건이 있는데요. 이 피고인이 변명하기를…. 사실 그때 똥이 너무 마려워서…."

"아…. 아직도 그 재판이 안 끝났어요?"

"네, 피고인이 워낙 극렬히 다투고 있어서요…. 막 주머니에 휴지도 있었다 그러고…."

그동안 잊고 있던 그 남자의 장 문제가 갑자기 다시 소환되었다. 1년도 더 전의 어느 밤 그 남자는 똥이 마렵지 않았다는 사실을 어떻게 입증할 수 있을까에 대해 우리는 길게 대화를 나누었다. 까짓것 아무려무나 해버리면 되는 거 아니겠냐고 할 수도 있겠지만, 검사의 입장이라는 것이 또 그런 것만은 아니라서 말이다. 입증되지 않는 세계의 이상한 변명들과 함께 검사는 늙어간다.

소년의 얼굴

이 방에서 만나는 소년들의 얼굴은 대부분 비슷하다. '어쩜 요즘 애들은 다 똑같이 생겼지?'라고 생각해보지만, 실은 소년들의 이목구비가 닮은 것이 아니라 그들의 표정이 모두 같은 것이다. 그들이 행한 일이 어떤 범죄가 되는지, 그것이 왜 금지된 행위인지, 그리고 그 행위로 인해 그들에게 내릴 수 있는 형벌의 크기가 어느 정도인지를 설명하는 동안에도 아이들은 대부분 같은 표정이다. 분명 듣고 있으되, 그 말들은 그들의 깊은 곳에 가닿지 못하고 있음을, 소년과 나는 진정으로 소통하지 못하고 있음을 그들의 표정에서 안다. 설명을 들은 소년들은 반성문과 교육 이수 동의서를 작성해 제출하고 '다시 이런 곳에 오지 말라'는 나의 말에 고개를 끄덕이고 돌아간다.

내가 검사 일을 시작하던 시절의 소년들은 주로 오토바이를 훔쳤다. 마스터키를 가지고 있다가 아무 오토바이나 타고 가거나 키 박스를 부수고 회로를 연결해 시동을 거는 고급 기술을 보유하고 있는 자들이 있었다. 그보다 좀 더 옛날의 소년들은 자전거를 훔쳤다고 했다. 쌀집 자전거가 주로 범행의 대상이 되었다고 경력이 오래된 수사관이 말해주었다.

소년들은 왜 바퀴 달린 것을 좋아할까? 최근에는 따릉이를 무단으로 타고 가버렸다가 절도죄로 송치되는 소년들이 종종 있다. 따릉이를 훔쳐 타고 간 죄로 반성문을 쓰러 온 소년에게 왜냐고 물으면 다들 똑같이 대답했다.

"빨리 가고 싶어서요."

그때는 그렇게 어디라도 빨리 가고 싶은 모양이다.

요즘의 아이들은 오토바이를 잘 훔치지는 않는다. 오토바이 같은 것은 중고 마켓에서 손쉽게 살 수 있는 것이니까, 그 대신 소년들은 중고나라에서 오토바이를 사기 위해 중고나라 사기를 친다. 아무 사진이나 올리고 그럴듯한 설명을 붙이고, 쿨거래 하면 깎아준다고 한다. "요즘 사기가 워낙 많아서요, 본인 인증 좀…." 망설임 없이 본인 신분증 사진도 찰칵 찍어 보낸다. 실명이지만 상관없다. 어차피 모두 병합되어 소년부로 가겠지, 먼 미래를 생각하기엔 당장 사고 싶은 물건이 너무 많고, 손가락만 몇 번 놀리면 되는 사기는 너무 쉽다.

소년들은 취객의 휴대폰을 훔쳐 소액 결제로 문화 상품권을 사기도 하고, 택시 뒷바퀴에 발등을 밀어 넣고 합의금을 타가기도 한다. 성매매를 미끼로 유인한 남자를 흠씬 두드려 팬

뒤 돈을 빼앗기도 하고, 인형 뽑기 기계에 들어 있는 현금을 번개 같은 속도로 털어가기도 한다.

"너희 아빠 계좌에서 돈을 보내주면 도박 사이트에 접속하여 도박을 한 다음에 몇 배로 돌려줄게"라고 사기를 쳐서 몇 백만 원을 가져간 사기범은 초등학생이었다. 피해자는 중학생이었는데, 이전에도 같은 피해를 당한 적이 있다고 했다. 이전에도 아빠 몰래 대리 도박 사이트에 돈을 보냈다가 다 잃고, 그 돈을 찾아주겠다고 접근한 초등학생에게 다시 속은 것이다. 초등학생은 자신도 그런 피해를 당한 적이 있어서, 동병상련의 마음으로 피해자들을 돕는 일을 하고 있다고 자신을 소개했다고 한다. 사기의 기본은 피해자의 절실함과 그에 대한 공감대의 형성이라는 것을 초등학생 사기범은 이미 알고 있었던 것이다.

그러고도 남는 시간에는 SNS로 누군가를 모욕하거나, 친구의 뒷담화를 하고 다닌다는 누군가를 밟아주거나, 그 누군가를 응징해주는 모습을 동영상으로 찍어 또래들과 공유하기도 한다. 그 옛날의 소년들도 그랬는지는 잘 모르겠지만, CCTV와 휴대폰 동영상에 남은 소년들의 폭행은 더욱 잔혹하고, 페이스북을 타고 유포되는 소년들의 언어는 맹독성이다. 그리고 소년들은, 소년범의 이름으로 내 방으로 온다.

그나마 내 방에 직접 오게 되는 소년들은 소년범 중에서 무겁지 않은 범죄를 저지른 아이들이다. 범죄가 중하거나 범죄를 여러 번 저질러 일반 재판을 받아야 하거나 소년보호사건으로 가정법원에 송치되는 아이들은 검사실에 잘 부르지 않는다. 처음 범죄를 저질렀거나 그 죄가 그리 크지 않은 소년들을 보호관찰이나 교육 이수 같은 조건을 붙이고 기소유예하기 위해 검사실로 부르는 것이다. 소년들을 전과자로 만들지 않고 계도해보고자 하는 것인데, 이를 위해 교육을 잘 받겠다는 동의서와 앞으로 더 이상 나쁜 짓은 하지 않겠다고 하는 서약서를 제출해야 하는 것이다.

슬리퍼를 찍찍 끌고 오거나, 짙은 화장에 앞머리를 동그랗게 굴려 말고 검사실에 온 아이들은 별로 와닿지 않는 어른의 훈계를 한바탕 듣고, 시키는 대로 반성문을 쓴다. 소년들이 반성문을 쓰고 있는 대기실을 얼핏 들여다보면 대부분 뭘 열심히 쓰지는 않고 휴대폰을 만지고 있다. 아마도 휴대폰 안에 존재하는 그들의 세계에는 검찰청에 제출할 반성문 예시 같은 것이 떠돌고 있는 모양이다. 그래서인지, 언제나 알아보기 힘든 글씨체로 써 오는 그들의 반성문은 모두 비슷하다. 반성문에도 대부분 아무런 표정이 없다.

그 와중에 다양한 스펙트럼의 표정을 보여주는 쪽은 소년과 동행해온 보호자들이다. 보호자들의 반응은 정말 다양한데,

크게 나누자면 '제가 다 자식을 잘못 키운 탓입니다: 읍소형' '나도 애를 어쩔 수 없어요: 방관형' '아니, 이까짓 일로 애를 범죄자 취급합니까: 저항형'이 있다.

　이 중에 가장 어려운 형은 저항형인데, 그들은 앞으로의 절차를 설명하고 반성문 용지를 건네주는 단계부터 큰소리로 항의한다. 그냥 잔소리 몇 마디 듣고 시키는 대로 반성문을 쓰고 가려던 아이는 부모의 기세에 머뭇하고, 아이가 보는 앞이라 이제 물러설 수도 없는 부모의 목소리는 더욱 올라간다. 상황은 갈수록 난장판이 된다. 그런 부모를 만나면 '부모가 이러니 자식이 교화가 될 리가 있나, 반성문 쓰기 싫다면 그냥 소년원 보내버리지' 하는 마음이 울컥 치민다. 그러나 그 옆에서 어찌할 줄 모르는 아이의 불안한 눈빛을 보면 치밀어 오르는 화를 꿀꺽 삼키게 된다. 부모의 현명하지 못한 처신을 이유로 아이에게 불이익을 줄 수는 없다. 결국 아이를 내보내고 부모를 설득하는 수밖에 없다.

　"우리는 아이에게, 우리 사회의 구성원으로 살아가려면 이런 일을 해서는 안 된다고 설명하고 이해를 구하고 있습니다. 그런데 부모가 '이까짓 게 뭐가 문제냐'고 하시면 아이는 혼란을 겪을 것입니다. 정말 이것이 범죄가 아니라고 생각한다면 정식 재판으로 다툴 수 있습니다. 그러나 그 과정에서 결국 상처받는 것은 아이가 아닐까요?"

설득하면 대부분의 부모는 수긍을 하고, '좀 전에는 너무 흥분해서 죄송하다'고 사과도 한다. 뒤늦게 반성문을 써온 아이도 꾸벅 인사를 하고 검사실을 떠난다. 그렇게 검사실을 나간 그들의 표정이 어떤 것일지는 알 수 없지만, 그렇게 반성문과 서약서를 받고 떠나는 그들의 뒷모습을 지켜보는 것, 거기까지가 소년 전담 검사가 하는 일이다.

도무지 읽을 수 없는 소년들의 표정에 비해 어른들의 문법은 훨씬 이해하기 쉽다. 나 역시 자식을 키우는 입장이 되고 보니 더 그렇다. 자식이 어떤 잘못을 저질러 검찰청에 가야 하는 상황을 상상해보면 부모들의 복잡한 감정이 무엇인지 알 수 있을 것 같다. 세상에 아이를 내어놓은 책임자이자 세상의 비난으로부터 아이를 최종적으로 보호해야 하는 자, 그 자신의 잘못이 아닌 잘못을 추궁받고 있다고 생각하면서도 동시에 어쩌면 그 자신의 잘못인 일을 추궁받고 있다고 느끼는 자, 차라리 그 자신이 저지른 잘못이라면 깨끗이 인정하고 반성한다고 했을지도 모를 일에 대해 끝내 현명하지 못한 대응을 내어놓고 마는 그 아귀가 잘 맞지 않아 삐걱이는 궁색한 마음 같은 것 말이다.

그나마 검찰청으로부터 나오라는 전화를 받고 심장이 덜컥 내려앉은 채로 검찰청을 방문하고, 복잡한 심경으로 이런저런 설명을 듣다가 저도 모르게 흥분부터 해버리는 다혈질 부모를 둔 쪽이 조금 더 희망적인가 하고 생각하게 된 것은, 요즘 어느 부촌에서는 부모를 대신해 변호사가 보호자로 출석하기도 한다는 이야기를 듣고 나서다.

부모를 대신해 출석한 변호사는 전혀 흥분하지 않고 차분히 필요한 서류를 작성해낼 것이다. 변호사의 클라이언트의 아들은 형식이 완벽하게 갖춰진 반성문을 써낼 것이고, 하여 검사는 표정 없는 아이의 눈을 들여다보며 "내 말을 듣고는 있는 거니?" 다그칠 필요도, "아버님, 그러지 마시고 잠깐 여기 좀 앉아 보세요" 흥분한 부모를 공들여 설득할 필요도 없겠지만⋯. 어쩐지 검사실을 떠나는 그들의 표정은 하나도 궁금하지가 않을 것 같다.

'소년범'이라는 이름으로 불리는 아이들이 발붙이고 살아가는 세계는 어떤 곳인지, 그곳으로부터 어떤 경로를 통해 규범의 세계로 돌아오는지, 돌아오는 자와 돌아오지 못하는 자는 각각 어떤 차이에서 비롯되는지에 대해, 무표정한 얼굴로 삐뚤삐뚤한 글씨가 적힌 반성문을 내미는 소년들은 선뜻 답을 주지 않는다. 그들이 떠도는 먼 세계로부터 돌아오는 길에 대해서는 아직 인류 문명조차 명확히 규명해내지 못했다.

처음 검사가 되어 소년들을 만날 때는 검사 훈계 시간에 해줄 말을 공들여 골랐다. 너의 방황을 이해한다고 어르고 달래보기도 하고, 이러면 평생 전과자가 된다고 협박도 해보고, 좋은 말들이 적힌 책을 사났다가 선물해보기도 했다. 그러나 처음 만나는 검사라는 자로부터 이런저런 훈계를 듣고 감복하여 마침내 새 인생을 찾았다는 드라마 같은 일은 현실에서는 일어나지 않는다는 사실을 이제는 안다. 다만 이성을 관장하는 뇌의 기관이 미성숙한 탓이라고 돌리기에는 아이들을 둘러싼 세계에 선택의 폭이 현저히 좁다.

하여, 이제는 긴말을 잘 하지 않는다. 대신 아이들의 표정 없는 얼굴에다 최대한 눈빛을 맞추고 말한다.

"혹시 너에게 선택의 여지가 남아 있다면, 다음에는 이와 다른 선택을 하면 좋겠다."

아이들은 모두 알겠다고 하고 검사실을 떠나지만, 그 이후에 대해서는 누구도 확신할 수 없다.

"부모님 다 오실 수 있는 상황이 아닌데, 할머니 모시고 가도 돼요?"

"거기에 가려면 몇 호선 타고 가면 돼요? ○○역에 내리면 되는 거 맞죠?"

"갈 때 뭐 가지고 가야 돼요?"

"저 조금 일찍 도착했는데, 지금 들어가도 돼요?"

보호관찰처분을 위해 부모님 모시고 검찰청으로 오라고 한 소년이었는데, 오기 전부터 몇 번이나 전화를 해서 이것저것 물었다. 보통 매사 시큰둥한 것이 소년범들인데 이 친구는 좀 특이하다고 생각했다. 더벅머리 소년은 약속한 시간보다 30분이나 일찍 등이 굽은 할머니와 함께 들어왔다. 아이와 할머니에게 각각 필요한 서류 양식을 내밀자 소년의 질문은 계속되었다.

"할머니가 한글 못 쓰시는데요…. 제가 써도 돼요?"

"그럼 서약서는 할머니 입장에서 써야 되는 거 맞죠?"

"'애를 앞으로 잘 교육하겠다' 이렇게 쓰면 되죠?"

"할머니가 이름은 쓰실 수 있거든요, 그럼 이름만 할머니가 쓰도록 할까요?"

"이거 보호관찰소에 제가 내야 돼요? 보호관찰 받고 나면 어떻게 되는 거예요?"

끊임없이 질문을 쏟아내는 아이의 모습에 나도 모르게 웃음이 터졌다. 어려서부터 부모 없이 할머니와 함께 살아온 아이는, 울타리가 없는 채로 세상을 살아가는 방식에 익숙한 것 같았다. 홀로, 아니 글을 모르고 등이 굽은 할머니와 함께 세상을 헤쳐 나가야 하는 자의 천진하고도 진지한 적극성 앞에 회의주의자 소년 전담 검사도 무장해제되었다.

"그래 그 정도 적극성이라면 뭐라도 해서 밥 먹고 살겠다. 잘 살 수 있겠다. 이제 다시 이런 데는 이런 일로 오지 않도록 하자!"

"네"라는 그의 명쾌한 약속이 끝내 지켜질지 아닐지 여전히 확신할 수 없지만, 남달리 어떤 표정이라는 것을 가지고 있던 소년의 얼굴은 어쩐지 오래 기억에 남을 것 같았다.

그의 건투를 빈다.

PW 불출석

PW* 불출석 - 어머니 통해 설득 중이나
출석 거부, 일단 어머니만 출석할 듯.

인계받은 공판 카드**에는 이렇게 적혀 있었다. 죄명은 청소년에 대한 강제 추행인데, 피해자인 청소년이 법정에 출석하지 않고 있다는 말이다. 강제 추행 사건이라면 대부분의 경우 증거가 피해자의 진술밖에 없다. 피고인과 피해자 둘만 있는 장소에서 범죄가 이루어지는 경우가 많기 때문이다. 그런 상황에서 PW가 출석을 거부하고 있다면 이것은 공판검사로서 매우 곤란한 상황이 발생했다는 말이다.

어떤 피해를 당하면 사람들은 일단 경찰에서 진술을 한다. 경우에 따라 검찰에서 다시 진술하는 경우도 있다. 경찰에서

---

*   공판검사들이 공판 상황을 기재하는 공판 카드에 쓰는 검찰 측 증인의 약자.

** 공판검사들이 공판 상황을 기재하는 일종의 메모 노트.

다 말했는데 왜 또 검찰에서 부르냐고 하면 검찰은 조금 더 정확히 확인할 것이 있기 때문이라고 한다. 검찰 조사까지 마치면 피해자는 이제 진실은 검사가 밝힐 것이며 자신의 역할은 끝났다고 생각한다. 조금은 홀가분한 마음으로 잊고 지낸다. 그런데 몇 개월 뒤에 법원으로부터 법정에 출석하라는 통지를 받는다. 이 단계에서 사람들은 화가 난다. 이미 다 이야기했는데 도대체 왜 나를 또 부르는 거냐고 따진다. 이제 겨우 일상이 회복되어가고 있는데, 대한민국 사회에서 법정에 나가기 위해 일과 중에 시간을 빼는 것이 가능한 사람이 얼마나 되겠냐고…. 나가고 싶지 않다고 하면 법원에서 몇 백만 원씩 과태료를 부과하거나 아예 잡으러 온다고 한다. 이런 어이없는 경우가 어디 있느냐고 사람들은 주로 공판검사에게 화를 낸다.

　(그런데 여러분…. 잠시 흥분을 가라앉히고 공판검사의 설명을 들어보세요….) 피해자, 목격자, 참고인들이 수사기관에서 한 진술을 적은 진술 조서, 혹은 직접 쓴 진술서는 사건을 기소하는 경우 검사가 증거로 제출하겠다고 신청한다. 그러면 그 증거에 대해 피고인이 입장을 밝히는데, 피고인이 해당 서류를 증거로 사용하는 데 동의한다고 하면 검사가 재판부에 곧바로 증거로 제출하여 재판에 반영되도록 할 수 있지만, 부동의한다고 하면 서류는 곧바로 증거로 제출될 수가 없다. 서류를 작성한 사람, 즉

피해자가 법정에 나와 그것이 내가 작성한 서류가 맞다고 확인해주어야만 서류를 증거로 쓸 수 있다. 쉽게 말하자면, 피고인이 죄를 부인하는 경우에는 대부분 피해자가 증인으로 법정에 나와서 증언을 해야 한다는 것이다. '이미 경찰, 검찰에서 다 말했잖아요'가 통하지 않는다. 경찰·검찰에서 했던 애끓는 진술들은 진술자가 법정에 나와 다시 한번 확인해주지 않는다면 재판부에 제출될 수가 없다. 그냥 증거가 없는 것이 된다.

이 정도 설명을 하면 이해가 되는 것은 아니지만 안 나가면 무죄가 된다니 일단 나가겠다고 하는 증인들이 많은데, 어떤 이유에서 그런 설명 따위가 먹히지 않는 경우가 간혹 있다. 특히 증인이 청소년인 경우에 더욱 그렇다. 증인이 청소년인 경우 증인 신청을 하면 보통 부모로부터 연락이 온다. 부모들은 학교 일정이나 수험 일정 때문에 도저히 아이의 시간을 뺄 수 없다고 호소하기도 하고, 이제 겨우 일상의 평온을 회복한 아이에게 다시 지난 일을 떠올리게 하고 싶지 않다고 하기도 하고, 이것저것 볼 것 없이 아이를 법정에 세운다는 사실 자체에 깊은 반감을 표현하는 경우도 있다. 이 사건의 경우 증인인 청소년의 어머니로부터 전달된 불출석 사유는 '아이가 그때의 일로 정신적 충격을 크게 받았다. 심리 치료를 받고 조금씩 안정이 되어가고 있는데, 법정에서 증인 소환장만 오면 다시 원상태가 되어버린다. 어제는 자살 시도를 했다. 아이를 건드리지 말라'는 것이었다.

피해자의 진술이 유일한 증거인 강제 추행 사건에서 피해자가 출석하지 않는다는 것은 공판검사가 겪는 제1의 위기 상황이지만, 자살 시도를 하였다는 아이를 무턱대고 법정에 나오라고 하기도 어려운지라 여러모로 곤란한 상황이었다. 사건은 증인의 불출석으로 몇 개월째 공전되고 있었다. 일단은 아이의 어머니가 출석한다고 하니, 어머니를 통해 아이의 상태와 당시의 상황을 최대한 들어보기로 했다.

사안은 이렇다. 피고인은 피해자(여, 17세) 엄마의 친구로 피해자가 삼촌이라고 부르며 따르는 사람이었다. 엄마는 남편 없이 아들 하나, 딸 하나를 혼자 키우고 있었다. 피해자는 가출한 뒤 갈 곳이 마땅치 않자 삼촌에게 연락을 하고, 삼촌은 엄마에게 알리지 않겠다고 약속하고 아이에게 원룸을 하나 잡아준다. 그리고 그 원룸에서, 피해자를 추행했다는 것이다. 딸의 행방을 모르던 엄마는 '삼촌을 경찰에 신고했다'는 딸의 연락을 받고서 경찰서에서 딸과 만났다. 그러니 딸이 가출해 삼촌이 얻어준 방에서 있었던 일에 대해 엄마는 직접적으로 아는 바가 없다. 그러나 피해자와 피고인의 관계, 가출 경위, 경찰서에서 만났을 때의 딸의 상태, 그리고 무엇보다 출석을 거부하고 있는 현재의 상태에 대해 물어야 할 필요성이 있었다. 법정에는 역시 피해자는 출석하지 않고, 그 어머니만 출석했다.

어머니는 믿었던 자신의 친구가 어떻게 자기 딸에게 그런 짓을 할 수 있느냐고 울분에 차 진술했다. 애가 집을 나갔으면 잘 달래서 집에 보내거나, 최소한 엄마인 자신에게 연락을 해줬어야 하지 않겠느냐고, 처음부터 나쁜 마음을 가지고 애를 빼돌린 것이라고 말했다. 그러고는 딸의 현재 상태에 대해 겨우 안정을 찾고 검정고시를 준비하고 있는데, 이 일에 대한 이야기가 나오면 다시 상태가 악화된다고, 며칠 전에는 자살 시도를 했고, 심리 치료를 받고 있다고 했다. 법정에는 나올 수 없다고 단호히 말했다.

재판이 끝난 뒤 나는 어머니와 피해자 측 국선변호인을 검사실에서 따로 만났다. 이 사건이 유죄를 받기 위해서는 딸의 진술이 반드시 필요한 상황이었으므로, 어머니를 설득하기 위해서다. 법정에 나와 다시 그 상황을 떠올리는 것이 힘든 일일 수 있지만, 증인으로 나오지 않아 이 사건이 무죄가 된다면, 그 또한 피해자에게 상처가 될 수 있다. 아이의 상태를 잘 살펴 가장 부담이 되지 않는 방법으로 진술할 수 있도록 해보자고 어머니를 설득했고, 어머니는 생각해보겠다고 했으나 나가는 뒷모습이 미덥지는 못했다. 어머니가 무언가를 감추고 있다는 심증이 강하게 들었으나, 아이가 아프다는데…. 자살 시도를 한다는데…. 더 이상 어쩔 수가 없었다.

그 뒤로도 몇 번의 기일이 지나도록 증인은 법정에 나오지 않았다. 어머니는 아이의 연락처를 우리에게 알려주지 않았고, 어머니를 통해 전해 듣는 아이의 상태는 늘 심각했다. 재판부는 마침내 다음 기일이 마지막 기회라고 선언했다.

피고인은 '아이가 어머니의 폭력을 견디지 못하고 자신을 찾아온 것이고, 그런 어머니에게 아이를 그대로 돌려보낼 수 없어 방을 얻어준 것이며, 그동안 가정에서 보살핌을 제대로 받지 못한 아이의 생활 습관이 워낙 엉망이라 이에 대해 어른으로서 잔소리를 했더니 아이가 앙심을 품고 거짓 신고를 한 것이다. 아이의 어머니는 아이가 가출한 이후에도 아이를 찾으려는 노력조차 하지 않았다'고 주장했다. 아이가 왜 가출을 했는가, 아이를 찾으려는 노력을 했는가에 대한 질문에 어머니는 유독 당황해하며 진술을 얼버무렸다. 증인이 불출석을 거듭할수록, 어머니가 아이를 숨길수록 피고인의 주장이 힘을 얻어가는 분위기였다. 아이가 나와 증언하지 않는 이상 의심의 분위기를 뒤집기는 어려워 보였다. 실은 아이가 나온다고 해도 어떤 진술을 할지, 무엇이 진실이라고 말할지 확신할 수 없는 사건이었다.

재판부가 증인신문을 위한 마지막 기회라고 선언한 날, 피해자 변호사가 좋은 소식과 나쁜 소식을 동시에 전했다. 좋은 소식은 피해자가 지금 법정으로 오고 있다는 것, 나쁜 소식은 피해자가 피고인과 함께 피고인의 차를 타고 오고 있다는 것. 이제는 정말, 사건이 어느 산으로 갈지 알 수 없는 상황에 이르렀다.

상상했던 것보다 더 앳된 얼굴의 아이가 겁먹은 표정으로 주춤주춤 증인석에 들어왔다. 피고인과 증인석 사이에는 칸막이가 쳐졌다.* 나는 아이에게 와줘서 고맙다고 인사를 건네고 눈을 맞춰 보았지만 아이는 잔뜩 어깨를 움츠렸다. '왜 가출을 하게 되었느냐'는 질문에 아이는 엄마와 오빠가 너무 때려서 그 집에 더 있다가는 맞아 죽을 것 같아서 집을 나왔다고 말했다. 집을 나왔는데, 갈 곳이 없어서 삼촌에게 연락했더니 방을 얻어주었다고 했다. 피고인이 주장한 그대로였다.

"증인은 피고인에게 추행 피해를 당했다고 했는데, 사실인가요?"

법정 안의 모든 사람들이 숨을 멈추고 증인의 다음 대답을

---

* 법원은 증인이 요청하는 경우, 피고인과 증인 사이에 칸막이를 설치하여 증인이 피고인의 시선을 느끼며 진술해야 하는 부담을 덜어준다.

기다렸다.

"네, 사실이에요."

우려와 다른 답변에 법정 안의 공기가 술렁였다. 구체적으로 말해줄 수 있겠느냐는 요청에 아이는 숨을 한 번 깊게 들이쉬고 나서 그 방에서 있었던 일들에 대해 진술하기 시작했다. 아이의 진술은 도저히 거짓말이라고는 볼 수 없는 사실들을 담고 있었다.

"삼촌이… 여자는 엉덩이가 커야 한다고 하면서…."

사태가 본인의 계획과 달리 돌아가자 칸막이 너머에서 피고인이 돌연 소리쳤다.

"야! 그렇게 말하면 어떻게 해!"

아이가 깜짝 놀라 입을 닫았다. 재판장은 피고인을 법정 밖으로 퇴정시켰다.

"이건 정말 아니라는 생각이 들었고…. 엄마한테 맞아 죽더라도… 집으로 돌아가야겠다고 생각하고 경찰에 신고한 거예요."

아이가 입술을 꽉 깨물었다. 그날의 결심, 열일곱 살의 아이가 광폭한 세상의 한가운데서 홀로 단단히 결심하던 그 순간을 떠올리다가 나도 모르게 깊은 한숨을 쉬었다. 너무 조용한 법정에 울린 한숨 소리를 듣고 아이가 흠칫 놀랐다. 검사가 한

숨을 쉬니 자신이 무언가 잘못하고 있다고 생각한 모양이었다. 아이가 내 쪽을 바라보며 입모양으로 "죄송해요"라고 말했다. 아니라고, 아니라고 손사래를 쳐 보였지만…. 제대로 전달되었는지 확신할 수 없었다. 집으로 돌아간 뒤 어머니와의 관계는 회복되었느냐는 질문에 대해 아이는 고개를 저었다. 심리 치료를 받고 안정이 되었다는 말도, 검정고시를 준비하고 있다는 말도 모두 사실이 아니었다. 어머니로부터 법정에 나오라는 소환장을 한 번도 전달받지 못했다고 했다. 자신을 찾고 있다는 사실을 알았으면 나와서 진술했을 거라고 말했다.

"자살 시도를 한 적이 있다고 들었는데…."

"아! 그거는 엄마 때문에…."

지금은 다시 집을 나와 친구 집에서 머물고 있다고 아이는 말했다.

신문이 끝났을 때, 법정에 있던 모두는 아이에게 무슨 일이 일어난 것인지에 대해 알 수 있게 되었다. '알 수 있게 되었다'가 아니라 '좀 더 느낄 수 있게 되었다'고 해야겠다. 아이의 불안하지만 천진한 눈빛과 맥락을 숨기고 있지 않은 진술들이, 너무나 적나라한 진실이어서 어른들은 당황했다. 거듭해 소환장을 보내 아이에게 제발 진실을 말해달라고 재촉했던 자들은 이제 저 아이에게 어떤 표정을 지어 보여야 할지 도무지 알 수 없게 되었다.

증인 신문이 끝나고, 이제 돌아가도 좋다고 했는데, 아이가 나가지 않고 머뭇거린다. 삼촌과 함께 이 법정에 왔으니 기다렸다가 삼촌 차를 타고 돌아가겠다는 것이다.

"저는 여기가 어딘지도 모르겠고… 차비도 없고요…."

아이는 아직도 피고인을 삼촌이라고 부르는데 거리낌이 없었다. 그가 아이를 찾아내 이 법정까지 차에 태워온 저의를, 아마 점심까지 사줘가며 오늘 진술 잘하라고 했을 의미를, 그리고 그의 뜻과 다른 아이의 진술로 인해 이제 그가 아이에게 보여 줄 일말의 호의가 철회되었을 것임을 전혀 의심하지 않는, 말간 얼굴이 당황해하는 어른들의 눈빛을 불안하게 살폈다. '이번에는 또 내가 무엇을 잘못했을까' 하는 표정으로…. 생각해보면, 아이는 그렇게 살아온 것 같았다. 세상을 인지하는 순간부터 가정은 울타리가 아니었다. 아이는 홀로 생계를 책임지다가 지친 엄마가 자신의 불운을 투영하는 증거일 뿐이었고, 역시 울타리 없이 세상에 던져진 젊은 오빠의 분풀이 상대로서만 제 존재를 인지했다. 항상 모든 문제는 아이 때문이라고 했고, 아이는 무엇인지 모르지만 끝없이 잘못을 저지르는 존재로 자신을 인식했다.

아이는 이 세상이 다층적이고 복잡한 이해관계들로 얽혀

있는 곳이며, 그곳에서는 호의도 적의도 복잡다단한 구조 속에서 베풀어지고 거두어진다는 사실을 배울 기회를 가지지 못했다. 안온한 엄마의 배주머니 속에서 조금씩 세상의 거친 바람을 맛보며 적응할 시간을 가지지 못한 채 다만 세상 밖으로 내쳐진 아이는, 이 바닥에서는 맥락을 살피는 것이 무엇보다 중요하다는 것, 맥락을 이해하고 그 속에서 자신의 반응을 선택하는 것이 사람들이 세상을 살아가는 방식이라는 것을 알지 못했다. 그래서 역설적이게도 순진했다. 아이는 다만 적의에 저항했고, 호의에 안도했다. 어쩌면 아이에게, 다른 선택지가 없었다.

"지금 상황에서 피고인과 함께 귀가하는 것은 부적절하며, 앞으로도 피고인과는 연락하거나 만나지 않는 것이 좋겠다. 귀가하는 방법에 대해서는 우리 직원이 안내해줄 거다"라고 재판장이 부드럽게 타이르자 아이는 이내 고개를 끄덕이며 법원 직원을 따라 나갔다. 다음 재판을 계속 진행해야 했기 때문에 아이의 귀갓길을 살피지 못했다. 귀갓길이라고는 하지만 사실, 아이는 집이 없다. 아이는 어디로 갔을까. 1호선을 타고, 다시 4호선을 갈아타고, 그렇게 조금 걸어서 가면, 아이가 맥락을 살피지 않고도 온전히 비바람을 피할 수 있는 작은 공간이 어디엔가 있을까.

자신을 삼촌이라 부르며 의지했던 아이에게 더러운 손을 뻗었던 피고인은 법정 구속되었다. 나는 법정에서 내가 쉰 한숨 때문에 아이가 죄송하다고 했던 것이 내내 마음에 걸려서 쪽지에 '네가 잘못한 것이 아니고, 너무 잘해줘서 고맙다'는 말을 적어 아이에게 전해달라고 피해자 변호사에게 전달했다. 피해자 변호사가 그러겠다고 힘주어 고개를 끄덕였으나, 거듭 소환장을 보내며 제발 나와달라고, 나와서 진실을 말해달라고 애타게 요청하던 법정의 어른들이 할 수 있는 일은 그뿐이었다.

아이는 그래서, 어디로 갔을까….

범죄의 평준화

성폭력 전담 재판부의 공판검사를 할 때의 일이다. 일부러 그렇게 배치하는 것인지 모르겠으나 비슷한 유형의 사건들을 연이어 진행하게 되는 날이 있다.

그날은 공중밀집장소추행, 즉 지하철 성추행 사건이 줄줄이 잡힌 날이었다. 1호선에서 엉덩이를 움켜잡은 남자의 사건 다음에 4호선에서 엉덩이를 부빈 남자가 나오고, 7호선에서 허벅지를 쓰다듬은 남자 뒤로 경의중앙선에서 엉덩이를 툭 친 남자가 나온다. 다시 7호선에서 엉덩이를 움켜잡은 남자가 나오고, 경의중앙선에서 몸을 부빈 남자가 나온다.

재판을 받는 사람의 인적 사항을 확인하는 절차가 끝나면 검사가 그 사람이 어떤 죄로 기소되었는지 공소장에 적힌 사실을 낭독하게 되어 있는데, 1호선과 7호선, 4호선과 경의중앙선을 넘나들며 그들이 어느 부위를 어떻게 만졌는가를 줄줄이 읊는 동안 오전이 다 간다. 시간과 장소가 약간씩 다를 뿐 그 행위라는 것이 다 비슷비슷한 것이어서, 하다 보면 이 사건 내가 좀 전에 했던 사건 아닌가? 하고 사건 번호를 다시 확인하기도 한다.

피고인들의 변소도 대동소이하다. 지하철이 워낙 혼잡해서 여성이 오해를 한 것이라거나, 나는 원래 팔을 휘저으며 걸어 다니는 버릇이 있는데 여성이 와서 부딪친 것이라거나…. 그렇게 범죄의 양상도, 피고인의 주장도 비슷비슷한 지하철 사건들이지만, 흥미로운 지점은 그 피고인들의 다양성에 있다. 대부분이 남자라는 공통점 외에는 연령도, 직업도, 키도, 몸무게도, 사회적 지위도 다 다른 사람이다. 이제 막 성년이 된 말간 얼굴의 대학생이 있는가 하면, 막노동으로 하루하루 살아간다는 아저씨도 있고, 등짝에 문신 좀 새겼을 법한 형님이 있는가 하면, 정장을 말끔하게 빼입은 직장인도 있다. 한쪽 몸에 마비가 와서 지팡이를 짚고 다닌다는 노인도 있었고, '내가 하루에 얼마나 버는 사람인데, 이런 허접한 재판 나오느라고 본 손해는 누가 책임져주냐'고 큰소리치던 사업가도 있었다.

과거에는 그래도 범죄를 저지르기 위해서는 모종의 기술이나 재능이 필요했다. 사기를 치려는 자는 남들보다 빼어난 말발이나 연기력이 필요했고, 절도를 하려고 해도 담을 넘거나 문을 따는 기술 정도는 있어야 했다. 폭력배가 되기 위해서는 남다른 혈기와 피지컬이 뒤따라줘야 하는 것이었다. 그러나 지하철 성추행은 몸 가진 자, 손 가진 자라면 누구나, 간단히 손만 뻗어 저지를 수 있다. 그야말로 범죄의 평준화라 할 만하다.

　범죄의 평준화 현상은 불법 촬영 범죄에서도 확인할 수 있다. 카메라를 이용하여 타인의 신체를 그 의사에 반하여 촬영하는 경우 성립되는 범죄인데, 그 범죄를 저질렀다는 혐의로 피고인석에 선 사람들의 다양성도 지하철 성추행의 경우에 못지않다. 언뜻 생각하기에 카메라 촬영 범죄가 그래도 지하철 성추행보다는 좀 더 디지털적이고, 기민한 기술력을 요하는 것이 아닌가 싶지만, 실상 그렇지도 않다. 명실상부한 디지털 강국으로서 누구나 소지하게 된 휴대폰과 그것에 내장된 고사양의 카메라는 누구나, 의지만 있다면 불법 촬영범의 대열에 합류할 수 있는 기반을 제공했다. 그다지 기민하지 않아도, 그다지 디지털 기술에 밝지 않아도 간단히 촬영 버튼을 눌러 타인의 신체를 침범하고, 타인의 성적 불쾌감을 자신의 성적 만족감으로 치환해 저장할 수 있다. 조금만 더 기민하면 저장을 넘어 유포, 공유할 수도 있고 그것으로 돈을 벌 수도 있다.

　불법 촬영 범죄의 재판이 연이어 잡힌 날 줄줄이 피고인석에 들어서는, 얼굴도, 연령도, 직업도 다른 피고인들을 보고 있노라면, 그야말로 우리나라가 '디지털 강국이구나' 하는 생각에 이르기도 한다.

　사람이 밀집되는 지하철과, 누구나 소지하는 카메라는 특별한 기술이 없는 평범한 사람들에게도 범죄자가 되어 손쉽게 타인의 인격을 침범할 수 있는 기회를 제공하게 된 것이다. 그러나 손이 있다고 해서, 카메라가 있다고 해서 누구나 그와 같은 범죄로 나아가는 것은 아니다. 그 손과 카메라를 이용하여 기어이 범죄로 나아가는 얼굴도 지위도 다른 그들의 공통점은 바로, 범죄의 그 순간 피해자를 다만 자기만족의 대상으로만 여겼다는 점이다.

지하철 성추행범이나 불법 촬영 범죄자들의 공통된 주장은 '그냥 아무 생각 없이 손을 갖다 대었다(카메라 버튼을 눌렀다)'이다. 이마저도 그나마 자기 행위는 자백하는 경우 혹은 빼도 박도 못할 증거가 확보된 경우에 한정된 말이지만 말이다.

현대 문명사회에서 우리는 타인의 것이라면 그 무엇이라도 함부로 침해해서는 안 된다는 사실을 인지하고 있다. 그래서 타인의 발을 밟지도 않고 타인의 물건을 허락 없이 가지고 가지도 않는다. 그것은 그것이 꼭 범죄라고 법에 규정되어 있기 때문이 아니라 우리가 사회라는 것을 이루고 살아가면서 당연히 공유하고 있는 일종의 문화다. 나와 다른 존재인 타자를 인지하고, 타자의 존재를 침범하지 않는 것이 이 세계의 유구한 법칙이라는 점을 부인할 사람은 없다. 그런데도 유독, '그냥' '아무런 생각 없이' 타자의 공간에 침입하고 타자의 인격에 함부로 손을 대는 자들이 평범하고도 평준하게 우리의 지하철에, 거리에, 생활공간에 넘쳐나는 것이다. 그들 역시 다른 사람의 발을 밟으면 미안하다고 사과하고, 식당에서 다른 손님에게 방해가 되지 않도록 목소리를 낮추어 말하는 사람들일 텐데 말이다.

분명 조금 전에 읽은 것 같은 공소사실을 읽으며, 분명 좀 전에 들은 듯한 피고인의 변소를 들으며 지하철 사건들과 불법 촬영 사건들의 공판을 진행하고 있으면, 그 너머로 보이는 것은 한순간 타자로 인정받지 못하고 다만 범죄의 대상물로 그 공간에 놓여 있었던 여성들이다. 사람이, 여성이 대상화된다는 것이 바로 이런 것이구나, 여성학 책을 들여다보아도 그다지 와닿지 않았던 개념이 마침내 이해되는 순간이다. 오늘 아침에도 지하철에서 무수히 지나쳤을 법한 평범한 얼굴들이 피고인석에 서서 '아무 생각 없이'를 중얼거리는 법정에서 오소소 돋는 소름을 법복으로 가린다.

범죄의 현장은 현장 자체가 가지고 있는 아우라가 있다. 그래서 사건이 잘 안 풀리면 현장에 한번 가보라고 하기도 한다. 그 공간에서 실제의 구조를 파악하고 현장의 공기를 느끼며 상상해보면 도무지 풀리지 않던 범죄의 실마리가 감각적으로 훅~ 몸에 들어오기도 한다는 것이다. 어떤 의미에서 우리가 매일 타고 내리는 지하철은 범죄의 현장이다. 재판을 마치고 지하철을 타고 가는 퇴근길에서 범죄 현장의 공기와 냄새를 느낀다는 것은 끔찍한 일이다. 주변을 두리번거리고 CCTV의 위치를 확인하고, 아무렇지 않은 듯 휴대폰을 만지작거리면서도 옆에 다가선 남성의 행동에 신경을 쓴다. 매일 이용하는 생활공간이 범죄 현장이 되는 순간, 그것이 우리에게 무엇을 빼앗고 있는지를 온몸으로 느낀다. 범죄가 평준화된다는 것은 범죄 피해 역시 평준화된다는 말이다. 법복을 입지 않은 나는 더 이상 나의 공포를 가릴 방법이 없다.

일상의 공간 안에서 대상을 가리지 않고 벌어질 수 있는 범죄라는 점과 더불어 지하철 성폭행 사건에 대한 또 하나의 공포는 그 입증이 어렵다는 점이다. 사실, 대부분의 여성들은 실수로 벌어진 신체 접촉과 인격을 침범해 들어오는 범죄행위를 구분할 수 있다. 그 모멸감은 몸의 감각으로 각인된다. 예민한 여성들로부터 오해받을까 봐 사는 게 쉽지 않다는 남자들의 하소연에도 불구하고 무고한 남성이 실수로 벌어진 신체 접촉에 의해 재판에까지 서게 되는 경우는 흔치 않다. 그럼에도 불구하고, 무죄판결이 참 많이 나는 영역이 공중밀집장소추행이다.

가해자가 부인하는 지하철 추행 사건이 오면 검사는 일단 긴장한다. 대부분 CCTV는 흐릿하다. 순간적으로 엉덩이를 스쳐간 손길이 실수가 아니었다는 점을 입증하기에 피해자의 진술만으로는 부족한 경우가 많다. 대부분의 피해자가 순간적으로 당한 일이라 당황하고 당시의 상황을 잘 기억하지 못한다. 원래 진술의 신빙성이란 앞뒤의 맥락, 전후의 사정을 두루 살펴 진술이 일관되는지, 논리적 모순점이 있는지, 진술하는 자가 거짓 진술을 할 이유가 있는지 등을 종합하여 판단하는데, 어느 날 무방비한 출근길에서 엉덩이를 툭 친 손이 결코 실수나 오해가 아니라는 사실을 말로 설명하기란 쉬운 일이 아니다. 그것은 어떤 맥락이나 전후 사정 없이 들이닥친 일이기 때문이다.

흔한 지하철 추행 사건이 있었다. 수많은 지하철 추행 사건 중에 유독 그 사건을 기억하는 이유는 피고인인 남자의 태도가 너무나 당당했기 때문이다. 혼잡한 출근 시간 지하철 안에서 남자는 손가락으로 여성의 신체 부위를 찔렀다는 혐의를 받았다. 여성이 항의하자 남자는 되레 큰소리를 치며 여자에게 같이 경찰서로 가자고 윽박지른다. 지하철 안에서 벌어진 일이니 범행 당시에 대한 직접 증거는 없고, 지하철에서 내린 직후 당당히 파출소를 향해 앞장서 걷는 남자와 잔뜩 겁을 먹은 듯 어깨를 움츠리고 그 뒤를 따르는 여자의 모습이 역사 CCTV에 남아 있었다. 말끔하게 정장을 차려입고 재판에 출석한 남자는 CCTV 화면 속 자신을 가리키며 "나는 당시 한 손에는 가방, 한 손에는 우선을 들고 있었다. 여자를 추행할 손이 없었다. 여자가 무언가 착오한 거다. 그래서 내가 먼저 경찰에 가자고 한 거다"라고 말했다.

　무조건 아니라고 하는 경우들과 비교해 상당히 설득력 있는 주장이었다. 그의 태도에는 흔들림이 없었다.

　다음 기일에 피해자인 젊은 여성이 증인으로 법정에 나왔다. 그녀는 당시의 순간적인 상황을 일관되고도 풍부하게 진술하여 그녀가 어떤 공포 속에 있었는지를 재판부에 그대로 전달해야 함과 동시에 자신이 필요 이상으로 민감한 사람이 아니고, 상황을 과장하거나 착오한 것이 아니라는 사실을 입증해야 할 부담을 홀로 다 떠안고 있었다.

　여자는 매일 그 시간에 그 지하철을 타고 출근한다고 했다. 여자의 출근 구간은 서울에서도 손에 꼽히는 만원 구간이었다. 여자는 "나는 지하철의 7-2번 문으로 타서 몸을 돌려 문을 보고 서 있었고 내 뒤에 탄 사람이 몇 명 더 주변에 서 있었다"라고 정확히 진술했다. 지하철을 타는 일상적인 상황을 어떻게 그렇게 자세히 기억하는가에 재판부가 의문을 가지고 되묻자 여자는 늘, 같은 시간에, 같은 칸으로 타서 같은 자세로 세 구간을 간 뒤 내려서 환승한다고 했다. 같은 시간, 한결같은 만원 지하철을 견디는 현대 직장인의 생존법이었다.

　자신의 신체를 무언가가 찌르고 있다고 느꼈을 때도 여자는 만원 지하철에서 있을 수 있는 일이라고 생각했다. 그런데 조금 지나자 신체를 찌르는 무엇이 지하철의 흔들림과 무관하게 움직이고 있음을 눈치챘다. 두려운 마음을 억누르며 손을 내려 자신의 신체를 찌르고 있는 그것을 여자는 움켜잡았다. 그것은 다름 아닌 남자의 손가락이었다.

"우산이나, 다른 것을 증인이 오인하였을 가능성은 없나요?"

"저도 처음에는 우산 같은 것일 수 있다고 생각했어요. 그런데 잡고 보니 손가락이었어요."

"손가락을 잡히자 남자는 어떻게 하던가요?"

이 부분에서 여자는 눈을 질끈 감았다. 추행을 당하던 순간도, 손가락을 움켜쥔 순간에 대해서도 차분하게 진술하던 여자였는데 말이다.

잠시 숨을 고르던 여자가 떨리는 목소리로 겨우 말을 뱉었다.

"저도 제가 손가락을 잡았으니 그만둘 줄 알았어요. 놀라서 무슨 말을 못하고 손가락을 잡은 상태로 남자를 쳐다봤는데, 남자는 저를 쳐다본 채 손가락을 더 넣어 저를 찔렀어요."

대답을 들은 나도 눈을 질끈 감았다. 그날 만원의 지하철로부터 되살아나 법정 안에 걸어 들어온 깊은 모멸이, 그녀의 떨리는 어깨 위에서 잦아들기를 조금 기다려야 했다.

그 뒤 이야기는 우리가 이미 알고 있거나 능히 상상할 수 있는 이야기들이다. 여자가 소리를 지르자 남자가 손을 빼며 "뭐 이런 어이없는 경우가 다 있느냐"고 오히려 더 큰소리를 치고, 울먹이는 여자에게 "경찰서 가서 얘기하자"고 하며 따라 내리라고 윽박지르는 남자, 남자를 따라 어깨를 잔뜩 움츠리고 파출소로 향하는 여자, 일단 양쪽 다 진술서 적고 가라는 경찰의 형식적인 응대, 파출소 책상에 놓인 모나미 볼펜, 그러느라 늦어버린 직장, 다음 날도 그다음 날도 다시 같은 시간 같은 자세로 세 구간을 견디고 환승해야 하는 지하철⋯.

선고일, 남자는 고급스러워 보이는 갈색 코트 차림으로 법정에 섰다. 이런 내가 추행 같은 것을 할 사람으로 보이냐고, 말끔하게 정리한 머리와 잘 닦인 구두로 항변하고 있었다. 추행할 손이 없었다는 주장을 뒷받침하는 가방도 그대로 들고 있었다. 불안한 기색이 조금도 없는 남자와는 달리 검사석에서 선고를 기다리는 나는 초초했다. 여자의 진술은 의심할 여지가 없었지만, '그럼에도 불구하고 여자가 오해했을 가능성이 합리적 의심 없이 배제되었다고 보기 어렵다'는 식의 무죄판결이 나올 수도 있다는 일말의 불안감과 동시에 마침내 남자의 뻔뻔한 거짓말이 모두 무위로 돌아갔음을 재판부가 준엄히 선언하는 순간 무너지는 남자의 표정에 대한 기대가 교차했다.

재판부는 피고인의 유죄를 인정하고, 고액의 벌금을 선고

했다. 순간 나는 재판 결과를 적는 것도 잊고 피고인 쪽을 바라봤다. 남자는 아무 불만 없다는 듯 쿨한 표정으로 재판부를 향해 꾸벅 인사를 하고 나갔다.

아~~ 무죄가 난 것도 아닌데, 더러운 기분으로 목구멍으로 올라오는 욕설을 삼키며 〈2019고단0000호 공중밀집장소추행 사건〉의 선고 결과를 적었다.

여자는 그 이후에도 어쩔 수 없이 지하철을 타고 출근했을 것이다. 어쩌면 매일 한결같았던 출근 시간과, 이용하던 지하철 칸을 바꿨을지는 모르겠다. 그러나 그 어느 곳에나 얼굴을 달리하는 손가락들이 존재하지 않으리라 안심할 수 없다. 평준화된 범죄자들과 평준화된 피해자들이 함께 흔들리며 이동하는 오늘의 지하철에서, '범죄의 기원은 사람을 대상화하는 것에서부터 시작되는구나' '범죄의 피해는 엉덩이에 손을 스치는 그 순간에 머물지 않는구나' 같은 생각을 멀리 해볼 때마다, 잔뜩 움츠러든 그녀의 어깨가 떠오른다.

증인이 된다는 것

"피고인이 얼마나 세게 증인을 때렸나요?" 검사석에 앉아 재판장이 하는 질문을 들으면서, 가끔 저걸 도대체 어떻게 대답하라고 하는 질문일까 막연해질 때가 있다. 얼마나 세게 때렸느냐…. 타격의 강도에 대한 질문인데 선뜻 답을 찾기가 어렵다. '그냥 툭 치는 정도' '아프지는 않을 만큼' '조금 아픈 정도' '엄청 아프게' '고개가 획 돌아갈 정도…'가 적절한 표현으로 있겠으나, 증인석에 선 피해자가 정신없이 맞고 있던 그 순간의 기억을 떠올리고 그것을 표현하는 가장 적확한 언어를 찾아내기란 여간해서는 쉬운 일이 아니다. 그렇다고 오래 머뭇거린다면, 재판장으로 하여금 증인의 진술의 신빙성을 의심할 만한 꼬투리를 줄 수 있다. 검사는 증인이 가장 적확한 언어를 가능한 한 빨리 찾아주기를 초조하게 기다린다.

질문을 들은 증인이 잠시 숨을 골랐다. 남편으로부터 수없이 뺨을 맞았던 그 순간을 떠올리고 있는 듯했다. 그다음에 그것을 언어로 표현해야 하는데, "짝!" 하는 소리가 돌연 법정에 울렸다. 증인이 스스로 제 뺨을 후려친 것이다.

얼굴이 휙 돌아갈 정도로 강하게, 자기 손을 들어 자기 뺨을 후려친 여자, 법정에 있는 모든 사람들이 순간 깜짝 놀라 일제히 얼음이 된 순간, "이 정도 세기였던 것 같습니다"라고 여자는 담담히 말했다. 여자는 그 순간 어떤 언어보다 적확한 몸의 언어를 선택한 것이다. 그 순간을 어금니 꽉 다물고 재현해 냄으로써 재판부에게 그가 어떤 일을 당했는지, 그의 진술이 얼마나 절박한지 말한 것이었다.

여자의 뺨에 붉고 작은 손자국이 남았다. 대답을 마친 여자는 바르게 앉아 재판부의 다음 질문을 기다릴 뿐 붉게 부푼 뺨을 만지지도 않았다.

차폐 시설 너머로 가려져 보이지 않는 피고인석에서 그녀의 남편이었던 자가 잉잉 울었다.

보지 못해도, 법정에 울린 소리만으로도 그의 처가 무엇을 재현했는지 알고 있는 것 같았다. 아마 그날 밤 그가 그녀의 뺨에 남긴 손자국은 증인의 작은 손자국보다 훨씬 큰 것이었으리라. 피고인은 범행 일체를 부인했다. 여자의 거짓말이라거나, 이혼을 원하는 여자가 꾸민 계략이라고 했다. 그러면서도 재판을 하는 내내 울었는데, 그 울음이 피해자인 처에 대한 미안함 때문인지, 자기 인생에 대한 연민 때문인지는 알 수 없었다.

성폭력 사건이나 밀실에서의 폭력 사건처럼 피해자 외에는 달리 증거가 없는 사건에서는, 피고인이 범행을 부인하면 피해자가 법정에 나와 증언을 하게 된다. 피해자가 나오지 않으면 증거가 없어 무죄가 되기도 한다. 피해자가 나와서 증언을 하는 경우에도, 그 진술을 믿을 수 없다고 재판부가 판단해버리면 그 사건은 무죄가 된다. 그렇기 때문에 검사는 증인신문 시간에 바짝 긴장한다.

　대부분의 경우 공판검사 역시 피해자를 증인석에서 처음 만난다. 서류를 통해 인계받거나 통화를 하는 경우는 있어도 재판 전에 증인과 직접 접촉하는 경우는 잘 없다. 대부분 법정에서 증인으로 만난 피해자는 검사가 상상한 것과 다르다. 그들이 나와서 어떤 말을 해줄지, 수사기관에서 했던 말과 같을지 다를지, 진술을 제대로 못해 재판을 그르치지는 않을지, 아니면 애초에 그가 거짓말쟁이인 것은 아닌지 검사는 긴장한 채 증인을 신청하고 소환한다. 증인은 자신이 경험한 바를 법정에 와서 말로 풀어내는 자다. 어떤 사건의 유일한 증인인 피해자는 자신이 당한 끔찍한 범죄 피해의 순간을 가장 적나라하게 법정에 풀어내야 한다는 숙제와 함께 그 진술이 과장이나 오해, 거짓말이 아니라는 점을 입증해야 하는 이중적인 지위를 부여받는다. 오직 말로서 말이다.

　법정에 증인으로 서는 일을 능수능란하게 해내도록 준비된 사람은 별로 없다. 누구라도 증인이 되어 법정의 증인석에 서면 떨리고, 긴장하게 되어 있다. 하물며 자신의 인생에 어느 순간 들이닥친 불행에 대하여 가장 리얼하면서도 설득력 있는 이야기로 풀어내야 한다는 절체절명의 임무를 가지고 증인석에 선 피해자라면 그 부담이 더욱 클 수밖에 없다.

증인신문은 증인을 신청한 쪽이 주신문을 하고 그 반대쪽이 반대신문을 하는 방식으로 진행된다. 피해자 증인은 보통 검사가 신청하는데, 검사가 증인에게 어떤 피해를 당했는지에 대해 묻고 나면 그다음은 피고인 측의 시간이다. 피고인의 변호인은 반대신문을 통해 피해자라는 증인이 거짓말쟁이라거나 오해쟁이라는 점을 입증하려고 한다. 그때부터 진정 증인은 시험대에 오른다. 때로는 터무니없고 때로는 인신공격적인 반대신문을 견뎌낸 자의 진술만이 믿을 만한 피해 진술로 재판부에 가닿을 수 있다.

가끔 주신문을 마치고 반대신문을 위해 마이크를 넘길 때면 마치 내가 곱게 키운 어린 사슴을 사자가 우글거리는 들판에 풀어놓는 기분이 든다. 호기롭게 "자 공격해보세요"라는 표정으로 사슴을 풀지만 사슴이 저 맹렬한 사자의 공격을 용케 잘 피하기를, 다리를 삐끗하거나 방향을 잘못 설정하는 일이 없기를, 누구보다 빠르게 달리기를, 그리하여 살아남아 돌아와주기를 애타는 마음으로 기다린다. 반대신문에 응하는 증인의 태도는 다양하다. 담담히 질문에 대해 중립적인 입장에서 진술하는 경우가 있는가 하면, 변호인의 질문에 대해서는 무조건 아니라고 대답하는 공격형도 있고 변호인의 반대신문에 대해서도 그것이 모두 진실이라는 전제하에서 정답에 가까운 답을 찾기 위해 노력하는 순응형도 있다. 물론 가장 좋은 증인의 유형은 첫 번째 유형이다. 아는 것은 아는 대로 모르는 것은 모르는 대로 담백하게 진술해주는 것이 가장 좋다. 공격형과 순응형 중에 어느 쪽이 더 나쁜가에 대해서는 상황마다 다르겠지만, 입증의 측면에서는 순응형이 조금 더 위험하다는 느낌이다.

반대신문은 기본적으로 피고인의 입장에서 구성한 사실관계에 근거해 설정된다. 증인의 진술이 믿을 만한 것이 아니라는 점을 보여주기 위하여 하는 것이기 때문에 증인의 기존 진술과 모순되는 점을 가능한 한 많이 만들기 위해 노력한다. 증인을 당황하게 하고 증인이 스스로 논리적 모순 구조에 빠져 허우적대기를 기대한다. 따라서 질문의 시작점부터가 증인이 서 있는 땅, 공소사실이 구성하고 있는 땅과는 다르다.

인간의 기억은 주관적이다. 모든 상황을 순서에 따라 하나도 빠짐없이 기억할 수는 없다. 같은 상황에서도 인간이 인식하고 기억하는 바는 각각 다르다. 게다가 모든 사실들이 항상 논리적으로 완결된 형태로 벌어지지 않는다. 모순되는 일, 이상한 일, 의미 없는 일들이 혼재하는 것이 사실의 세계다. 그런데도 반대편 땅에 근거한 자가 하는 그 모든 질문에 대해 정답을 맞춰내려고 하는 경우, 증인은 스스로 논리적 모순에 빠져 당황하게 된다. 유능한 변호인들은 그 틈을 놓치지 않고 집요하게 파고든다. 다시 재주신문으로 검사에게 순서가 돌아왔을 때 상황을 수습해보려 하지만 되돌리기 어려운 경우도 많다.

법은 입증책임이 검사에게 있다고 하지만, 현실적으로는 증인에게 그 입증책임이 넘어가는 듯한 경우들이 있다. 검사의 신청에 따라 법정에 소환된 증인은 혹독한 반대신문을 거치고 나서야 어떤 사실을 입증하는 증언으로서의 가치를 부여받는다. 어느 날 갑자기 범죄 피해를 당하였을 뿐인데, 그 사실을 증명하기 위해 다시 법정 테스트를 거쳐야 한다는 것은 때때로 가혹하다.

그럼에도 불구하고 좋은 증인은 역시 있는 사실 그대로를 말해주는 증인이다. 자신의 기억이 다소 빈약하거나 어떤 사실과 언뜻 모순된다고 보이더라도, 그냥 그대로 진술하는 것이 가장 좋다. 거기서 발생하는 문제들, 빈틈처럼 보이는 것의 의미를 이해하거나 탄핵하는 것은 검사를 비롯한 법률가들의 몫이다. 있는 그대로의 진술이 가지고 있는 힘을 믿는 것이 가장 좋다. 자기 스스로 그 간극을 메우려고 기억을 덧대고 과장하다 보면 나쁜 증언이거나 이상한 증언이 된다. 덧대면 덧댈수록 크게 벌어지는 틈을 노련한 변호인은 놓치지 않는다.

"○○○씨, 지금부터 ○○○씨를 증인이라 부릅니다. 증인은 제가 묻는 말을 잘 듣고 기억하는 그대로 진술하시면 됩니다. 모르는 것은 모른다고 하시면 됩니다."

증인신문을 시작하며 당신을 이제부터 증인이라고 부르겠다고 선언하는 순간만큼은 나는 증인의 눈을 힘주어 바라보며 말한다. 그것은 내가 증인이 된 자에게 거는 일종의 주문이다. 이제부터 나는 당신에게서 오직 진실만을 뽑아내는 자라는 선언, 당신은 오직 당신이 품고 있는 사실만을 풀어내면 된다는 응원을 담아….

전쟁 같은 반대신문을 마치고 만신창이가 된 증인에게 판사가 증인신문이 끝났음을 선언하며 이제 그만 돌아가도 좋다고 선언하는 순간, 증인들은 대부분 "정말 이게 끝인가요?" 하는 멍한 표정을 짓곤 한다. 증인의 기억과 감정의 바닥을 온통 헤집어놓았음에도 당장은 증인에게 아무런 답도 들려주지 않는다. 증인으로서의 임무를 마친 그들에게 어떤 답이 도착하는 것은 적어도 2주일 뒤, 아니면 그보다 더 먼 미래의 일일 것이다. 아예 그 답을 듣지 못하는 경우도 있을 것이다.

소지품을 챙겨 비틀거리는 발걸음으로 법정 문을 밀고 나가는 증인들의 뒷모습을 오래 바라보게 되는 사건들이 있다. 어느 날 문득 증인이라는 이름의 소환장을 받아들었던 긴장되는 순간과 언뜻 이해하기 어려운 법률가들의 질문 공세를 견뎌낸 법정에서의 시간. 그리고 낯선 임무를 마치고 새롭게 법정 문을 밀고 나간 그들의 상기된 뺨 위로 훅 끼칠 바람의 온도를 상상한다. 그 바람이 차가울지 신선할지 포근한 것일지를 증인이 되어보지 못한 나는 끝내 알 수 없다. 다만 뒤늦게 그들에게 당도할 법률가들의 답을 기다리지 않고도 그 순간 그들의 어깨가 조금은 홀가분해진 것이기를 바란다. 그리하여 진실의 무게로부터 그 발걸음이 조금은 가벼워졌기를 바란다. 그리고 여전히 법정에 남은 나는 아직 남은 입증의 책임을 다하기 위해 재판장을 향해 몸을 돌린다.

불꽃이 꺼진 자리

현주건조물방화 사건이었다.

남자는 동거하던 여성과 다투던 중 화가 나서 자신이 살고 있는 집에 불을 질렀다. 화재가 난 집 앞에서 팬티 바람으로 난동을 부리다가 경찰에 바로 검거되었고, 검거 시부터 경찰, 검찰 조사를 거치는 동안 모두 자신이 불을 질렀노라고 자백했다. 사건이 법원에 넘어오고 나서도 처음에는 그 자백을 유지했다. 간단히 재판을 종결하려고 하는 지점에서, 돌연 남자는 자신이 불을 낸 사람이 아니라고 주장하며 그의 동거녀를 증인으로 신청했다.

새로 공판부로 발령받아 내가 사건을 인계받았을 때는 남자가 돌연 돌아섰을 때였다. 앞서 재판을 직접 진행하지 않아 어쨌는지 모르지만, 인계받은 서류상 아무런 문제가 없어 보였다. 지금에 와서 동거녀를 증인으로 사건을 뒤집겠다고? 검사와 판사의 화만 돋우는 무모한 시도처럼 보였다. 국선변호인은 자신도 어쩔 수 없다는 표정으로 허공을 응시할 뿐이었다. 피고인인 남자만이 무언가 들뜬 표정으로 재판부와 나를 번갈아 쳐다보고 있었다. 아무튼 동거녀는 증인으로 채택되었다.

동거녀가 와서 과연 어떤 진술을 할까? 여자는 이미 경찰에서 남자가 자신과 다투던 끝에 불을 질렀다고 진술했다. 경찰에서의 진술을 다시 확인해보아도 아무런 문제를 발견할 수 없었다. 수사기관은 누군가의 자백이 진실한 자백인지에 대해 다각도로 면밀히 검토한다. 특히 이 사건처럼 객관적인 증거가 없는 경우, 그 방에서 어떤 일이 있었는지에 대해 말해줄 사람이 자백하는 자와 그의 연인 둘뿐인 경우라면 당연히 그의 자백이 사실이 아닐 가능성에 대해 고려한다. 말은 언제든 뒤바뀔 수 있는 것이니까, 그리고 사람과 사람 사이에는 거짓말을 하거나 말을 뒤바꿀 만한 수백 가지 사연이 존재하는 법이니까. 이 사건 역시 수사 검사의 면밀한 검토를 거쳐 '남자의 자백을 의심할 만한 정황이 없다'는 결론에 이르러 기소된 사안이었다.

남자는 교도소를 여러 번 들락거릴 정도로 전과가 많은 사람이었다. 원룸 월세 집에서 여자와 살면서 별다른 직업 없이 살았던 것 같고, 불을 지를 정도로 다투었다고 하니 그들의 사이가 그다지 평온하거나 돈독하지 않았을 것이라는 점은 짐작할 수 있다. 그런데 남자는, 뒤늦게 자신이 불을 지르지 않았고, 사실 불을 지른 사람은 동거녀이며, 그녀가 이제 법정에 나와 그녀 자신의 죄를 자백함으로써 그의 무고함을 밝혀줄 것이라고 자신했다.

그러나 남자의 말대로 여자가 법정에 나와 '사실은 불을 지른 것이 나다'라고 말한다고 해서 남자의 무죄가 곧바로 확정되고 그가 풀려나는 드라마틱한 변화는 일어나지 않을 것이었다. 그러기에는 남자는 너무 멀리 와버렸다. 너무 여러 번 확고하게 자백했고, 그 자백에는 빈틈이 없었다. 남자는 이제 와 진술을 뒤집는 이유를, 그동안 거짓 자백을 그럴듯하게 유지해온 이유를 이제 검사와 판사에게 납득시켜야 할 것이었다. 무엇보다 여자가 그가 장담한 대로 진술을 해준다면 말이다. 여자가 법정에 나와 그가 원하는 바와 같이 진술할 경우, 그 여자의 말이 진실로 인정된다면 그녀는 이제 남자를 대신하여 '현주건조물방화범'이 될 것이고, 그녀의 말이 거짓으로 판단된다면 위증죄의 죄책을 지게 될 것이다. 여자는 어느 경우나 무거운 책임을 지게 된다. 그런데도 그녀가 저기 철딱서니 없어 보이는 남자를 구하러 이 법정에 올 것인가, 나는 그것부터가 의심이 들었다.

나의 의심에도 불구하고, 증인신문 기일에 여자는 법정으로 나왔다. 푸석한 머릿결과 지친 얼굴색의 여자는 손수건을 쥐어짜듯 잡고 있었다. 판사의 지시에 따라 '거짓을 말할 경우

위증의 벌을 받기로 맹세'하는 선서를 했다. 그녀가 어리석게도 이제 저 철없는 남자를 구하기 위해 엄중한 법정에서 거짓 진술을 한다면 나는 그녀를 나의 검사실로 불러 위증죄 조사를 할 참이었다. 표정만 보아서는 그녀가 어떤 대답을 할지 예상이 되지 않았다.

"증인은 피고인과 어떤 관계인가요?"

"사귀는 사이이고 3년 정도 동거한 사람입니다."

"○○년 ○월 ○일 피고인과 증인은 다투었나요?"

"네 다투었습니다."

"그리고 그 집에 불이 났지요?"

"네 그렇습니다."

"누가 불을 내었나요?"

"제가 불을 질렀습니다."

아…. 여자는 기어이 어리석은 선택을 하였구나. 이제와 사랑에 빠진 여자의 거짓 진술로 가려질 진실이 아닐 텐데…. 이제 여자의 선택을 확인한 검사는 여자의 진술이 거짓임을 밝히는 방향으로 증인신문의 방향을 튼다. 마이크를 바싹 당기고, 진술의 모순점들을 짚어나간다. 검사와 판사가 그렇게 호락호락한 존재가 아니라는 사실을 이 맹랑하고 무모한 커플에게 알려주어야 한다.

"증인은 수사기관에서 줄곧 남자가 불을 질렀다고 진술하였지요?"

"증인은 거짓 진술을 한 것입니까?"

"증인은 자신이 불을 내고도 남자친구에게 덮어 씌워 그를 감옥에 보낸 것입니까?"

"증인은 그토록 무서운 죄를 저지르고, 지금까지 어디 있다가 이제와 나타난 것입니까?"

"증인은….."

나는 그녀가, 지금이라도, 이 계획의 무모함을 깨닫고 진술을 번복하기를 바랐다. 그래서 더욱 다그치는데, 여자는 건조한 목소리로 자신이 불을 내었다는 말만 반복한다. 그러는 동안 오른쪽에 앉은 남자 쪽은 한 번도 쳐다보지 않는다. 어쩔 수 없이 나는 공판 카드에 '위증'이라고 적고 빨간색으로 동그라미를 친다. 돌아가는 상황을 아는지 모르는지 남자는 연신 싱글벙글이다.

일이 어렵게 되었다. 검사의 폭풍 심문에도 불구하고 단단히 마음먹고 나온 여자의 입장은 흔들림 없었다. 하긴, 이 자리에 나오기까지 얼마나 많은 밤과 낮을 고심했겠는가. 남자와 여자 둘만 있는 방안에서 누가 불을 질렀는지는 오직 그들만이 알고 있는데, 그들은 입을 맞추어 과거에 거짓말을 했거나 지금에 와서 거짓말을 하고 있다. 어느 쪽이 거짓인지를 이제 검사가 밝혀야 한다. 나는 재판부에 이제 여자에 대한 수사를 진행할 것이며 다음 기일까지 입장을 정리하겠다고 말했다. 여자는 끝끝내 남자를 한 번도 쳐다보지 않고 법정을 떠났다.

위증, 법정에서 증인으로 출석하여 진실만을 말하겠다고 선서를 하고 거짓 진술을 하는 것이다. 사람들은 갖가지 이유로 위증을 한다. 돈을 받기로 약속하고 거짓 진술을 하기도 하고, 자신의 또 다른 죄를 숨기기 위해 위증하기도 한다. 정이나 의리 때문에, 혹은 사랑 때문에 거짓 진술을 하는 경우도 많다. 이유가 무엇이건 간에 공통적인 것은 법정에 나와 거짓 진술을 하는 위증죄가 매우 무겁게 취급된다는 사실과, 우리의 사법 시스템이 누구 한 사람의 거짓 진술만으로 좌지우지될 만큼 호락호락하지 않다는 사실을 간과하고 있다는 점이다.

며칠 뒤 여자를 검사실로 불렀다. 이제 그녀의 죄가 위증죄인지 방화죄인지를 결정해야 하는 시간이었다. 여자는 어느 경우든 둘 중 하나의 죄에 대한 벌을 받아야 한다. 여자는 이 상황을 알고도 진술을 한 것일까, 여자는 남자를 대신해 교도소에 가거나 남자를 구하려다 실패하고 교도소에 갈 것을 기꺼이 각오하고 있을까, 여자와 남자 사이에는 그만큼의 단단한 사랑이 있을까?

여자는 여전히 푸석한 머릿결을 하고 있었지만 법정에서
보다는 훨씬 안정된 눈빛을 하고 있었다. 내가 그렇다고 말하
니 "요즘은 잠을 좀 잔다"라고 대답하며 여자는 설핏 웃었다.
나는 그녀가 처한 상황에 대해 설명했다.

"당신은 위증죄이거나 방화죄의 책임 중 하나를 지게 될 거
예요. 둘 다 무거운 죄입니다. 남자 역시 당신의 죄에 따라 위증
교사죄를 지게 되거나 범인도피죄(자신이 범인인 척하면서 실제 범
인을 숨겨주는 경우 이에 해당한다)를 지게 될 겁니다. 둘 다 감옥에
갈 수 있는 상황이라는 말이에요. 이해하시겠어요?"

여자는 고개를 끄덕였다. 그리고 이제 진실을 말해 달라고
하는 나에게, 여자는 처음으로 고개를 들어 눈을 맞추며 "불은
제가 지른 것이 맞습니다"라고 입을 떼었다. 이어진 여자의 말
을 재구성하면 다음과 같다.

여자는 일찍 가족을 잃었다. 아니 처음부터, 그녀에게 가족
이라고 불리는 울타리는 없었다고 해야 맞겠다. 아무것에도 기
대지 않은 삶이었다. 가난했고, 불안했다. 그러던 중 한 남자를
만났다. 남자도 여자처럼 헤매는 자의 눈빛을 하고 있었다. 여
자는 그런 남자를 외면할 수 없었다. 둘은 다세대주택 원룸에
서 가족과 비슷한 것을 꾸렸다. 함께 TV 예능 프로그램을 보며
킥킥거리는 날들이 그들의 울타리라고 믿었다. 남자는 거칠었

다. 매번 세상과 부딪쳤고, 교도소에 자주 들락거렸다. 그래도 원래는 착한 사람이라고 여자는 남자에 대해 말했다.

그러나 연인은 가난했고, 가난한 연인에게 세상은 호의롭지 않았다. 불운은 부메랑처럼 자꾸만 돌아왔고 본시 정처가 없었던 그들은 돌아오는 불운을 어떻게 이겨내야 하는지 몰랐다. 메마른 두 개의 삶이 맞닿아 버스럭거렸다. 이웃집 창 안에 비친 난로 불빛처럼 안온한 삶은 좀처럼 오지 않았다. 여자와 남자는 자주 다퉜다. 술에 취한 남자는 자주 여자를 탓했다. 자신의 모든 불행이 여자 탓인 것처럼, 여자가 멍청해서, 여자가 곰살맞지 않아서, 여자가 재수가 없어서…. 실은 떠나갈까 봐 두려워서…. 그 모든 것을 알면서도 여자는 지쳐갔다. 처음부터 각자의 불운조차 감당하기 힘든 존재들이었다. 두 개의 성마른 존재들이 대책 없이 부딪치며 내는 파열음을 이제 견디고 싶지 않았다. 여자를 위한 울타리 같은 것은 세상에 없었다.

그날도 그런 날이었다. 별일 없는 무미건조한 늦은 저녁상에서 술을 마시던 남자는 무언가 또 여자를 탓하기 시작했다. 몇 마디 대거리를 하던 저녁은 한판의 싸움질로 이어졌다. 한참, 난동을 부리던 남자가 제 성에 못 이겨 웃통을 벗고 베란다에 나가 담배를 피우는 동안, 여자는 추울 것 같은 남자의 등판을 보며 생각했다. '이곳에 더 이상 미래는 없다.'

여자는 조용히 라이터를 켜 매트리스에 불을 붙였다. 그리고 불길이 일어나는 동안 현관에 서서 잠자코 있었다. 마지막으로 그 집을 빠져나오기 전에 베란다에서 뒤돌아선 남자와 눈이 마주쳤던 것도 같다. 무슨 일이 일어난 것인지 도무지 알 수 없다는 표정의 멍한 눈빛이었다.

여자가 빠져나간 집에서 뒤늦게 밖으로 뛰쳐나온 남자는 이웃의 신고로 출동한 경찰과 마주한다. 술에 취했고, 불이 났고, 경찰이 왔다. 모든 요소가 남자를 흥분시키기에 충분했다. 팬티 바람으로 길에 나와 몹시 흥분해 있는 남자에게 경찰은 당신이 불을 낸 것이냐고 물었다.

"그래 내가 불 질렀다. 개새끼들아, 어쩔래~!"

경찰을 보면 일단 흥분을 하고 소리를 지르는 것, 비굴하게 변명 같은 것 하지 않는 것이 남자의 습관이었다. 그것이 남자가 아는, 세상에 지지 않는 유일한 방법이었다. 남자는 경찰에 의해 체포되었다.

남자가 난동을 부리다가 경찰에 체포되어가는 장면을 여자는 구경 나온 사람들 사이에 서서 조용히 지켜보았다고 말했다. 불은 집을 반쯤 태우고 꺼졌다. 다행히 인명 피해는 없었다.

'남자와 다퉜고, 화가 나서 먼저 집을 빠져나왔다. 그 이후 상황에 대해 모른다'고 여자는 참고인 조사를 받으며 진술했다. 서류의 한 바닥을 가득 채우는 남자의 전과 기록, 여자의 지친 얼굴, 흥분한 남자의 상태, 이 모든 것이 여자의 진술에 거짓이 없음을 말해주었다. 경찰은 여자를 의심하거나 추궁하지 않았다.

먼저 조사를 마친 여자가 자기 쪽을 한 번 쳐다보지도 않은 채 횡하니 나가버리는 모습을 남자는 수갑을 찬 채 보았다고 한다. 그리고 더 이상 여자가 돌아오지 않을 것임을 알았다고 한다.

"제가 불을 질렀습니다. 술에 취해 있어서 기억이 잘 안 나는데…. 제가 불 지른 것이 맞습니다."

술이 조금씩 깨고, 흥분이 가라앉자, 불붙은 매트리스 너머에 여자가 표정 없는 얼굴로 자신을 쳐다보고 있던 장면이 떠올랐지만, 남자는 진술을 바꾸지 않았다. 여자는 면회를 오지 않았다.

그렇게 끝날 것 같았던 일은 어쩌다가 반전을 맞게 된 걸까. 그 경위에 대해 알아보기 위하여 나는 이 남녀를 검사실로 부르기 전에 남자의 접견 기록을 사본해왔다. 여자와 남자의 발칙한 공모의 정황을 찾기 위해서였다.

실망스럽게도 여자는 좀처럼 면회를 오지 않았다. 접견부에는 남자의 아버지, 누나(그에게는 사실 가족들이 있었다), 남자의 아는 동생의 이름만 적혀 있었다. "이제 하다하다 불까지 지르냐"는 아버지의 타박에 남자는 "에이 어쩌다 보니 그렇게 되었어요"라고 심드렁하게 반응했다. "밥이라도 잘 챙겨 먹고, 이번에는 제발 정신 차려"라는 누나에게 "영치금이나 좀 넣고 가"라고 할 뿐이었다. 그러다가 남자는 아는 동생에게 처음으로 의미 있는 말을 한다.

"네 형수 좀 찾아봐라, 제발 면회 한 번만 오라 그래라."

남자의 마음에 어떤 변화가 시작된 지점이다. 시기적으로 검찰 조사를 마치고 사건이 법원으로 넘어간 즈음이다. 뒤에 이어진 남자에 대한 조사에서 남자는 그 마음의 변화에 대해 말해주었다.

한바탕 난동을 부리고 정신을 차려보니 경찰서에 수갑을 차고 앉아 있었다. 술이 좀 깨고, 흥분이 가라앉자, 무슨 일이 있었던 것인지 하나씩 생각이 났다. 그렇지만 진술을 바꾸지 않은 이유에 대해 남자는 이렇게 말했다.

"따지고 보면…. 저 때문에 일어난 일이잖아요, 여자가 감방 가면 더 힘들 것 아닙니까, 저는 이미 가본 곳이기도 하고…. 그거 하나는 제가 해주고 싶었습니다."

"그런 마음이 왜 바뀌었나요?"

유치장에 있을 때는 별 생각이 없었는데, 사건이 검찰로 넘어가고 구치소로 옮기고 보니 전에 그곳에 있었던 때 생각이 되살아났다. 그 막막함, 답답함 너머로 동시에, 이번에는 정말 잘 살아볼 수 있을 것 같은 근거 없는 희망 같은 것이 생기기도 했다는 것이다. 이번에 이렇게 인생 공부도 하고, 여자를 위해 대신 징역을 살 생각까지 한 것을 보면 자신도 이번 일로 철이 좀 든 것 같다는 생각이 들었다. 여기서 나가기만 한다면…. 착실히 직장을 잡고…. 다시 한번 나도 남들처럼….

그런 생각의 끝에 남자는 한시라도 빨리 그곳에서 나가기로 마음먹는다. 전과가 많은 자신에게는 판사가 여지없이 중형을 내리겠지만, 전과도 없는 여자의 경우 다르지 않겠는가. 게다가 남자의 폭력 때문에 불을 지른 것이라고 하면 정상참작이 되지 않겠는가. 여자도 자신의 이런 마음을 지금쯤 알고 있지 않을까, 이번에는 나를 믿어주지 않을까. 무엇보다…. 이대로라면…. 여자가 영영 떠나버릴 것 같았다. 돌아오지 않을 것 같았다. 남자는 여자에게 법정에 나와 사실대로 말해줄 것을 요청한다. 이것이 우리가 함께할 미래에 대한 최선이라고, 함께해달라고 설득한다. 남자의 달뜬 마음과는 달리 여자는 한참 동안 대답이 없었다.

남자의 진술을 들어보면 남자가 사실을 밝히기로 마음먹은 것은 법원에 사건이 넘어오면서가 맞다. 그런데 남자는 재판의

1회 기일에서 여전히 수사기관에서의 자백을 유지했었다. 왜 그런 것인지 남자에게 물었다.

"그때까지는…. 그녀가 답을 주지 않고 있었으니까요. 제가 사실을 밝히려고 하는 것은 저 혼자 살려고 하는 것이 아니었습니다. 그녀가 동의해주지 않는 한 제가 일방적으로 밝힐 수는 없는 일이었습니다. 제 말을 누가 믿어주지도 않을 거고요. 그런데 재판을 마치기 전에 마침내 그녀가 답을 준 것입니다. 그녀가 그러겠다고 하지 않았다면, 그냥 원래대로 제가 떠안고 갔을 겁니다."

나는 남자에게 방화죄에 있어서 무죄가 되더라도 범인도피죄가 성립이 된다는 사실을 설명했지만 남자는 그런 것은 상관없다는 태도였다. 경위야 어떻든 수사기관에 거짓말하는 것은 나쁜 것이라는 말을 귓등으로 들으며 이제 한결 철이 든 자신이 여자와 함께 꾸려갈 남들 같은 인생을 멀리 꿈꾸고 있는 듯이 보였다.

여자에 대한 조사를 마무리하며 여자에게 물었다.

"모든 절차가 끝난 후 남자와 함께 살 생각인가요?"

여자는 오래 창밖을 바라보던 시선을 돌려 내 눈을 마주보며 말했다.

"아뇨 저는 그를 떠날 겁니다. 떠나려고 진술하러 나온 것입니다."

자신이 불을 지른 집안에서 남자가 팬티 바람으로 뛰쳐나오는 장면, "그래 내가 불 질렀다~" 소리 지르는 장면, 남자의 손목에 거칠게 수갑이 채워지는 장면을 여자는 군중 속에서 조용히 지켜보고 있었다고 한다. 무슨 이유인지 남자는 자기가 불을 질렀다고 하고 있고, 아무도 의심하지 않는 상황이었다. 여자는 군중 속에서 빠져나와 경찰관에게 자신이 동거녀임을 밝히고 경찰서로 동행했다.

'남자와 싸우고 집을 나왔고, 그 이후 상황은 모른다, 남자가 화가 나 불을 지른 것 같다'고 진술하면서 여자는 남자를 떠나기로 마음먹었다. 이번만큼은 완벽하게 그를 떠날 수 있겠다고 생각했다.

"그렇게 떠나려고 했어요, 멀리 도망가서 그 남자가 찾을 수 없는 곳에서 살아가려고 했어요. 그런데, 그렇게…. 그가 제 죄를 뒤집어쓰고 저를 대신해 벌을 받으면…. 그러면 저는 결코 그를 떠날 수 없을 것 같아요. 어딘가에 숨어 산다고 해도, 그가 다시 나를 찾지 않는다고 해도 평생 마음이 그를 떠날 수 없을 것 같았어요. 미안한 마음과는 달라요, 뭐라고 설명할 수 없는데 저는 제 죗값을 다 치르고 나서 떠나야 해요. 저는 떠나기 위해 돌아온 겁니다. 떠날 겁니다."

당신의 그 결심을 남자도 아느냐고 물었다. "아뇨"라고 여자는 짧게 말했고, 나는 더 이상 묻지 않았다.

조사를 종결하고 나는 여자를 현주건조물방화죄로 남자를 범인도피죄로 기소하는 서류를 작성했다. 남자 스스로 여자를 숨겨주기로 마음먹은 것이므로 여자의 범인도피교사죄는 성립되지 않는다고 적었다. 더 이상 의심은 없었다.

그날, 여자가 말한 것이 '사랑'이었다면, 나는 끝내 여자의 말을 의심했을 것이다. 그것은 내가 사랑의 존재를 믿는가 아닌가의 문제와는 다르다. 사랑같이 물컹한 것은 그 속을 알 수 없고, 쉽게 변질되고, 사랑 아닌 것들과 잘 구분되지 않는다. 그러나, 그날 여자가 나에게 말한 것은 사랑이 아니라 '사랑이 떠난 자리에 남은 것'이었다. 꺼짐으로, 비어버림으로, 떠남으로만 그곳에 존재하는 것이 있다. 그것의 이름을 뭐라고 붙여야 할지 모르겠지만, 사랑보다는 '사랑이 떠나고 텅 비어버린 자리에 남은 것'이 훨씬 더 미덥다.

불꽃이 꺼진 자리에 하얗게 남은 그것으로부터, 안쓰럽고도 굳건히 내 눈을 응시하던 여자의 마음을 나는 의심 없이 이해할 수 있을 것 같았다.

법원은 여자에게 현주건조물방화죄를 남자에게 범인도피죄를 인정하면서 둘 모두에게 실형을 선고했다. 남자에게까지 실형이 선고되는 것이 조금 의외이기는 했으나 남자는 별로 불만이 없는 것 같았다. 그곳이 교도소라 할지라도, 여자와 함께하는 삶에 안도하는 것 같았다. 남자는 재판부와 나를 향해 "감사합니다" 큰 소리를 외치고 의기양양하게 교도관을 따라 들어갔다. 잠시 후, 여자도 교도관을 따라 남자가 들어간 그 문으로 들어갔다. 여자의 표정에서는 아무것도 읽을 수가 없었다.

불꽃이 꺼진 자리에서 각자 서로 다른 것을 찾아 들고 나란히 법정에 선 남자와 여자가 있었다. 누군가 불꽃 같은 사랑을 이야기할 때면 나는 그들을 떠올리곤 한다.

낭만에 대하여

점심 식사를 하고 돌아와 보니 사무실 책상 위에 탄원서 한 부가 놓여 있다. 탄원서는 진정서, 고소장, 의견서와 함께 하루에도 몇 번씩 받는 것이니 그리 새로울 것은 없는 일이었다. 그런데도 그 탄원서가 눈길을 끈 이유는 표지에 쓰인 정갈한 손글씨 때문이었다.

"다섯 살 손녀를 맡길 곳이 없어 손녀의 손을 잡고 검찰청을 방문하였는데, 하필 점심시간과 겹쳐 검사님을 뵙지 못하고 민원실에 두고 갑니다. 부디 읽어주시기를 바랍니다."

나이 지긋한 남자 어른의 글씨였다. 별다를 것 없는 내용이었는데, 그날은 유난히 따사로운 봄 햇살 때문인지 탄원서의 표지에 적힌 몇 마디 문장에서 나는 손녀의 손을 잡고 어렵게 검찰청을 방문해 여기저기 알아보다가 지난밤 꼬박 정성 들여 쓴 탄원서를 민원실에 접수하고, 쓸쓸히 돌아서는 노인의 뒷모습을 상상하고 말았다. 점심을 먹고 들어오는 길에 할아버지의 손을 잡고 영문도 모른 채 깡충거리는 어린 꼬마의 빨간 머리방울을 얼핏 본 것도 같았다. 선 채로 탄원서 표지를 훑어보다가 곧바로 자리에 앉아 살펴보기 시작한 것은 그 때문이었다.

"저는 2020형제○○호 야간주거침입절도죄의 피의자 ○
○○입니다."

이렇게 시작하는 탄원서는 정갈한 손글씨로 빼곡히 적혀
있었다. 보통 손글씨로 쓴 글은 해독하기가 어려운데, 이 경우
는 술술 읽힐 만큼 필체가 좋았다.

피의자는 이제 막 일흔을 넘긴 남성이었다. 서울 ○○동 재
개발구역의 주택에 들어가 보일러와 수도꼭지 등을 훔쳐 나왔
다. 재개발로 인해 주민들이 다 떠나고 아직 철거가 이루어지
기 전 주택단지에는 사람들이 떠난 집에서 고철 같은 팔 만한
물건을 떼어내어 고물상에 파는 사람들이 많이 있다. 사람들이
떠난 집에는 현관문, 보일러, 수도꼭지, 문고리부터 솥단지, 프
라이팬, 숟가락까지 고물을 수집하는 사람들에게 돈으로 바꿀
수 있는 물건들이 많이 있었다.

문제는 빈집이라 하더라도 그 구역은 재개발 조합이나 재
건축 시행사 등에 의해 관리되고 있는 건조물이라는 것이다.
원래 살던 사람들이 떠났다고 해서 그 집에 남아 있는 물건들
이 다 버려졌다고 볼 수 없는 것이다. 재건축 조합이나 공사 업
자들은 철거 과정에서 나오는 고철을 따로 일괄 처분하기 때문
에 관리자를 두어 그 지역 전체를 관리하고, 그 지역에서 함부

로 물건을 빼내가면 안 된다는 표지를 빈집 대문마다 붙여두었다. 그럼에도 불구하고 빈집에서 떼어낸 쇠붙이 등은 고물을 수집하는 사람들에게는 그냥 지나치기 힘든 매력적인 수입원이었다. 그런 이유로 그 지역은 절도죄의 범죄 장소로 자주 등장하는 곳이었다.

남자의 탄원서는 그의 젊은 시절 이야기로부터 시작했다. 젊은 시절 그는 그 시절 많은 남자가 그렇듯 바람처럼 떠돌았다고 했다. 손에 쥔 재산은 없었지만 자신만만했고 세상은 한번 붙어 싸워볼 만한 상대처럼 느껴졌다고 한다. 한때는 손을 댄 사업이 크게 일어나 금방 부자가 될 것 같은 때도 있었고, 눈앞에 떡하니 있었던 성공과 명예가 신기루처럼 한순간 사라지는 것도 보았다고 했다. 어깨에 힘이 들어가고 발걸음이 활기찼던 날들을 그는 오랜 추억처럼 묘사했다.

그러나 우리 모두가 짐작하듯 인생은 그렇게 호락호락하지 않았고, 멀리 바람을 따라 떠돌다 돌아와 선 자리에서 이제 그는 힘이 빠지고 가진 것 없는 보잘것없는 노인이 된 자신을 발견한다. 인생의 질곡을 따라 아비가 떠도는 동안에도 다행히 아이들은 나무처럼 자라 세상에 나갔고, 이제 남자는 일하러 나가는 딸아이의 집에서 어린 손녀를 돌보아주는 일로 소일을 하고 지낸다고 했다. 이제라도 가족을 위해 할 수 있는 일이 있으니 다행이라고 생각하는 나날이지만, 그래도 한 번씩, 스러져간 젊은 날에 대하여 그의 활기찼던 발걸음에 대하여 떠올렸고, 그럴수록 손에 쥔 것 없이 쓸쓸히 당도한 대책 없는 늙음 탓에 딸아이 앞에 민망해진, 등이 좀 굽은 어떤 남자를 나는 이제 떠올릴 수 있을 것 같았다.

"그래서 그날은 ○○동에 갔습니다. 그곳은 제가 젊은 시절 첫사랑을 만난 곳입니다. 지금은 그곳도 많이 달라졌지만 옛 생각을 하며 골목을 쏘다녔습니다. 노을이 아주 붉게 타는 그런 날이었습니다."

아, 나는 이제 ○○동 재건축 구역의 쓸쓸한 골목 위로 내려앉는 붉은 노을을 상상한다. 기록에 붙어 있던 범죄 현장의 사진은 이제 젊은 시절 바람 같았던 한 남자가 첫사랑을 만난 장소가 된다. 탄원서 속의 남자는 아직 자신이 저지른 그날의 잘못에 대해 고백하지 않았는데, 나는 어쩐지 이 남자에게 관용 같은 것을 베풀고 싶은 마음이 된다.

그래서 남자는 이제 사람들이 다 떠나버린, 텅 빈 늙은 거리를 오래도록 쏘다녔다고 한다. 어둠이 내리자 골목은 더 쓸쓸해졌고, 이미 고물 수집자들에 의해 문짝 같은 것들이 떨어져 나가버린 빈집들 안에 동작을 멈추고 식어 있는 보일러를 발견했다고 한다.

"그것을 보는 순간, 홀린 듯 보일러를 뜯어 저의 낡은 차에 실었습니다. 딸아이에게 용돈이나 받는 궁색한 처지에 조금이라도 도움이 될 수 있으리라는 생각에 그만 눈이 멀어버렸나 봅니다. 제가 늘그막에 정말 미쳤나 봅니다."

그렇게 남자가 뜯어낸 보일러는 총 여섯 대, 첫사랑을 추억하던 남자가 돌연 이성을 잃어 한 행동치고는 절취물이 좀 많다는 느낌이 들었지만, 나는 아직 그가 그 거리에 설정해둔 유난히 붉은 노을에서 벗어나지 못하고 있었으므로 그럴 수도 있다고 생각했다. 그런데 문제는 남자가 사람이 살고 있는 집에서도 보일러를 뜯어버린 것에서 발생했다. 그 지역에는 이웃들이 다 떠나고도 아직 이사를 가지 않은 세대들이 몇몇 있었는데, 사람이 살고 있는 집의 지하 보일러실에서 남자가 보일러를 떼어가버린 것이다. 늦은 저녁을 준비하던 거주자는 갑자기 온수가 나오지 않아 보일러실에 내려가 보고서야 보일러가 없어진 사실을 알았다. 멀쩡히 살던 집에서 보일러를 도난당한 피해자가 느꼈을 황당함이란….

탄원서의 남자도 그 점이 마음에 걸렸다고 했다. 무언가에 홀린 듯 보일러들을 떼어 그 지역을 벗어나고 생각해보니, 아까 마지막으로 보일러를 떼어낸 집은 아무래도 사람이 살고 있는 집인 것 같더라는 것이다. 문짝이 이미 뜯겨나가 흉물스러운 다른 집들과 달리 그 집 보일러실은 문이 잠겨 있었고 그것을 남자가 가지고 있던 니퍼로 뜯고 들어갔으니 말이다. 보일러가 완전히 식어 있지는 않았으니 말이다. 남자는 초겨울이 시작되는 11월의 밤 갑자기 보일러가 없어진 사실을 목격해야 했을 피해자의 황당함을 생각하니 도저히 잠을 이룰 수가 없었다고 했다. 밤은 유독 추웠다. '어쩌다 이런 일을 저질러버린 걸까.' 남자는 그 밤 자신의 심정을 아주 상세히 묘사했다. 갈등 끝에 남자는 다시 보일러를 돌려놓기로 마음먹었다. 아침이 오기 전에 보일러를 다시 달아놓으면 아무 문제 없을 거라고…. 남자는 다음 날 새벽 보일러를 자신의 낡은 차에 싣고 다시 ○○동을 찾았다가 검거되었다. 운명은 끝까지 남자에게 호의적이지 않았다.

"매일 밤 제가 저지른 어리석은 실수를 떠올리며 잠을 이루지 못하고 있습니다. 못난 애비지만 이제라도 딸자식 곁에 성실히 남아 조금의 보탬이라도 되고 싶었는데, 이제 딸아이의 얼굴을 어떻게 보아야 할지, 어린 손녀의 손을 어떻게 잡아야 할지…. 부디 궁색한 늙은이가 한때 저지른 단 한 번의 어리석은 실수를 용서해주시기를 간청합니다."

사람은 누구나 자신도 이해하기 힘든 어리석은 실수를 저지르곤 한다. 사이드미러로 옆 차선에 주행 중인 차를 뻔히 보고서도 핸들을 틀어 들어가다 사고를 내기도 하고, 내열유리가 아니라고 쓰여 있는 유리병에 금방 끓인 물을 부주의하게 부었다가 화상을 입기도 한다. 뻔히 깨질 것을 예상하면서도 유리잔을 떨어트리기도 하고, 어떤 물건을 고르고는 값을 치르는 것을 잊고 그냥 나오기도 한다. 살다 보면 저지르는 한 번의 실수, 나조차도 납득할 수 없는 어이없는 실수들로 이불킥을 해야 하는 날들이 누구나에게 분명히 있다.

보일러는 모두 피해자들에게 돌려졌다지 않는가. 남자가 피해자를 생각해 스스로 다시 그 동네를 찾아가지 않았더라면 잡히지도 않았을 것 아닌가, 노을이 유난히 붉은 날에 첫사랑을 떠올리다가 그리 되었다지 않는가, 어린 손녀의 손을 잡고 어린이집 버스를 기다려야 한다지 않는가.

탄원서를 다 읽은 뒤, 나는 남자를 위한 최대한의 선처를 마음먹었다. 죄명이 야간주거침입절도라서 벌금형도 없고, 기소가 되면 징역형밖에 선택지가 없는 사안이었다. 노년의 한순간 스스로도 어이없는 실수 앞에 그의 전 생애를 반추하며 깊은 회한에 빠진 남자에게 적어도 형사재판을 받는 일은 면하게 해주고 싶었다. 나는 그를 기소유예 할 것을 염두에 두고 기록을 찾아 살펴보았다.

그러나 딱 거기까지, 기록의 마지막 장에는 모두 범죄 경력 조회라는 것이 붙는다. 우리가 흔히 알고 있는 전과 기록이다. 어떤 일로 수사를 받거나 처분을 받으면 호적에 빨간 줄이 가는 것이 아니라 범죄 경력 조회에 기재된다.

범죄 경력 조회만 보아도 그 사람이 어떤 사람인지, 어떤 생을 살아왔는지 알 수 있는 경우가 있다. 소년부 송치 전력이 줄줄이 있는 기록에서는 방황했던 소년 시절을 유추할 수 있고, 청소년보호법위반, 식품위생법위반이 반복되는 경우 청소년들이 자주 드나드는 싼 안주와 술을 파는 식당을 운영하였을 것이라는 것을 짐작할 수 있다. 노래방을 했던 사람들은 음악산업진흥법위반의 전과가 많고, 사업하던 사람들은 부정수표단속법위반이나 근로기준법위반의 범죄 경력으로 그의 힘겨웠던 사업 상황을 말해주곤 한다.

나에게 놀라운 흡입력을 가진 탄원서를 제출한 남자의 범죄 경력 조회에 마음에 걸리는 범죄 경력 하나가 눈에 띄었다. 이 사건 발생일로부터 그리 멀리 않은 과거에 절도죄로 벌금형을 받은 전과가 하나 있었다. '아…. 이러면 곤란해지는데…'라고 생각하면서도 탄원서의 감동이 채 식지 않은 나는 일말의 희망을 놓지 않은 채 그에게 벌금형을 내린 사건의 판결문을 클릭했다. 그리고 다음 순간 허탈한 마음으로 탄원서의 감동에서 완전히 헤어나왔다.

남자는 보일러를 떼어내기 불과 몇 달 전에 자동차 정비 업소에 정비를 위해 맡겨둔 자동차의 보닛을 열고 배터리를 떼어내 간 사실로 처벌받았다. 찌그러진 문짝이나 엔진오일을 갈기 위해 정비소에 맡겨둔 차들에서 어느 순간 배터리가 줄줄이 없어진 것을 알게 된 정비 업소와 차주의 황당함이란, 갑자기 보일러를 도둑맞은 거주자의 그것과 다름없었을 것이다.

그날은 어떤 낭만적인 추억 속에 있다가 배터리를 떼어내게 된 것인지, 그 사연에 대해서는 알 수 없지만, 나로서는 이제, 주인이 멀쩡히 있을 것이 명백해 보이는 물건을 함부로 가지고 가버리는 성향이 있다고 판단되는 이 남자에게 더 이상 선처를 할 길이 없어졌다.

남자를 기소하기 위한 서류들을 작성하면서 내내 씁쓸했다. 붉은 노을과 첫사랑의 추억을 곱씹는 한 남자, 바람처럼 떠돌았으나 면목 없는 노년을 어린 손녀의 손을 붙잡고 기꺼이 감내하고 있는 그 남자를 나는 기소해 재판에 넘겼다.

다음 날 점심을 먹으면서, 함께 있던 동료 검사들에게 전날 오후 한편의 낭만적인 탄원서에 한 때 홀렸던 이야기를 해주었다. 붉은 노을이 타는 저녁, 첫사랑을 만났던 그 골목을 찾기 위해 ○○동에 갔다는 도입부만 듣고도 부장은 "에이~~ 뻥이구만"이라고 말했다. 쿡쿡 웃는 동료, 후배들도 모두 동의하는 분위기였다. 선수가 하루이틀 하는 일도 아니고 그런 말에 홀리다니…. 그게 말이 되느냐고 말했다. 그러게나 말이다.

생각해보면 처음부터 말이 안 되는 것이었다. 사람들이 거의 다 떠나고 흉물스럽게 남은 재건축 예정지는 그곳에서 관리되고 있는 고철을 절취하려는 등의 목적이 있는 사람이 아니고는 일부러 찾아갈 일이 없는 곳이다. 보일러는 그냥 충동적으로 주워갈 수 있는 물건이 아니고 그것을 해체하기 위해 기술과 연장이 필요하다. 충동적으로 보일러 여섯 대를 뜯기는 어렵다. 그것도 잠겨 있는 보일러실 문을 뜯고, 아직 온기가 남아 있는 보일러를 뜯었다는 것은, 그 보일러를 뜯은 인간이 어떤 낭만적인 인생을 살아왔는지와는 하등 상관없이 절취 범의를 명백히 보여주고 있다.

붉은 노을과 첫사랑과 바람 같은 젊은 시절과 노년의 회한은 그의 범죄의 성립과 그 범죄 자체의 죄질을 평가하는 데 아무런 상관이 없다. 선수가, 일을 하루이틀 하는 것도 아니고, 탄원서 한두 장 보는 것도 아닌데, 그것을 몰라서가 아니고…. 그날은 어쩐지 그의 말을 믿고 싶었던 것 같다. 그의 묘사 기법이 무척 탁월해서인지, 굳이 할아버지 손을 잡고 어린이집 버스를 기다릴 어린 손녀를 상상해버려서인지 모르겠다. 범행의 태양, 정황, 범행에 이르게 된 동기, 피해의 정도, 범행 이후의 태도 등을 종합하여 한 인간이 저지른 범죄가 구성된다. 검사는 그 범죄를 구성하고 있는 요건들과 그 요건들을 표상하는 요소들을 모아 최단 거리로 범죄의 원형에 이르는 길을 아는 자들이다. 그것으로 자격증을 받고 직업을 수행하는 사람이다.

　그러나 가끔, 그러한 일의 한구석에서 낭만을 꿈꾸는 날이 있다. 그것이 사람의 일인 이상, 우리가 길이를 재고 무게를 달고 부피를 가늠하는 그 범죄에도 어떤 질감 같은 것이 있어서, 아니면 어떤 향이라거나 미묘한 진동 같은 것이 있어서 죄의 정량과는 상관없는 부정량의 무엇을 구성하고 있는 것이 아닐까. 그것들은 주로는 검사라는 직업인들의 업무 수행 과정에서 잘 감지되지 않지만, 어느 햇살 좋은 오후, 유난히 필체가 좋은 어느 탄원서에 의해, 멀리서 울리는 종소리처럼 미묘하지만 명확하게 드러나기도 하는 것이 아닐까. 나는 지금도 그 탄원서에 적힌 말들이 모조리 거짓은 아닐 것이라고 믿는다.

　어차피 공소장에 반영되지 않는 사실들이므로 그것이 사실이 아니라 해도 문제될 것 없다. 첫사랑은 아니더라도 황량한 재건축 예정지에 내려앉은 붉은 노을은 그대로 남겨둔다. 사람이 살고 있는 집의 보일러를 떼버린 자가 불안히 서성였을 밤과, 손녀를 어린이집에 보내고 나서 재판을 받으러 나와야 할 노인이 마른 얼굴을 부비며 홀로 곱씹을 인생의 회한만은 그곳에 있다고 믿기로 한다.

그 부정량의 것을 낭만이라고 한다면, 그런 낭만이라도 있어야, 한 사람의 생에서 범죄만을 추출하여 계량하는 직업을 가진 자들도 좀 사람처럼 살 수 있지 않겠는가. 낭만이 밥 먹여주지 않지만, 낭만이 숨은 쉬게 해주니까.

그나저나, 나의 마음속 깊은 곳에 잠들어 있던 낭만 세포를 오랜만에 깨운 그 남자의 재판 결과는 어떻게 되었을까? 남의 물건을 함부로 가져가는 기술 말고, 그 뛰어난 묘사력으로 글을 써보는 것도 좋을 텐데 말이다.

어떤 질문

질문이란 어떤 것에 대해 묻는 것이지만, 다만 그 어떤 것에 대한 의문만을 담고 있는 것은 아닌 경우들이 있다. 의문문의 형식을 취했으되, 항의이거나 청유이거나, 촉구이거나, 응원일 수도 있다. 답이 정해진 질문이 있는가 하면 굳이 답을 구하지 않는 질문들도 있다. 그런데 가끔은…. 이것이 진정한 의문인가, 답정녀의 포석인가 헷갈리는 경우가 있다.

《법률신문》에 〈사과의 계절〉이라는 제목의 칼럼을 실었다. 주말에 부모님의 사과 과수원에 가서 사과 수확을 돕다가 진정한 사과의 의미에 대해 생각해본다는 평범한 내용이었다. 진정한 사과는 끝까지 문제를 직시하는 의지와 비난을 피하지 않겠다는 마음으로 이루어진다는 내용으로, 첨예한 논쟁거리를 담지 않고 두루뭉술했다. 그런데 그 아래 실린 단 하나의 댓글이 나를 멈칫하게 했다.

"사과를 수확할 시간이.. 있으세요??"

의문이다. 질문이다. 그런데 저 의문문은 순수한 의문문이 아닌 것 같다. 칼럼에는 주말에 부모님의 사과밭에 갔다고 명시되어 있으니 '주말이므로 시간이 있다'는 답을 원하는 질문은 아닐 것이다. 저것은 도대체 무슨 뜻일까….

'시간이..' 뒤에 잠시 뜸을 들이는 말줄임표 두 개와 굳이 나란히 선 물음표 두 개는 이것이 단순한 질문이 아니라는 의심을 짙게 한다. 너의 결정을 기다리며 애가 타들어가는 사건들이 넘쳐나는데 너는 사과나 딸 시간이 있느냐는 뜻일까. 뭐만 하면 검사들이 격무에 시달린다고 하면서 사과 딸 시간은 있느냐는 말일까? 설마 바쁜 와중에 부모님 일도 돕고 과수원에서 깨달음도 얻었으니 잘했다는 칭찬일까? 아니면…. 아무래도 사과 딸 시간은 없어 보이는데, 사과도 따지 않고 사과밭에서 깨달음을 얻은 양 거짓말을 하고 있는 것이 아니냐는 의혹의 제기일까? 내 칼럼에 유일하게 달린 댓글이니 뭐라도 답을 해주고 싶은데, 무엇을 묻는 것이지 몰라 답을 할 수가 없다.

그러고 보니 오래전에 이와 비슷하게 그 의미를 알지 못해 답하지 못한 질문이 하나 있었다. 다단계 수사 전문가의 계보를 이어보겠다고 나날이 금융 다단계 조직을 조사하고 기소하던 시절이었다. 금융 다단계 업체는 무등록 다단계 조직이고 불법 유사 수신 행위이지만 그 본질은 '사기'다. '우리 회사에 투자를 하면 캄보디아 금광 개발 사업을 해서 엄청난 이익을 남기는데, 투자한 다음 달부터 수익금을 배당하여 투자금의 200퍼센트를 보장한다'고 유혹한다. 홍콩에 본사를 둔 네트워크 비즈니스형 모델이라 과거 치약이나 옥 장판 팔던 불법 다단계와는 다르다고 광고한다. 투자자를 모집하는 자들은 이미 그 자신도 투자를 해서 이렇게 수익금을 받았다고, 수익금이 입금된 계좌 내역을 보여준다. 다단계 구조는 투자자가 하위 투자자를 모집하여 투자하게 하면 그에 따른 수당이 지급되기 때문에, 투자자는 선 투자자이자 적극적인 모집책이 된다. 나는 누군가의 하위 투자자인 동시에 누군가의 상위 투자자로서 하위 투자자의 투자 실적에 대해 수당을 받는 자이다. 한시라도 먼저 투자하고, 한 명이라도 더 많은 하위 투자자를 모집한 자가 더 많은 이익을 얻는다는 원리로 작동되는 것이 다단계 투자 업체이다.

그러나 결국 투자자들의 투자금은 투자자의 무한 증식을 위하여 마케팅 비용으로 모두 투입된다. 더 많은 투자자를 모집하기 위해 증거로 보여주어야 하는 배당금과 모집 수당을 마련하기 위해 얼핏 투자자에게 배당된 것처럼 보이던 돈은 다시 투자금이라는 이름으로 업체 계좌로 들어간다. 후순위 투자자의 투자금을 받아 선순위 투자자의 수당을 지급하기에 바쁘다. 엄청난 수익이 난다는 어떤 사업은 실체가 없거나, 실체가 있다 해도 거기에 투자할 자금이 없다. 결국 알맹이는 없는, 다만 투자자와 그들이 욕망이 끝없이 돌려 막기 되는 무한 고리일 뿐이다.

그런 관계로 다단계 사건의 조직원은 누구나 피해자인 동시에, 누군가를 꼬드겨 무한 굴레에 참여하도록 한 가해자다. 다단계 업체 하나가 깨지고 배당금의 지급이 중단되면 투자자는 우선 자기를 꼬드긴 미용실 언니, 건강원 사장님에게 달려가 따지게 되고, 그들 역시 피해자이므로 다시 자신에게 설명회에 같이 가보자고 한 어느 추천인에게 달려가게 된다. 수사가 시작되면 내가 입은 피해를 호소해야 하는 동시에 나의 하위 투자자들로부터 들어오는 책임 추궁을 감당해야 하는 이중적 지위에 놓이게 된다. 모두가 피해자인 동시에 모두가 가해자인 것이 홍콩에 본사를 둔 세련된 이름의 네트워크 비즈니스의 실체인 것이다.

상황이 이러하다 보니 피해자의 입장이라는 것이 하나로 확고히 정해지지 않는다. 피해자 수가 수백수천 명에 이르러 많기도 하거니와 자신의 전 재산은 물론, 사돈의 팔촌의 대출까지 말아먹은 피해자들의 당혹함은 그들의 일관된 판단을 흐린다. 어떤 날은 이런 사기꾼 조직을 발본색원하지 않고 뭐했냐고 수사기관을 탓하다가 어떤 날은 잘 돌아가는 네트워크를 수사기관이 괜히 개입해 망하게 한 것이라고 핏대를 세운다.

어느 날은 악랄한 사기꾼 ○○○ 대표를 영원히 사회로부터 격리해달라고 하다가 어떤 날은 우리 회장님을 당장 석방하지 않으면 우리 다 죽는다고 애원하기도 한다. 수사 자체의 복잡함, 어려움과 더불어 잘해봐야 어떤 방식으로든 피해자들을 만족시키지 못한다는 것이 다단계 범죄 수사의 또 다른 어려움이다.

그런 것을 깨달아가던 어느 날이었다. 목 놓아 울며 사형을 구형해달라고 핏대를 세우던 피해자들 중 일부가, 이번에는 확실히 되는 사업을 찾았다는, 그 사업을 해야 돈을 찾을 수 있다는 새로운 유혹에 넘어가 다음 날은 대표에 대한 탄원서를 제출하는 현실을 처음으로 목도하고 어리둥절하던 날들이었다. 그날은 전국의 피해자들이 모두 전세 버스를 대절하여 우리 검찰청 앞에 모여 시위를 벌였다. 대부분이 중년 여성인 피해자들은 모두 똑같이 까만색 상복을 맞춰 입고 와서 청사 맞은편 도로에 도열해 서 있었는데, 보는 것만으로 압도되는 풍경이었다.

장례식장에서도 그렇게 많은 여성이 상복을 입고 있는 것을 본 적이 없었던지라 너무 무서웠다. 확성기를 든 대표가 북을 치며 뭐라고 선창을 하면 상복을 입은 검은 여인들이 일제히 따라서 복창을 했는데, 무슨 말인지는 알아듣기가 어려웠다.

그때 그들이 들고 있는 현수막에는 이런 질문이 적혀 있었다.

검사님, 식사는 하셨습니까?

누구를 엄벌하라는 것도 아니고, 수사를 잘못하고 있는 누구 검사는 물러가라는 것도 아니고…. 식사를 했냐고?

내가 주임 검사였으니 명백히 나를 향한 질문일 터인데, 정말이지 무슨 의미인지 알 수가 없었다. '서민들이 전 재산을 날리고 하루하루 죽은 목숨처럼 살고 있는데 검사인 너는 밥이 목구멍에 넘어가냐?'는 말일까? 불철주야 우리 사건을 처리하기 위해 계좌를 들여다보고 있는 검사가 식사도 못하고 있을까 봐 걱정이 된다는 뜻일까? 밥 먹고 힘내서 열심히 하라는 뜻일까? 아니면 설마, 그냥 인사인가?

검은 상복을 입고 그런 말을 하는 것을 보면, 아마 1번 의미일 가능성이 가장 높아 보였는데, 당시의 수사 상황이 피해자들이 딱히 불만을 가질 상황은 아니었던 것이다. 피해자들이 고소를 했고, 그에 따라 주요 피의자들을 모두 구속 기소했으며, 그 이후에도 추가로 발견되는 피해자들이 있어 2차, 3차로 추가 기소를 하던 중이었다. '검사님' 뒤에 단호하게 찍힌 쉼표와 식사 뒤에 붙은 '는'을 유심히 곱씹어볼수록 도저히 그 의미를 알 수가 없었다. 그런데 분명한 것은 그 어떤 협박의 말보다 무서웠다는 점이다. 그 진의를 알 수 없으므로 나는 답을 하지 못하고 다만 무서웠다.

뭐 대단한 수사를 한다고 이렇게 시끄럽게 하느냐는 타박이 들리는 듯하여 시위대 대표 세 명만 면담을 하자고 불렀다. 잠시 후 검은색 상복 치마를 전투적으로 질끈 묶은 여성 세 명이 검사실에 들어왔다. 당시 병아리였던 나는 너무 무서웠지만 아닌 척하고 어떻게 이렇게 옷까지 다 맞춰 입고 오셨냐고 물었다. 대표단은 자신들의 의상 코드가 먹혔다고 생각했는지 별거 아니라고 씩 웃었다. 그리고는 흰색 비닐봉지 하나를 책상 위에 턱 놓았다.

"검사님 이거 드세요."

"이게 뭐예요?"

"그냥 우리가 준비해온 건데, 드세요."

봉지에는 귤 몇 개, 떡, 홍삼 캔디, 입가심용 껌 같은 것이 알차게 들어 있었다. 보통 결혼식에 참석하기 위해 전세 버스를 타면 나눠주는 1인용 간식 세트 같은 것이었다. 이들의 준비성에, 침울한 상복과 언밸런스한 발랄함에 나는 다시 당황했다. 그러고 보니 더욱더 그들의 뜻을 알 수가 없었다. 무슨 말들을 했는지 잘 기억나지 않는다. 최선을 다해 기소하고 있지 않느냐고 하소연을 하면, 우리는 하루하루 피가 마른다는 호소를 하는 와중에, "그런데 검사님은 어떻게 공부를 해가지고 이렇

어떤 질문

게 검사까지 되었데?" 하는 지극히 학부모스러운 질문을 던지기도 해서 전체적으로 어수선한 면담이었다. 그중 지금까지 기억에 남는 것은 그들이 기어이 그 귤 봉지를 내 책상에 놓고 갔다는 사실이다. "이거 가지고 가세요"라는 햇병아리 검사의 엄포 따위 아무것도 아니라는 듯 "에이, 우리 마음이 또 그게 아니지…"라는 알 수 없는 말을 남기고 시위대 대표는 씽긋 웃으며 떠났다. 그리고 홀연히 검은 여인들을 이끌고 전세 버스를 타고 돌아갔다. 전세 버스가 잠시 멈춘 고속도로 휴게소에서 검은 상복을 입은 여인들이 화장실 줄을 길게 늘어서고, 알 감자를 주문해놓고 서성일 것을 상상하니 고속도로 휴게소를 이용하는 시민들이 많이 놀랄 것 같아 걱정이 되었다. 돌아가는 버스에서 그들은 어떤 표정이었을지, 집으로 돌아가 늦은 저녁을 차리면서는 어떤 표정을 지을지 생각해보지만 여전히 알 수 없었고, 무심코 까먹은 귤은 달았다. 그들이 떠난 뒤에야, 현수막에 쓴 문구의 의미를 미처 물어보지 못했다는 사실을 깨달았다.

그렇다고 해서 지금에 와서 굳이 전화를 걸어 도대체 '검사님, 식사는 하셨습니까'의 의미가 뭐냐고 물을 수도 없는 노릇이었다. 끝내 궁금한 채로 사건은 마무리되어 법원으로 넘어갔고 그에 따라 피해자들도 법원으로 넘어가 해야 할 일이 있었으므로(법정에서 소리를 지르다 쫓겨나거나 변호사를 폭행·감금했다는 활약상을 공판검사를 통해 들었다) 다시 나의 식사 여부 같은 것을 물으러 오지 않았다. 피해자들이 떠나고 난 뒤에도 오래도록 밥숟가락을 들 때마다 도무지 진의를 알 수 없는 그 말이 떠오르곤 했다.

지금에 와서 생각해보자면, 당시 피해자들이 검사에게 관철하고 싶은 어떤 입장, 협박하고 싶은 목적이 명확히 있지는 않았던 것 같다. 다만 자신들을 이 피해의 무한 사슬에서 구해주고 자신들과 사돈 팔촌의 알토란 같은 돈을 돌려받을 길을 찾아 달라는 것인데, 그 방법이 무엇인지 스스로도 알지 못하고 있었던 것이다. 그럼에도 무언가를 촉구하기는 해야겠기에, 대형 사기 사건의 피해자로서 무언가를 하기는 해야겠기에 고심 끝에 고른 문구가 아니었을까? 어떤 입장을 취해야 하는 건지 모르겠지만, 여기 절망 속에 서 있는 우리가 있다고, 그런 우리를 보아달라고, 한시도, 밥 먹을 때도 잊지 말라고….

그런 식으로 보자면 그들이 나에게 던진 질문은 질문이 아니라 일종의 인사다.

Hello?

나 여기 있는데, 너도 거기 있니?

난 여기서 울고 있는데, 너는 우리를 보고 있니?

우리는 길을 모르는데, 너는 혹시 알고 있니?

그래서…. 밥은 먹었니?

　세상이 검사에게 건네는 인사가 이런 식일 수밖에 없다는 사실이 때로 슬프다. 밥 먹었냐고 물었을 뿐인데 흠칫 물러서게 되는, 세상으로부터 늘 밥값은 제대로 하고 있는 것이냐는 의혹을 받고 있는 자의 슬픔이다. 절망에 발을 담근 사람들의 요구에 우리는 대부분 흡족한 대답을 내어놓지 못하고, 그래서 무언가를 영원히 촉구당하는 자리에 서 있다.

　촉구하는 자와 촉구당하는 자 사이에는 심해와 같이 깊은 골짜기가 있다. 골짜기를 넘지 못한 외침은 서로에게 가닿지 못하고 다만 메아리가 된다. 그 소리의 반향으로 사람들은 제 절망의 존재를 확인하고, 그 절망에게 최선을 다하는 자신을 발견하고자 한다. 그러나 가끔은 골짜기를 넘어, 서로가 서로에게 가닿는 일이 벌어지기도 한다. '나 여기 있는데, 너 거기 있니?'가 두려움의 골짜기를 넘어 '응. 나 여기 있어, 너 많이 아프니?'로 가닿는 기적.

　사실은, 세상이 우리에게 던지는, 더러는 야속하고 더러는 의미를 알 수 없는 질문들은 그런 것인지도 모르겠다는 생각을, 이제는 햇병아리가 아닌 내가 문득 해보는 것이다.

3장

슬기로운
검사생활

검사 적성

왜 검사가 되었냐고 묻는다면 '어려서부터 약자의 편에 서는 검사가 되고 싶었다'거나 '거악을 뿌리 뽑고 사회를 정의롭게 만드는 일에 헌신하고 싶었다'는 정도의 거창한 꿈 이야기가 나와야 할 것 같지만 실상, 내가 검사가 된 이유에는 그만큼 그럴듯한 포부가 없다. 굳이 말하자면, '왜…'라기 보다는 '어쩌다 보니' 혹은 '어쩔 수 없이'라고 해야 맞겠다.

어려서부터는 물론, 법대를 다닐 때도 고시 공부를 할 때도 검사가 된 나를 꿈꿔본 적은 없다. 우선 검사라는 직업에 대해 잘 모르기도 했지만, 어쨌든 검사는 그저 권위적이거나 권력적인 직업 집단이라는 막연한 편견을 가지고 있었다. 판사는 뭔가 지루할 것 같고, 가끔은 인권을 생각하는 변호사가 되어야겠다는 마음으로 고시 공부를 했다. 그러나 사법연수원을 마치고 마침내 실제의 법조 인력 시장과 마주했을 때 세상은 그렇게 간단하거나 호락호락한 것이 아니라는 사실을 알게 되었다.

평소 마음에 두고 있던 몇 개 로펌에 지원했으나 모두 면접도 한 번 보지 못하고 탈락했다. 여성, 지방대 출신, 아무런 법조 인맥도 정보력도 없는 풋내기를 선뜻 채용해주는 법률사무소는 없었다. 공부해서 성적만 받으면 인정받을 수 있는 세상에서 갑자기 리얼한 세상으로 나와 마주하게 된 현실 인식은 참혹했다. 그 와중에, 그 당시만 해도, 특별한 결격사유만 없으면, 오직 성적만으로 채용해주는 곳은 결국 국가밖에 없었다.

채용 시장에서 몇 번의 거절 메일을 받고 풀이 죽어 있다가 검사를 해야겠다고 비장하게 말하는 나에게, 나를 잘 아는 친구는 우려의 눈빛을 보냈다.

"검사가 너의 적성에 맞을까?"

"내가 왜? 뭐 어때서?"

"넌 아무래도 영혼이 좀 자유로운 편이잖아."

그러나 지금, 적성 같은 것을 따질 때가 아니었다. 성적은 가까스로 검사 커트라인에 턱걸이를 하고 있었으므로 감지덕지하며 검사 채용문을 닫고 들어갔다. 그렇게 얼떨떨하고 아슬아슬하게 대한민국의 검사가 되었다. 검찰은 어떤 조직인지, 어떤 조직 문화를 가지고 있는지, 나의 적성에 맞을 것인지를 오래 고민할 여유가 없었다. "검사란 말이야…" 같은 말을 해줄 친절한 법조 선배도 내 주변엔 없었다. 실은 그런 걸 미리 좀 알아보고 들어가야 한다는 생각 자체가 없었다. 미리 알아본다고 해서 달라질 여지도 별로 없기는 했다.

지방의 작은 지청에 배치를 받고 보니, 신임검사가 나 혼자밖에 없었다. 보통 초임검사는 규모가 큰 지방검찰청(본청)에 여러 명이 함께 배치되는데, 아마 성적순으로 배치를 하다 보니 아무도 오지 않는 지방의 지청에 홀로 배치된 것 같았다. 검사가 된 첫날, 부장실에서 회의가 있으니 검사들은 모두 오라는 연락을 받았다. 조직 문화는 모르지만 뭔가 막내인 내가 제일 먼저 회의실에 가야 할 것 같았다. 서둘러 부장실에 가보니 아직 선배들은 아무도 안 왔고, 인상 좋은 부장님이 환하게 웃으며 앉으라기에 가장 안쪽 자리에 앉았다. 부장님 옆자리에 앉는 나를 보고 부장님이 왠지 흠칫했다. 뒤이어 속속 도착한 선배들도 부장님 옆에 앉아 있는 나를 보고 흠칫 놀라는 듯했지만 말없이 그 옆자리부터 채워 앉았다.

'내가 1등으로 와서 다들 놀라시는구나.'

어쩐지 적응을 잘할 수 있을 것 같은 기분이 들었다.

무슨 말인지 도통 알아들을 수 없는 회의가 끝나고 검사실로 복귀하자 나의 지도를 담당하는 선배(사부검사)가 조용히 불렀다.

"선배들이 오면 자리를 양보해야지, 그대로 앉아 있으면 안 돼."

사실 무슨 말인지 그때는 이해가 잘 되지 않았다. 자리가

218

많은데 무슨 자리를 어디로 양보를 하라는 것인지…. 그러나 되물을 용기가 나지 않아 나는 그냥 알겠다고 대답했다. 회의실 자리에도 지엄한 법도가 있다는 사실을 그때는 꿈에도 몰랐다. 회의실 자리 배치뿐 아니라 밥 먹는 식당에서도, 물컵과 수저를 놓는 순서에도, 하다못해 노래방에서 노래 부르는 순서에도 예외 없이 적용되는 '석순'이라는 원칙이 있다는 사실을 머지않아 알게 되었다.

석순이란 건 그러니까 몇 가지 원칙으로 정해둔 서열이다. 가장 우선되는 기준은 연수원 기수, 그다음으로 사법시험 기수, 임관 연도, 나이순이다. 이런 원칙에 따라 전국의 모든 검사는 한 줄로 세울 수 있다. 모든 일에서 검사의 자리와 순서를 정하는 원칙을 미리 명확히 해둔다는 측면에서 석순 문화는 나름 편리하고 유용한 측면이 있다. 누가 부장님 옆자리에 앉을지, 누가 먼저 술잔을 받을 지를 매번 고민하지 않아도 된다는 것이므로 불필요하게 우왕좌왕할 일을 줄여줄 수 있다. 이 명확하고 확고한 원칙은 거의 예외 없이 여기저기 적용이 되다 보니 그것은 다만 어떤 원칙이라기보다는 하나의 문화가 되었다고 볼 수도 있을 것 같다.

언젠가 여성 검사들이 단체로 '제모 시술'을 받으러 간 적이 있다. 라식 수술과 더불어 '늦게 할수록 손해인 인생 시술'이라는 말에 혹해 용기 내어 단체로 피부과에 몰려가기는 했지만, 겨드랑이의 연약한 살을 레이저로 지진다는 것은 분명 고통을 동반한 일일 것이기에 선뜻 먼저 나서고 싶지 않은 망설임이 있었다.

'아플까? 아프겠지? 마취 크림을 발라도 아프기는 하다던 데, 얼마나 아플까?'

그러나 간호사가 대기실로 들어와 "어느 분 먼저 하시겠어 요?"라고 묻자, 우리는 잠시의 망설임도 없이 수석을 바라봤다. 비장하지만 마땅히 그러해야 한다는 듯한 표정으로 수석이 일 어났고, 그다음에 차석, 그다음에 삼석…. 순서를 지켜 시술실 로 들어가 겨드랑이를 내밀었다. 우리는 석순대로 치료비를 결 제하고 석순대로 에스컬레이터를 한 줄로 타고 돌아왔다. 이후 의 몇 번의 시술에서도 한 번도 그 원칙을 어기지 않았다는 사 실을 뒤늦게 깨닫고 조금 놀라기도 했다.

첫 번째 부회의 이후로 나는 뭔가 자리의 순서라는 것이 있 다는 것을 어렴풋이 알게 되었다. 석순을 구성하는 명확한 기 준을 그때도 정확히 알지는 못했지만 청에서 한 명뿐인 초임검 사인 내가 마지막 순번일 것이라는 점은 명확했으므로 그 이후 에는 알아서 제일 끝자리를 찾아가 앉았다. 그러나 석순을 이 해했다고 해서, 이제 검찰 문화를 이해했다고 하기에는 아직

갈 길이 멀었다.

어느 부회의 시간, 그날의 주제는 (눈치를 보아하니) 어떤 이유로 검사들이 같은 팀이 되기를 원하지 않는 어떤 직원을, 이제 독립하여 검사실 하나를 새로 꾸리게 된 초임검사인 나에게 배치하겠다는 것이었다. 그리고는 부장이 '내 의견'을 물었다. 그때까지 회의의 내용을 이해하는 것만으로도 벅차던 나인데, '내 의견'을 물었으니 뭐라도 답은 해야 할 것 같았다.

"음…. 저는 초임이고 모르는 것이 많으니까 저에게는 그분 말고 다른 유능한 분을 배치해주셔야 한다고 생각합니다."

분위기가 갑자기 싸해졌다. 뭔가 잘못 말한 것임이 분명했다. 서둘러 회의가 끝났다. 다시 나의 사부검사가 나를 조용히 불렀다. 뭔가 내가 낸 답이 오답인 것은 알겠는데 그럼 도대체 정답은 뭔지 알 수 없어 답답했기에 사부검사의 호출이 내심 반가웠다.

"그런 때에는 그냥 의견 없다고 하는 거야."

아…. 정답이 1도 아니고 -1도 아니고 '답 없음'이었을 줄이야. 당시의 나로서는 정말이지 상상할 수 없는 영역이었다.

그래도, 초임 시절 그때의 선배들은 다들 열린 마음을 가지고 계신 분들이었다. 도통 '개념 탑재'가 안 된 상태로 검찰청 마당에 떨어져 우왕좌왕하는 나를 비난하는 선배는 한 사람도 없었다. 다만 하나밖에 없는 초임이 오늘은 어떤 개념 없는 짓을 했는지를 조용히 메신저로 공유하며 쿡쿡 웃을 뿐이었다. 초임은 방귀만 뀌어도 온 청에 소문이 나던 시절이었다.

있는 눈치, 없는 눈치로 여러 원칙과 개념들을 주워 담느라 마음은 자주 광야를 헤매었지만, 노래방에서 조용히 순서를 기다리다가 마침내 석순에 따라 막내인 나의 순서가 되면 크라잉 넛의 〈사망가〉*를 목 놓아 불러 선배들을 경악시키는 재미가 그래도 쏠쏠했다.

초임 시절은 너무 바쁘고 뜨거워서 검사의 적성 같은 것을 생각해볼 여유조차 없이 지나갔다. 그 뒤로 몇 개의 청을 옮겨가며 근무하는 동안에도 검찰은 늘 적응이란 것이 필요한 조직이었다. 그래도 돌멩이도 구르다 보면 둥글어지는 법, 몇 년이 지나자 어느덧 나도 검찰 밥 좀 먹은 사람이 되었고, 뭐가 뭔지 모르고 들어와 좌충우돌하는 초임들을 보며 쿡쿡 웃는 집단에 속하게 되는 경지에 이르렀다.

그쯤에 와서야 생각해본다. 검찰은 나의 적성에 맞는 곳일까. 10년이 훌쩍 지나도록 이 일을 하고 있는 것을 보면, 우려

---

* 크라잉넛이 2002년 발표한 〈고물 라디오〉라는 앨범의 수록곡. 나는 가리라 절망 끝에서'로 시작되는 가사가 한 줄 한 줄 주옥같다.

와 달리 그리 안 맞는 것도 아니었던 모양인데 말이다.

초임검사 이래로 현재까지 정신을 차려보면 검사가 되어 있는 나를 발견하고 깜짝 놀라는 날들이 계속되었다. 거울을 보며 '내가 어쩌다 검사가 되었을까'라고 물으면 한 번도 빼지 않고 '그러게 말이야'라고 대답하는 식이다. 매일 창의적인 좌충우돌로 선배들을 경악시키던 초임검사 때나 "요즘 젊은 검사들은 정말 모르겠어"라고 말하는 꼰대 검사가 된 지금이나 그 대답은 한결같다. 검사인 내 모습이 매번 생경하다.

그런데도, 아무래도 검사는 적성에 안 맞을 것 같다고 말하는 예비 법조인들을 보면 그건 모르는 일이라고 말해주고 싶다. 필시 안 맞을 것이 분명해 보이던 나의 적성 속에 의외로 이일을 오래 계속하게 만드는 요소들이 있었던 것이다. 어느 직업이나 그렇겠지만 검사도 한 가지 타입, 한 가지 성향만으로 이루어진 직업이 아니다. 결국엔 내 안에 있는 여러 다층적인 요소들 중에 이 일을 직업으로 수행하는 데 도움이 되는 어떤 부분을 기어이 발굴해내고, 거기에서 기쁨을 찾을 수만 있다면, 그것이 결국 적성에 맞는 것이 아닌가 싶다.

'돌엔들 꽃을 못 피우랴.' 어느 시를 인용해 한때 아이디로 사용하기도 했던 구절이다. 검사가 되겠다는 나를 향해 우려의 눈빛을 보내는 친구에게 호기롭게 그런 말을 던졌던가. 어쩌다 보니 검사가 되었지만, '어쩌려고 검사가 다 되었을까'하는 생각이 늪으로 빠져들 때면 그 구절을 떠올려본다.

'그래서… 꽃은 좀 피우고 있나' 물으면…. '글쎄?' 뭐라고 대답할 수 있을까?

검사의 보자기

"보자 보자 하니까 내가 보자기로 보이냐."

이것은 나를 무시하지 말라는 뜻의 지난 세기 개그다. "가만 가만 있으니 가마니로 보이냐"와 세트다. 지난 시절 책도 싸고 밥도 싸고 그 밖에 무엇이든 물건을 싸는 데 사용되던 사각형의 헝겊인 보자기는 그렇듯 오랜 세월 하찮은 것의 대명사로 일컬어졌다. 그리고 지금은 잊혀진 개그처럼, 보자기도 흔히 볼 수 없는 추억의 물건이 되어버렸다.

그런데 AI 로봇이 자동으로 물건을 옮겨준다는 이 시대에도 보자기가 상시적으로 빈번히 사용되는 의외의 장소가 있으니, 바로 검찰청의 공판검사실이다. 모든 검찰청에서 그러한 것은 아니지만, 수도권의 매우 큰 검찰청 몇 군데에서 공판 기록을 법정으로 옮기는 데 보자기를 사용한다. 내가 얼마 전까지 근무했던 서울의 검찰청도 그중 하나였다.

매일 아침 공판검사들은 사무실 입구에 마련된 보자기함에서 보자기를 꺼내와 그날의 공판 기록을 싼다. 재판 일정의 순서에 맞춰 기록들을 보자기에 싸고 어느 재판부 기록인지 이름표를 붙여놓으면 기록 이송 요원들이 수레를 끌고 와 각각의 재판이 진행되는 법정으로 배달해준다. 여러 법정에서 진행되는 재판의 기록을 한꺼번에 옮기면서도 서로 섞이거나 뒤바뀌지 않게 하기 위한 최적의 수단인 것이다. 재판을 마친 기록들은 다시 보자기에 싸여 수레를 타고 돌아온다. 각 재판부 담당 직원들이 보자기를 풀어 재판을 마치고 돌아온 기록을 정리하고 보자기는 다시 보자기함에 넣는다. 보자기는 쉴 없이 순환되며 사용되는 공판검사실의 필수용품으로 자리 잡았다.

보자기의 색깔은 빨강, 파랑, 골드, 핑크까지 다양하다. 어쩌다 보니 ○○청과의 로고가 박힌, 아마도 어느 명절 과일 선물 세트 같은 것을 날랐을 것으로 추정되는 보자기도 있다. 언젠가 공판검사들끼리 모여 이야기해본 결과 각자 선호하는 보자기의 색깔이 달랐다. 누구는 역시 검찰은 파랑이라고 했고, 골드의 럭셔리 이미지를 추구한다는 이도 있었다. 다양한 취향 중에도 유독 선고가 있는 날은 빨강색을 고집하는 검사가 있어 그 이유를 물으니 답은 간명했다. '승리의 레드!'

각자 선호하는 보자기가 있다 보니, 공판 일정이 많은 금요일에는 나름 보자기 경쟁이 벌어지기도 한다. 일찍 출근하는 자가 마음에 드는 보자기를 얻을 수 있으니, 우리는 그런 자를 '보자기 얼리버드'라고 불렀다. 늦게 가면 어쩔 수 없이 가장 인기가 없는 핑크 보자기를 주워 들 수밖에 없다.*

보자기의 가장 큰 단점은 무엇보다 폼이 안 난다는 것이다. 날렵한 태블릿 하나만 가지고 들어와 손가락 하나로 기록을 착착 넘기는 젊은 변호사들에 비해, 주섬주섬 보자기를 푸는 검사의 모습은 어딘가 프로페셔널해 보이지 않는다. 그 와중에 어떻게 하면 가장 우아하고 당당한 방식으로 보자기를 풀 것인지에 대해 공판검사들은 각자의 노하우를 공유하기도 했다.

매우 모양이 빠짐에도 불구하고 우리가 보자기를 놓지 못하는 이유는 아무래도 그 유용성 때문이다. 보자기는 얇은 기록부터 웬만큼 두꺼운 기록까지 너끈히 쌀 수 있다. 가방이나 박스처럼 원래의 부피와 모양을 고집하지 않고, 기록의 모양과 두께에 따라 얼마든지 스스로를 맞추는 유연함을 가졌다. 게다가 보자기는 그 스스로 차지하는 무게와 부피가 거의 없다. 최선을 다해 기록을 부여잡고 옮긴 쓸모를 다한 후에도 그 존재를 드러내지 않고 조용히 접혀 다음의 쓸모를 기다릴 뿐이다.

세상과 사람의 사연들을 기록으로 묶어 법정으로 옮기고, 이를 다시 법정에서 풀어내는 것이 공판검사의 일이라는 측면

---

* 드라마 〈비밀의 숲〉에서는 검사로 나오는 조승우 배우가 핑크색 보자기를 우아하게 들고 다닌다. 그러고 보면 우아함이란 비단, 보자기 색깔만의 문제는 아닌 것이다.

에서 어쩌면 우리는 보자기와 같다. 아웅다웅 울먹이는 사연들을 빠짐없이 잘 챙겨 법정으로 옮기는 일, 그 모두를 기꺼이 안아내는 일을 하는 이들이 공판검사다. 이름날 일 없는 공판검사로 일하다 보면 '보자 보자 하니까 우리가 보자기로 보이냐' 하고 소리를 지르고 싶은 날들도 있지만, 그러기 전에 우선은 보자기의 저 유연함과 의연함을 배워야 하는 것이 아닌가. 그러고 보면 보자기는 보자기로서 충분히 멋진 존재가 아닌가 생각해보게 된다.

공판 기록을 옮기는 데 보자기를 쓰는 검찰청의 공판검사로 근무하던 시절의 겨울이었다. 크리스마스를 즈음하여 공판실 입구에 설치해둔 크리스마스트리 아래에 누군가 기록을 싼 보자기를 가져다 두었다. 그것을 보고 다른 검사들도 너도 나도 보자기를 가져다놓아 크리스마스트리 아래에는 금방 색색의 보자기들이 쌓였다. 반짝이는 꼬마전구의 불빛을 받아 보자기들은 마치 선물 상자처럼 보였다. 살인, 폭력, 사기, 마약…. 무시무시한 죄명들을 잊고 잠시, '모든 이에게 평화!' 빌어봐도 좋을 풍경이었다.

검사의 캐비닛

검사들은 대부분 자기 캐비닛을 가지고 있다. 형사부 검사들은 예외 없이 그렇다. 캐비닛 하나만 쓰는 사람도 있고 세 개, 다섯 개씩 쓰는 검사도 있다. 캐비닛은 다 비슷하게 생겼다. 나무로 된 일자형 모양이다. 양쪽으로 문을 열 수 있고, 든든한 잠금장치가 필수다.

검사의 캐비닛에는 무엇이 들어 있는가. 당연히 기록이 들어 있다. 각각의 검사가 처리해야 할 사건 기록 말이다. 폭행, 사기, 절도, 살인부터 이름도 낯선 어떤 특별법 위반의 죄명을 달고 있는 기록까지 모두 검사의 캐비닛 안에 있다. 가끔 검사가 나오는 드라마나 영화를 보면 검사 사무실을 가득 채우며 나 보란 듯이 나열되어 있는 사건 기록들을 보게 되는데, 현실에서는 그런 일은 벌어지지 않는다. 사건 기록들은 보안 사항이므로 철저히 캐비닛 안에 보관된다. 검사는 퇴근 전에 꺼내 놨던 기록을 모두 캐비닛 안에 넣고 열쇠까지 꼼꼼히 잠가야 한다. 어쩌다 캐비닛을 잠그는 것을 깜빡하고 퇴근하게 되면 그것은 보안 점검 지적 사항이다. 점검에 걸리면 사유서를 제출하고 벌로 당직을 한 번 더 서던지 하는 패널티를 받게 된다.

검찰청에 접수된 사건 기록은 '배당'이라는 절차를 거쳐 각 검사에게 주어진다. 배당된 사건은 캐비닛에 쌓았을 때 찾기 쉽도록 간단한 정보를 적은 꼬리표를 붙이고 검사의 책상에 배달된다. 그러면 검사는 어떤 사건이 있는지 간단히 확인하고 기록을 자기 캐비닛에 보관한다. 배당은 매일 이루어지는데, 그날 받은 사건을 그날 바로 처리할 수 있는 경우는 많지 않다. 사건은 간단히 확인만 하면 검사 손을 떠날 수 있는 사건에서 부터 몇 날 몇 달을 손을 대야 하는, 그러고도 좀처럼 답이 나오지 않는 사건까지 그 스펙트럼이 다양하다. 어떤 날은 배당받은 사건 수보다 더 많이 처리하기도 하고, 더 적게 처리하기도 한다. 배당받고도 곧 처리되지 않은 사건들이 검사의 캐비닛에 쌓인다.

캐비닛 안에 쌓인 사건들은 배당 즉시 처리하지 못한 적자 경영의 산물이지만, 또한 검사가 파먹고 살아야 할 양식이기도 하다. 캐비닛이라는 곳간에다 양식을 가득 쌓아놓고 검사는 그 열쇠를 자신만 아는 장소에 소중히 보관한다. 어찌 되었든 그 캐비닛에 들어앉아 있는 사건들은 그 검사의 몫, 그 검사의 책임 아래 있는 것이다.

검사의 아침은 캐비닛을 여는 것으로 시작된다. 사건부가 등록되어 있는 컴퓨터를 켜고, 자신만이 아는 곳에 숨겨둔 열쇠를 꺼내 캐비닛을 여는 순간부터 진정한 업무가 시작된다. 어떤 날은 출근하고도 캐비닛을 열고 싶지 않은 날이 있다. 저 문을 여는 순간 나로서는 도저히 해결할 수 없는 어떤 괴물이 튀어나올 것 같다. 커피 한 잔을 마시며 잠긴 캐비닛 문을 노려보며 버티는 날도 있다. 그러나 오래가지 못한다. 결국 나는 저 문을 열고 그 괴물과 마주해야 한다. 괴물과 진창 싸움을 벌이던 치명적인 사랑에 빠지던 어쨌든 모든 것은 저 문을 열어야만 시작된다는 것을 알고 있다. 검사의 영광과 수모가, 고뇌와 해방이 모두 그 안에 있다.

캐비닛 안의 기록을 처리하고 관리하는 요령은 검사마다 다르다. 선입선출의 원칙을 지켜 먼저 온 기록부터 날짜순으로 처리하는 검사도 있고, 간단한 사건 먼저 빼고 보는 검사도 있고, 어려운 사건 먼저 파고드는 검사도 있다. 어떤 경우든 기록은 쌓인다. 먼저 온 기록을 보고 있으면 나중에 온 기록이 쌓이고, 간단한 기록을 보고 있으면 복잡한 기록이, 복잡한 기록을 파고 있으면 간단한 기록이 쌓이는 법이다. 나의 경우는 상황에 따라 간단한 기록, 복잡한 기록 섞어서 보는 편인데, 그러면 보지 못한 영역의 기록이 섞여서 쌓인다. 어느 경우든 검사의 캐비닛은 항상 무겁다.

모든 문제는 저 캐비닛이 너무 무겁다는 것에서 시작한다는 결론에 도달한 때가 있었다. 언제나 곰 한 마리가 올라타고 있는 듯한 어깨, 쉼 없이 일을 하고 있는데도 무언가 불안하고 초조한 마음, 퇴근길에서도 잠자리에서도 끝끝내 깨끗하게 비워지지 않는 머릿속, 무언가에 쫓기는 꿈을 꾸다 깨어나는 아침, 모처럼의 휴식의 한가운데에 예측 없이 들이닥치는 죄책감까지…. 모든 것은 결국 그 모든 순간에도 내 캐비닛이 가득 차 있다는 것에서 비롯된다. 한 인간에게 모든 순간 끊임없이 어떤 하중이 주어지고 있다는 것은 가혹하다. 구체적으로 어떤 일과 대면하고 있지 않은 순간까지도 그 일의 무게를 오롯이 품고 있는 캐비닛을 가진 자는 어느 한순간도 본질적으로 홀가분해질 수가 없는 것이다.

그런 문제의식에 도달한 자가 나 하나뿐만은 아니라서, 사건 배당 시스템을 바꿔야 한다는 제안은 꾸준히 있어왔다. 매일매일 파도처럼 밀려오는 매일 배당의 원칙을 바꿔 검사가 먼저 받은 분량의 일을 좀 처리하고 새로운 마음으로 새 일감을 받을 수 있는 시스템이 어떻겠느냐고 제도 개선 기회마다 누군가는 이야기했다. 그러나 아직까지도 그 제안은 받아들여지지 않았다.

매일 배당 시스템이 들어온 것에는 나름의 이유가 있고, 이유들은 모두 다 그럴듯하다. 그러나 내가 생각하는 진짜 이유는 그렇게 관리하는 것이 가장 효율적이고 경제적이기 때문이다. 어떤 민감한 문제를 품고 있을지 모를 존재들에게 오는 즉시 그 관리 주체를 정해줘버리면, 이제 그 책임은 일차적으로 담당자로 지정된 그 자에게 집중된다. 위험 요소를 분산하고 그 책임 주체를 구체화하는 것, 모르긴 몰라도 아마 그런 것이 경영학이나 위기관리학의 한 분야일 것이다. 그 효율성과 경제성 앞에 한 인간이 모든 순간 받고 있는 하중의 가혹함이나 숨막힘에 대해서는 고려되지 않는다. 검사라는 노동자에게 상시적으로 부과되는 초조함과 불안증, 숨 막힘과 죄책감은 개인의 몫으로 돌려진다.

아침에 캐비닛 문을 열어놓으면 밤새 갇혀 있던 기록들이 웅성거리는 소리가 들리는 듯하다. 간혹 만년 묵어야 할 제 팔자를 알고 묵묵히 구석에서 묵상 중인 기록이 있는가 하면, 꼬리표에 접수 번호도 마르지 않은 신입이 왜 빨리 처리하지 않느냐고 안달하는 경우도 있다. 사연은 제각각 다급하다. 어떤 세상을 휘돌아 여기 검사실에 사건 기록이 되어 당도했는지 그 경위와 역사는 다 달라도 초조하고 예민하고 불안하기는 매한가지다. 그 초조함들이 어서 다음 갈 길을 정해달라고 아우성친다. 이대로 우리를 놔두는 사이 어느 구석에서 쉬어버리거나 곪아 터져버릴지도 모른다고 협박하기도 한다. 그 아우성을 외면하지 못해 검사는 밤이 늦도록 캐비닛을 잠그지 못한다.

언젠가 포항에서 지진이 발생했을 때, 나는 그곳에서 멀지 않은 곳의 검찰청에서 근무하고 있었다. 지진은 내가 근무하는 도시에까지 그르렁대며 땅을 흔들었다. 나는 마침 그때 캐비닛 안에 머리를 박고 기록 속에서 무언가를 찾고 있었다. 가끔 다급히 무언가를 확인해야 하는데 기록이 너무 무거워 꺼내기 힘들 때면 캐비닛 안에다 머리를 들이밀고 기록을 검토할 때가 있는데, 바로 그런 순간이었다. 캐비닛이 드르르하고 몸을 떨더니 꽤 오랜 시간 덜컹덜컹하며 좌우로 흔들렸다. 쏟아질 듯한 기록을 부여잡고 이게 도대체 무슨 일인지 이해하려고 애를 썼다. 영문도 모른 채 느닷없이 나의 온 세상이 덜컹덜컹 흔들리고 있었다. 덜컹거리는 캐비닛 안에서 나의 모든 세상은 기록과 그 기록을 품은 캐비닛 안에 있다는 사실도 온몸으로 자각했다. 그리고 아직 길을 찾지 못한 기록들의 안달이 마침내 참지 못하고 세상을 흔드는 것인지도 모른다는 생각을 그 순간 하지 않을 수 없었다. 어쩌면 나는 저주받은 캐비닛에 머리를 박은 채 영원히 이들과 함께 흔들려야 하는 것인가. 섬뜩하면서도 묵직한 현실 인식이 지진과 함께 머리를 때리고 지나갔다.

그렇다. 형사부 검사란 언제나 자기 몫의 캐비닛과 함께 흔들리는 자다. 흔들리며 머물거나 나아가는 자다. 그 무게를 언제라도 견디는 자다. 적어도 현재의 배당 시스템과 업무 시스템에서는 그렇다. 비교적 능숙히 견디는 자와 잘 견디지 못하는 자가 있을 뿐 무언가를 견뎌야 한다는 측면에서는 모두가 동일하다. 불행인지 다행인지 검사들은 어떤 종류의 무게를 특히 잘 견디는 특성을 가졌다. 그 무게를 거뜬히 견디는 듯 보이는 다른 검사들을 보며 으레 검사라면 그 정도는 견뎌줘야 한다고, 이를 악물고 견디는 법을 학습해왔다. 그런 결과로 현재의 배당 시스템은 돌아가고 있다.

한 개인에게 어떤 무게를 책임지우는 방식으로 나아가는 사회는 건강할 수 없다. 그것은 효율적이거나 경제적인 업무 방식일 수 있겠지만, 홀로 무게를 떠안은 자가 생산해내는 노동은 올곧게 튼실할 수 없다. 무게를 견디느라 휘청거리는 개인은 결국 그가 생산하는 결과물을 휘청거리게 한다. 그 휘청거림에 대한 불안까지 개인이 감내해야 할 몫으로 돌리려는 사회라면, 더불어 희망을 논하기 어렵다.

우거지 같은 얼굴로 세상 회의주의자가 되어 식어버린 커피를 들이켜고 있는데, 실무관이 새로운 기록을 수레에 싣고 들어온다. 신입들의 새 꼬리표가 나풀댄다. 그들이 새로이 나에게 들려줄 이야기는 어떤 것일까, 그들은 얼마나 내 어깨에 머물다가 떠나게 될까.

마침 몇 달 동안 내 머리 꼭대기에 앉아 있던 거대한 기록을 정리한 직후라 그 빈자리에 나풀거리는 신입 기록들이 자리를 잡을 수 있었다. 어쨌든 그들의 자리를 성공적으로 마련해줘서 다행이라고 쉽사리 안도하는 나를 돌아보며 실무관이 묻는다.

"그러지 말고 총무계에 캐비닛 하나 더 달라고 할까요?"

"아뇨, 아뇨, 이 안에서 어떻게든 해볼게요."

손사래를 치며 서둘러 업무에 복귀한다. 내일이면 당도할 새로운 기록들의 자리를 만들어주기 위해 골무를 다잡아 끼고 기록을 팍팍 넘긴다. 그 무게를 오롯이 견뎌야 할 자기만의 캐비닛을 가진 자들은 오래 회의주의자가 될 수도 없는 것이다.

검사의 게시판

검찰의 내부 포털인 '이프로스E-pros'에는 검사 게시판이 있다. 검사들이 글을 쓰고 공유하는 게시판으로 실명으로만 글을 쓰도록 되어 있다. 검사라면 누구나 글을 올릴 수 있는데 어떤 일에 대한 의견을 개진하기도 하고, 업무에 있어 유용한 팁을 공유하기도 하지만 주로는 검사들의 사적인 사를 올리는 데 사용된다.

검사들은 주로 말이 없다. 정확히는 의견을 표명하는 일이 잘 없다. 자신이 맡은 사건에 관해서가 아니라면 어떤 일에 대해 의견을 밝히는 것을 최대한 자제한다. 검사는 주관이 아닌 형사법이라는 객관적 잣대를 들이대는 일을 하는 자다. 사람인 이상 이런 생각 저런 생각이 없을 수 없지만, 적어도 직업적으로 검사의 자리에 있는 한 개별자로서의 주관이 노출되는 것을 극도로 꺼린다. 개별 성향에 대한 노출이 괜한 오해를 불러올 수도 있다는 우려에서부터 비롯된 일이겠지만, 그것은 중립성 확보를 위한 직업 윤리의 측면을 넘어 하나의 암묵적인 문화라고도 할 수 있겠다. 외부적으로 편향성이 노출되어

오해를 사는 것을 경계하는 것은 물론이고 내부적으로도 내가 누구인지 어떤 사람인지가 밝혀지는 것을 두려워한다. 암묵적인 문화는 검사가 된 이래 누가 지적하지 않아도 자연스럽게 학습된다. 우리는 검사답게 생각하는 법과 검사답게 침묵하는 법을 배운다.

그러다 보니 검사 게시판이 재미있을 리가 없다. 진지하고도 신중하게 고민된 내용들만이 정중하고 바른 문체로 게시된다. 글의 뉘앙스는 모두 궁서체다. 그 흔한 유머도, 오타도, 'ㅋ ㅋㅋ'조차 한 줄 없다. 바르고 엄중한 궁서체들이 무언가를 게시하고 답한다.

댓글 하나하나에도 논리가 반듯하고 각이 서 있다. 함부로 아무 말이나 지껄였다가는 법률가의 기본 소양이 결여된 자라는 놀림을 듣게 될까 봐 극도로 조심한다. 댓글 창에 한 문장 입력하고도 주어와 술어를 이리저리 바꾸고, 몇 번을 망설인 끝에야 겨우 등록 버튼을 누른다. 한결같이 날이 반듯하게 선 글들이 바르게 도열해 있는 곳이 검사 게시판이다. 그런데도 놀라운 점은 그 궁서체 일색의 검사 게시판이 매우 인기가 높다는 점이다.

검사들은 기본적으로 말이 없지만, 또한 심심하다. 누구 못지않게 하고 싶은 말들, 나누고 싶은 마음들이 많은 사람들인 것이다. 늘 절제하고 억누르는 문화 속에서 검은 옷을 입고 정자세로 글을 쓴다고 해서 그 마음들이 없어지는 것은 아니다. 그런 이유로 누군가가 무언가에 대해서라도 글을 올리면 뜨겁게 반응한다.

나는 검찰 내부망에 몇 차례 개인적인 글을 올린 적이 있다. 처음에는 검사 게시판의 엄중한 분위기에 압도되어 그곳에 글을 올리지는 못하고 내가 속한 커뮤니티의 작은 게시판에 글을 올렸다. 그 커뮤니티로 말할 것 같으면 개설자 등 몇 명을 제외하면 아는 사람이 거의 없는 변방의 커뮤니티여서 혼자 부끄러이 글을 올리기에 최적의 장소였다. 게시물을 커뮤니티 회원들에게만 공개되도록 설정해놓으면 정말 아무도 모른 채 며칠이 지나가기도 했다. 조회하는 사람이 별로 없다는 사실을 확인하자 글을 올리는 데 부담이 없어졌다. 조금 더 홀가분한 마음으로 하고 싶은 말들을 쏟아내기 시작했다. 그때 커뮤니티에 올린 글은 〈국참하다 늙는다〉라는 시리즈 명으로 연재되는 국민참여재판 후기였다. 국민참여재판을 한 건씩 할 때마다 글을 써서 올렸는데, 찾는 이 없는 지하 카페에서 극소수의 열성적인 팬덤을 거느리고 연주하는 인디 밴드의 마음이었다.

그러던 어느 날이었다. 출근해 컴퓨터를 켜고 앉았는데, 어떤 마음 같은 것이 조용히 차올랐다. 고민 없이 검사 게시판의 창을 열고 그 마음의 바닥에 대해 적기 시작했다. 검사가 되고 10년도 훌쩍 넘어 처음 있는 일이었다.《일의 기쁨과 슬픔》이라는 소설 제목을 인용한 길지 않은 글이었다. 그저 '어떤 순간이 나와 당신을 기쁘게 하는가, 그 기쁨의 얼굴을 낱낱이 살펴보고 구체적인 이름을 붙여주는 과정을 통해 우리는 일의 기쁨에 조금 더 다가설 수 있지 않겠는가. 그것이 엄혹하기만 한 시대에도 우리 개인을 지탱하는 힘이 되지 않겠는가'에 대한 이야기였다. 글을 쓰다 울어버릴 것 같아서 일의 슬픔에 대해서는 차마 쓰지 못하고 일의 기쁨에 대해서만 썼다. 코로나의 기세가 도시를 점령하기 시작한 어느 봄날, 보는 사람 없이 흩날리는 벚꽃 잎에 대한 이야기였다. 굳이 말하자면 기존의 게시판에 가득하던 궁서체의 글과는 거리가 멀었다. 마침 만우절이었다.

만우절의 거짓말처럼 올라온 글에 대한 반응은 뜨거웠다. 각 잡힌 책상에 앉아 무심코 게시판을 확인하던 사람들이 조금 이상한 형태로 올라와 있는 글을 발견하고 어리둥절해했다. 그리고 아마도 상상하건대, 몇몇은 나처럼 자기 자신도 모르게 조용히 차오르는 어떤 마음을 목격했을 것이다. 자기 안에 분명히 존재하였으나 한번도 공식적인 언어로 표현되지 못했던 무엇에 대한 목격담들이 댓글로 올라왔다. 차마 댓글이 되지 못한 마음들이 개인 쪽지로 날아들었다. 예상치 못한 뜨거운 반응에 어리둥절하면서도, 우리가 그동안 어떤 갈증을 가지고 있었는가에 대해 깨닫게 되는 순간이었다. 분명 존재하였으되 이름을 부여받지 못하고 각자의 마음 안에서 혼자만 살던 어떤 존재들이 움막을 걷고 나와 서로의 안부를 묻는, 만우절의 작은 기적 같은 것이었다.

책을 내겠다는 마음으로 글을 쓰면서도 검사인 내가 과연 세상을 향해 어떤 말을 해도 되는 것일까 자꾸만 망설이게 된다. 벽 같은 얼굴로 법률의 칼날을 벼려 사실을 파헤치는 일 말고, 내가 세상을 향해 내어놓아도 되는 어떤 말이란 것이 과연 있을까. 나누어도 좋다고 기꺼이 허용되는 마음이 있을까. 오래 훈련된 침묵의 습관은 자꾸만 발걸음을 머뭇거리게 한다. 검사라는 직을 수행하는 자에게 공식적으로 허용된 범주는 어쩌면 궁서체의 영역에 한정되는 것인지도 모른다는 생각, 검사 윤리 강령을 아무리 뒤져보아도 그에 대한 속 시원한 대답은 찾을 수가 없다.

익숙했던 궁서체와 침묵의 안온함에 기대어 다시 편안해지고 싶은 마음이 발길을 잡는 날에는 내가 체험했던 만우절의 작은 기적을 떠올린다. 알지 못하던 어느 검사와 업무적인 대화를 주고받던 끝에 상대방이 내가 쓴 '일의 기쁨과 슬픔'을 한

참 들여다보았노라고 수줍게 이야기해주면, 우리는 금방 일의 기쁨을 나눈, 슬픔에 대해서는 차마 이야기하지 못하는 아픔을 공유하는 동시대의 친구가 된다.

업무 팁을 나누고 최신 판례의 경향과 분석을 나누고 우수 수사 사례를 나누는 곳이 검사 게시판이지만, 어떤 날에는 그곳에도 좀 다른 형태를 가진 글들이 올라왔으면 좋겠다. 반듯한 우리도 명석한 우리도 다 멋지지만, 좀 일그러지고 아파하고 사소한 우리가 거기 있다는 이야기도 누군가는 해줬으면 좋겠다. 지지리 궁상인 우리라도 눈물을 쓱 닦고 일어나 세상의 어느 귀퉁이를 반듯이 각 잡는 일을 멋지게 해내기도 한다는 사실을, 우리는 우리끼리 부끄러워 말고 나눌 수 있었으면 좋겠다고 나는 생각한다.

그래서 그 이후 가끔 엄중한 검사의 게시판에다가 이상한 형태의 글을 쓴다. 어느 날 내가 올린 글에 대해 선배는 "제목만 보고도 니가 쓴 글인 것을 알았다"는 평가를 내어놓았다. 검사 중에 이런… ('이런'이 무엇을 의미하는지 굳이 서로 대화를 나누지는 않았다) 류의 제목을 다는 인간은 나밖에 없다는 것이다. 나름 하나의 장르를 개척한 것인가 뿌듯한 가운데…. 분명 강호의 어느 구석에선가 나보다 더 '이런' 류의 글을 남몰래 쓰고 있을 고수들이 속속 세상 밖으로 나타나주기를 기다린다. 살얼음

낀 검사의 게시판에 나타난 사소한 균열들이 서로의 사소로움을 유쾌하게 겨루는 날, 나도 그동안 조금은 감추고 있던 진정한 똘기를 정정당당히 발산할 수 있지 않을까ㅋㅋㅋ.

검사의 사직인사

검사들은 사직할 때 내부 게시판에 사직인사를 올린다. 경직된 문화 탓이라고 할지, 평생을 근무하면서도 내부 게시판에 글 한 번 쓰지 않았던 사람들도 나가면서 마지막 인사를 남긴다. 그래서 '검사가 되고 처음이자 마지막으로 쓰는 게시글이 사직인사가 되었다'로 시작하는 사직인사도 많다.

"검사들은 유독 왜 사직인사를 써서 올리는 거야?"

가벼운 대화를 나누는 자리에서 어느 지인이 물었다. 아니, 사직을 하려면 당연히 사직인사를 올려야 하는 것 아닌가? 직을 떠나면서 작별 인사를 하는 것은 당연한 일 아닌가? 사직인사를 올리는 문화가 별스러운 것이라는 생각을 한 번도 못 해보다가 지인의 물음을 듣고 당황했던 기억이 있다.

그즈음 언론에도 검사들의 사직인사가 다뤄졌다. 어떤 사람들의 눈에는 검사들의 사직인사 문화가 오만방자한 무소불위의 권력들이 나가면서까지 그들의 카르텔을 공고히 하고자 하는 별스러운 의식으로 그려지고 있었다. 사직인사에 달리는 댓글들(주로 '이렇게 떠나시니 아섭습니다. 새로운 길에서 건승하시기를 기원하겠습니다' 같은 것이다)을 모아 새로 개업하는 변호사 사무실에 걸어두고 현직 검사와의 친분을 과시하는 데에 사용한다는 설명도 의혹을 더욱 두텁게 했다. 그런 댓글들이 전관예우를 기대한 의뢰인들을 홀리는 데에 어느 정도 역할을 하는지는 모르겠으나 사직인사를 올리고 줄줄이 댓글을 다는 일이 다른 조직이나 회사에는 없는 별스러운 일이라면 그리 해석될 수도 있겠다 싶다. 안 그래도 미운 놈들이 별스러운 짓을 하니 곱게 보일 리가 없다는 것도 이해는 가고, 굳이 댓글들을 동판에 새겨 변호사 사무실에 거는 행위에 대해 문제의식을 느끼지 못한 것 또한 내부 논리에 익숙해진 무감함이었음을 자인하게 된다. 그렇지만 검사들의 사직인사를 전관예우를 다짐하는 부정한 서약 의식 정도로 치부하는 것은, 매번 누군가의 사직인사를 오래 들여다보고, 어떤 마음을 담아 신중히 댓글을 달아온 자로서 어쩐지 억울하다.

누가, 언제부터, 어떤 이유로 사직인사를 내부 게시판에 올리기 시작했는지는 모르겠다. 그것이 어떻게 검사들의 문화로까지 자리 잡게 되었는지에 대해서는 여러 의견이 있다. 검사들은 임지를 자주 옮겨가며 여러 구성원과 함께 일을 하니, 사직을 하면서 그 모든 사람에게 한꺼번에 인사하는 방법으로 내부 게시판 사직의 글을 이용하게 되었다는 이야기도 있고, 외부의 비판적 시각처럼 '나 나가니 앞으로 잘 봐줘'라는 말을 고상하고 우회적으로 하는 방법이라고 생각할 수도 있겠다. 검사들은 한 번 누군가가 생산한 형식을 반복적으로 따라하는 경향이 있으므로 누군가가 사직인사를 쓰게 되면서 의례히 사직인사라는 것을 쓰고 나가야 하는 것으로 인식했을 수도 있고, 검사로 재직하는 동안의 소회를 그래도 마지막 순간에는 글로 남기고 공감받고 싶은 지극히 개인적인 욕망도 있을 것이다. 아마도 그 전부가 복합적으로 작용하여 오늘날의 사직인사 문화로 자리 잡은 것이 아닌가 한다.

약속한 것은 아니지만 검사들의 사직인사는 그 형식과 내용이 대부분 엇비슷하다. 말하자면 이런 식이다. 먼저 일신상의 이유로 직을 떠나게 되었음을 알리고, 모두 찾아뵙고 인사드리지 못해 죄송하다고 한다. 부족한 제가 여러분들의 도움으로 검사 일을 대과 없이 수행할 수 있었음에 감사드리고, 혹여 마음에 상처를 드린 일이 있다면 너그러이 용서해주시라고 구한다. 다음으로 검사로 일하면서 특히 기억에 남는 몇몇 사건을 나열한다. 국민의 관심을 한 몸에 샀던 ○○○, ○○○ 비리 사건, 조직을 일망타진 했던 ○○○파 사건 등. 그리고 이제 새 출발하려니 어려운 시절 혼자만 조직을 떠나는 것 같아 미안한 마음이 앞서지만 남아 있는 여러분이 잘할 것이라 믿는다고 말한다. 검찰을 잊지 않겠다는 다짐, '안녕히 계십시오'로 대부분의 사직인사는 끝난다.

여기에 조금 더 나가면 검사로 일하던 동안 함께하지 못했던 가족에 대한 미안함을 표현하기도 하고, 어느 지방에서 야근 후 소주 한잔하던 추억을 곁들이기도 하고, 끝끝내 정의와 인권 수호에 앞장서는 검찰이 되어 달라는 당부를 덧붙이기도 한다.

'기재례'라는 것이 있다. 어떤 글의 모범 답안 같은 것이다. 어떤 글에는 어떤 내용이 어떤 순서로 들어가야 하는 것인지를 기재례를 통해 익히는 것에 검사들은 익숙해져 있다. 익숙하다 못해 기재례를 벗어나는 것을 두려워하기도 한다. 그래서인지, 검사는 사직인사에서도 기재례의 틀을 잘 벗어나지 않는다. 이토록 천편일률적인 글인데도, 어느 경우든 사직인사에는 울림이 있다. 똑같은 흐름과 똑같은 맥락으로 비슷비슷한 말들을 하는데도, 어쨌든 그것은 한 인간이 수년이나 수십 년 하나의 직을 수행하고 내어놓는 마지막 인사이기 때문이다. 누구라도, 그가 어떤 방향성의 삶을 살아가는 인간이었는지와는 별개로, 검사직을 오래 수행해온 자의 삶은 뜨거운 것일 수밖에 없다. 직이 곧 삶이었던 시절을 내처 달려온 자가 한 번에 몰아서 내놓는 날숨을 그 천편일률의 행간에서 읽는다. 마지막까지도 기재례의 틀을 벗어던지지 못한 씁쓸함까지를.

그런 가운데 요즘은 가끔 전통적인 틀을 살짝 비껴간 사직의 글을 만나기도 한다. 주로 좀 더 젊은 검사들의 사직인사에서 그런 경향이 두드러진다. 어느 검사는 '이제 나가면 머리를 보라색으로 염색하고 손톱을 귀신처럼 기르는 삶을 당분간 살아 보겠노라'고 포부를 밝혀 종래에 본 적 없는 유쾌한 사직글로 회자되기도 했고, 최근의 어느 검사는 영화 대사를 인용하며 더 늦기 전에 '인생의 적정한 온도'를 찾아 떠나겠노라고 적었다.

한 인간이 검사라는 직을 수행해오며 살아온 삶은 각자 다 다를 것이고, 직을 내려놓기로 하는 지점에서의 소회 역시 같지 않을 것이다. 마침내 검사 인간의 갑옷을 벗고 다른 인간으로서의 삶을 살기로 하는 그 지점에서, 그가 살아온 검사로서의 삶이 그에게 어떤 것이었는지, 그리하여 앞으로의 삶에 대해 그가 무엇을 꿈꾸게 되었는지에 대한 내밀한 고백을 아직 남아 있는 구성원들에게 마지막으로 전하고자 하는 것이 사직인사다. 그렇다면 그 지점에서 떠나는 자가 처음이자 마지막으로 전하는 굿바이의 말은 오직 그만의 것이기를 바란다. 그것은 부디 삶의 어떤 지점을 통과한 자만이 보여줄 수 있는 그만의 관점이기를, 마침내 갑옷을 벗어던진 자의 홀가분함이기를, 아직 갑옷을 입고 멀리 손을 흔드는 자의 입장에서 바라는 것이다.

우리 모두는 언젠가 사직을 하게 된다. 요즘처럼 평생 검사라는 개념이 생겨나기 전, 유독 노화와 퇴직으로 이어지는 흐름이 가팔랐던 검찰에서는, 검사가 되는 순간부터 줄곧 사직의 순간을 염두에 두었다고 해도 과언이 아니다. 너무 힘든 어떤 날이나 너무 좋았던 어떤 날에도 사직을 생각했다. 사직에 대한 생각은 어느 날엔가 작성하게 될 사직의 글에 대한 상상으로 구체화되곤 했다. 별다를 것 없는 아무 날의 출근길에서 미래의 사직인사에 들어갈 문구를 매만지는 일들이, 실은 그 아무 날의 일상을 개념 짓고, 때로 단단하게 해주었다.

그리하여, 별스러운 검사들의 사직인사에 대한 변명에 덧붙여 제안해보지만, 어느 직장에서든 그간의 직을 그만두고 새로운 시작을 결심하는 순간에 대해 더 많은 사람들이 사직의 인사를 남겼으면 좋겠다. 그것이 이 갈리는 분노에 대한 것이든, 아련한 회한이든 간에 마침내 변화의 지점에까지 도달한 자가 알고 있는 바를 남기는 것이다. 그리고 그것은 아직 그 직에 남아 있는 사람들, 그 자리를 함께 관통해온 사람들과 공유되길 바란다. 그런 작업을 통해 직업과 사회에 대한 추상개념들이 그 직을 수행해온 한 사람 한 사람에게 구체적인 삶의 감각으로 내려앉을 수 있으리라 생각한다. 그로 인해 떠나는 자에게도, 여전히 남아 손을 흔드는 자에게도 의미 있는 무엇이 되리라고 나는 믿는다.

검사, 자유를 꿈꾸다

그냥 인간이던 내가 검사 인간으로서 탈피를 어느 정도 마쳤다고 스스로 생각되던 때는 4학년에 이르러서다. 평검사들은 일반적으로 2년에 한 번씩 임지를 옮기는데, 한 검찰청에서 근무하는 2년을 1학년이라고 한다. 그러니까 4학년이라면 검사가 된 지 7~8년 차가 되었다는 뜻이다. 3학년을 마치고 마침내 4학년이 되었을 때 나는 지방의 작은 지청으로 발령받았다. 보통 2학년 검사들이 주축을 이루는 곳이고 보니 4학년인 나는 청의 수석검사가 되었다. 수석이라는 타이틀을 달고, 나를 수석님이라고 부르는 후배들이 줄줄이 생겨나자, 이제는 무언가 완성된 형태의 검사 인간이 된 느낌이었다. 더 이상 부유하며 떠도는 자의 위치에 머물 수 없다는 사실을 느끼게 되었다고 하는 것이 적절할지도 모르겠다.

마침내 나의 1차 변이 기간이 끝났다는 것을 깨닫는 순간 뿌듯함과 허탈함 설렘과 막막함이 함께 몰려왔다. 간을 보고, 분위기를 파악하고, 매 순간 적응을 도모하던 자의 지위는 이제 나의 것이 아니었다. 변이 중인 인간은 제 스스로도 무엇이 될지 모르는 상태로 그저 변이 과정에 집중하면 되지만, 변이를 마친 인간에게는 명확한 자기 인식과 새로운 목표라는 것이 필요하다. 나는 무엇이 되었는가, 무엇을 할 수 있는 인간이 되었는가, 그리고 새로 얻게 된 지위와 능력을 어떻게 사용하는 존재가 될 것인가.

완성된 새 슈트의 성능을 이리저리 살펴보던 나는 마침내 하나의 목표를 설정했다.

'이제 나에게 주어지는 권한과 지위를 나의 자유를 확대하는 것에 써야겠다.'

'자유를 확대하는 것' 그것이 검사 7년 차, 1차 변이를 마친 검사 인간이 주먹까지 불끈 쥐어가며 가슴에 품은 새로운 꿈이었다. 그런데 도대체 어디서부터 뭘 확대해야 하지?

검사로 지내온 7년은 해야 되는 일과 해도 되는 일을 구분하기에도 벅찬 세월이었다. 주로는 하면 안 되는 일과 하면 끝장나는 일들로 이루어진 세계였다. 디디면 안 되는 돌들을 피해 반드시 디뎌야 하는 돌들을 찾기에 집중하는 사이, 나는 다소 말이 없고 좀처럼 의견 표명을 하지 않는 신중한 7년 차 검사로 변이된 상태였다. 반드시 해야 할 일과 하면 끝장나는 일들을 제외한 나머지 영역, 그곳에 소심한 자유주의자가 개척해야 할 새로운 영토가 있었다.

지금도 다소 그렇지만 과거의 나는 무언가를 나 스스로에게 자주 선언하는 습성이 있었는데, 그 선언이 허황되고 꿈에 부푼 것일수록 실천 방안을 구체적이고 현실적으로 잡아야 한다는 사실을 알고 있었다. 하여, 당시 잡은 실천 방안은 다음과 같다.

1.

(하고 싶은 말을 다 할 수는 없지만)

하기 싫은 말은 하지 않는다.

하고 싶은 말을 다 하고 살 수는 없다. 상사에게도 후배에게도 민원인에게도 마찬가지다. 하고 싶은 말이 목구멍 앞까지 치밀어 오르더라도 꿀꺽 삼킬 줄 아는 것, 그것은 비단 검사뿐만 아니라 현대 직장인들의 필수 능력이라고 할 수 있다. 하고 싶은 말을 다 하고 나면 우선 목구멍은 시원할지 모르나 뒤이어 몰려오는 일이 감당이 안 된다. 하고 싶은 말을 마음대로 하는 것은 주로 '하면 끝장나는 일'과 '해서는 안 되는 일'의 영역에 있다. 그것은 나 같은 풋내기가 취할 수 있는 자유의 영역이 아니다.

그러나 하고 싶지 않은 말을 안 하는 것은 조금 다른 문제다. 하고 싶지 않은 말은 주로 마음에 없는 말, 거짓인 말, 긴가민가한 말들이다. 마음에 없고 확신할 수 없으며 사실은 진실이 아니라는 것을 알면서도 말해야 하는 상황에는 진실 이상으로 누군가에게 잘 보이고 싶다든가, 확신 이상으로 누군가를 현혹한다던가, 마음 이상으로 누군가와의 관계를 좋게 하고자 하는 욕심이 작용한다. 그것은 나를 나 이상으로 포장하고자 하는 욕망이다. 상황을 좀 부드럽게 한다든가, 나에 대한 호의를 이끌어낼 수 있으나 그것을 위해 내 마음의 소리를 비틀어버리는 일이 잦아지면 마음이 황폐해진다. 내 마음이 내 마음이라는 사실을 자주 잊어버리게 된다.

따라서 하고 싶은 말을 다 하고 사는 용자는 못 되더라도, 하고 싶지 않은 말, 마음에 없는 말을 굳이 하지 않을 자유를 나에게 허용하기로 했다. 그저 말을 하지 않는 것이므로 그다지 티가 나지 않는다. 좀 답답한 사람이나 살갑지 않은 사람으로 보일 뿐 그다지 뒷감당을 몰고 올 일이 없다. '마음에 없는 말을 하지 않는 자'가 기꺼이 입을 벌려 하는 말에는 진심이 실린다는 사실을 용케 알아봐주는 이들을 가끔이지만 만나게 되는 것은 덤이다. 그런 이유로 소심한 자유주의자가 설정하기에 매우 적합한 1스텝이다.

2.

(웃긴다고 해서 그때마다 웃을 수는 없지만)

웃기지 않은 말에는 웃지 않는다.

살다 보면 웃기는 상황과 마주할 때가 있다. 진짜 재미있는 일 말고 '소가 웃을 일이다' 할 때 그 웃기는 일 말이다. 말도 안 되는 상황과 어이없는 말들 속에 속 시원하게 웃기라도 했으면 좋으련만, 웃긴다고 다 웃는 일은 대부분의 직장인들에게 금지되어 있다. 어떤 면에서는 말보다도 웃음이 더 치명적이다. 전혀 웃기려는 의도가 없는 자에 대한 박장대소는 어떤 말보다 도전적으로 들린다. 그것은 상대에 대한 일말의 예의와도 관련되는 일이므로 굳이 도전할 필요가 없다는 데에 이의가 없을 것이다.

문제는 웃기지 않는데도 웃어야 하는 상황이다. 상대방을 웃겨주려고 하는 의도를 가지고 하는 말 중에는 웃기지 않는 말들이 많다. 그런데 우리의 사회생활 세포에는 웃기지 않아도 웃어야 하는 타이밍을 알아채는 프로그램이 입력되어 있다. 그러다보니 정말 재미있어서가 아니라 그저 웃어야 하는 상황이므로 웃게 되는 경우들이 있다. 직장인 대부분이 가지고 있는 이 세포는 어쩌면 뇌보다 빨라서, '저게 뭐야 재미도 없고, 웃으라고 하는 얘기야?'라고 뇌가 인식하기도 전에 입꼬리를 찢는다. 웃기지도 않은 상사의 농담에 뭔 말인지도 채 다 파악하기도 전에 이미 웃고 있는 자신을 발견할 때 그 자괴감은 이루 말할 수 없다. 그저 웃기지 않은 썰렁 개그 정도라면 잠시 몸서리를 치면 되는 일이지만, 때로 웃으라고 하는 얘기가 누군가에게 폭력이 되거나 혐오가 되는 경우도 있다. 그런 경우에서조차 습관적으로 웃음을 띠는 직장인 세포를 제어하고, 웃음만큼은 내 의지를 반영한 의사 표현의 방식으로 활용하겠다는 것이 내 두 번째 자유 선언이다.

이토록 나의 자유 선언은 무척 소박하고 소심한 것들이었다. 그저 나를 좀 답답하고 꽁한 인간으로 보이게 할 뿐 크게 눈에 거슬릴 일도, 내가 속한 사회에서 큰 문제를 일으킬 일도 없었다. 남들은 내가 그런 자유를 남몰래 추구하고 있다는 사실을 눈치채지도 못할 정도였다. 그러나 습관적으로 튀어나오려는 말과 웃음을 돌아보고 조용히 억누를 때의 소소한 기쁨을 이제 나는 알 수 있다.

그리하여 결국 나는 자유를 품은 직장인이 되었는가 하면 회의적이다. 그로부터 곱절의 시간이 지난 지금에도 하고 싶지 않은 말을 하거나 웃고 싶지 않은 타이밍에 웃고 있는 나를 발견하곤 한다. 하고 싶은 말을, 웃고 싶은 웃음을 훨씬 더 능숙하게 삼키는 자가 되었음은 물론이다. 애초에 자유인인 직장인이란 존재할 수 없는 말이 아닌가 싶기도 하다. 하물며 자유인인 검사는 더더욱 상정하기 어려운 개념이다. 끝끝내 자유인인 검사가 되지는 못하더라도, 쉼 없이 자유의 향방을 묻는 검사가 될 수 있다면, 그것도 꽤나 멋진 일이 아닐까?

　내가 확대할 수 있는 자유의 영역에 대해 처음으로 눈을 뜬 7년 차로부터 다시 그만큼의 세월이 흘러 나는 이제 부부장 검사가 되었다. 2차 변이가 거의 완성되는 단계에 이르렀다는 것을 어렴풋이 느낀다. 아직 변이 중인 존재로서 2차 변이가 완성된 이후의 모습을 가늠하기는 어렵다. 되어 봐야 무엇이 되었는지를 알 수 있는 것이 변이의 법칙이다. 그다음 단계에서 나는 무엇을 발견하고 무엇을 새롭게 선언할 것인가를 생각해본다. 그 너머에서도 기꺼이 무언가를 꿈꿀 수 있는 존재이기를, 꿈을 꾼다면 그것은 자유 같은 멋들어진 발음을 가진 무엇이기를 소망해본다.

검사 엄마

       우리 아이들은 어릴 때부터 체포 놀이를 좋아했다. 주말 거실에 널브러져 있다 보면 갑자기 들이닥친 아이들에게 체포되어 감옥에 갇히곤 했다.

    엄마를 체포하라는 누나의 지시가 떨어지면 둘째는 "엄마 괴물 너를 체포한다"라고 외치며 소파에 누워 있던 나를 끌고 가 책상 아래(거기가 우리 집 감옥이다)에 가뒀다.

    "이것들 보세요, 원래 사람을 체포할 때는 뭐를 잘못해서 체포하는 건지 알려줘야 해요."

    그러면 아이들은 레고 놀이를 같이 해주지 않았다거나 어제 초코 케이크를 사오기로 해놓고 그냥 왔다는 것 등 다양한 죄목을 들이댔다. 들어보면 하나같이 그럴듯하고 내가 저지른 것이 분명한 죄들이었다.

    책상 밑 감옥에 있는 것은 나름 좋은 면이 있었다. 일단 감옥에 있는 이상 이거 해달라 저거 해달라 아이들의 요구에 시달리지 않아도 되었고, 불 꺼진 방에서 웅크리고 앉아 혼자만의 시간을 좀 보내는 것도 괜찮았다. 그러나 아이들이 엄마의 평화를 그대로 용납할 리가 없다. 10분도 채 지나지 않아 방문을 벌컥 열고 소리친다.

"나오세요, 48시간 다 됐어요, 석방입니다."

처음에 체포될 때 나는 아이들에게 알려주었다.

"사람을 체포하고 48시간 안에 구속영장 청구 못 하면 풀어줘야 되는 거예요."

그 말을 용케 기억하고 아이들은 곧 나를 석방했다. 48시간은 자신들의 필요에 따라 5분이 되기도 했고 10분이 되기도 했다. 엄마에게는 또 물 달라 빵 달라 놀아달라 새로운 요구를 해야 했기 때문에 오래 가둬두는 것을 원하지 않았다. 나는 절대로 구속영장이 청구되는 일 없이 석방되고 다시 또 체포되기를 반복했다.

'같은 죄로는 두 번 체포할 수 없다는 사실도 알려줬어야 했는데…'

같이 일하는 여성 검사가 아들이 다니는 학교 선생님으로부터 연락을 받았다고 했다. 학급에서 작은 도난 사고가 있었는데, 검사의 아들이 자기가 범인을 찾겠다고 다른 학생들의 가방을 뒤지고 다녔다는 것이다. 그 녀석 엄마로부터 남다른 수사 DNA를 물려받았나 했는데, 검사 엄마는 아들에게 부드러운 어조로 이렇게 말했다고 한다.

"○○아, 그런 것은 영장이 있어야 할 수 있단다."

아무렴~. 압수수색은 법관이 발부한 유효한 압수수색영장이 있어야 할 수 있는 것이다.

나는 검사이고 엄마다. 언뜻 서로 개연성이 없어 보이는 두 단어를 합쳐놓으면 '검사 엄마'가 된다. 엄마인데, 검사라는 뜻일 뿐인데 이렇게 합쳐놓으면 뭔가 묘한 느낌이 난다. 분명히 존재하고 있으나 뭔가 어색한 느낌이라고 해야 하나.

검사 엄마라는 단어에 대해 어떻게 생각하느냐고 동료 검사에게 물었더니 듣기만 해도 눈물이 나는 단어라고 했다. 또 다른 동료는 "검사가 아니었다면 어쨌든… 좀 더 좋은 엄마가 되지 않았겠어요?"라고 말했다. '검사 엄마'라는 네 글자만 던지고 물어봐도 돌아오는 대답은 대부분 미안함과 애틋함, 죄의식 같은 것이었다. 꼭 그래야만 하는 것일까.

아이들이 어릴 때, 검사인 엄마는 어린아이가 요구하는 엄마로서의 역할과 기능을 제대로 수행하지 못한다. 자주 다른 지역에서 일하거나, 늘 바쁜 엄마는 아이를 직접 양육하지 못할 뿐 아니라, 보조 양육자로서도 그 역할을 살뜰히 해내지 못하는 경우가 많다. 큰 아이가 유치원 다닐 때 큰맘 먹고 휴가를 내고 아이의 유치원 행사에 참석한 날이 있었다. 처음으로 엄마 손을 잡고 유치원에 가는 아이는 신이 나서 폴짝거리며 말했다.

"이제 내 친구들이랑 선생님이 나도 엄마가 있다는 것을 알게 되겠지?"

한 번도 엄마의 부재에 대해 불만을 말한 적이 없는 아이였는데, 어린 가슴 안에 그런 마음이 있었다는 생각에 울컥했다.

아이는 조금 더 크자 보다 명시적으로 엄마의 직업에 대한 입장을 내놓았다. 장래 희망 같은 것을 적어 넣어야 하는 때가 있다. 아이돌 가수도 하고 싶고, 디자이너도 하고 싶고, 선생님도 하고 싶다는 아이에게 넌지시 "검사는 어때?" 하고 물어보면 1초도 고민하지 않고 "아니!"라는 대답이 돌아온다. 왜냐고 물으면 "내가 엄마를 봐서 알잖아, 나는 바쁘고 힘든 거 싫어"라고 단호히 말한다. 아이돌 가수가 더 바쁘고 힘들 거라고 주장해보지만, 절대 그럴 리는 없다는 거다. 거참….

그럼에도 불구하고 '검사 엄마'는 늘 부족하고 미안한 존재라고만 하기에는 뭔가 억울하다는 생각이 앞선다. 그렇게 나쁘기만 한 일이라면 우리는 어째서 이렇게 아등바등 검사 엄마로 살아가고 있는가. 뭔가 그럴듯한 근거를 우리라도 찾아보기로 하자.

(매우 한참을 고심한 끝에….) 검사 엄마의 좋은 점은 어쨌든 이들이 공정과 정의의 개념을 기반으로 움직이는 자들이라는 것

이다. 검찰이 언제부터 그렇게 공정하고 정의로웠냐고 한다면 여기서 더 이상 우리는 이야기를 나눌 수 없겠지만, 그러지 말고 조금은 열린 마음으로 궁색한 엄마의 이야기를 들어보시라. 그러니까 이것은 어디까지나 이상에 대한 이야기라고 전제하고 말이다. 애정이나 헌신, 포용과 희생이라면 모를까 공정과 정의가 어떻게 엄마로서의 덕목이 될 수 있느냐고? 급한 사정은 알겠지만 너무 억지 아니냐고? 아니다. 상상해보라.

실상 아이의 입장에서 공정하고 정의로운 엄마를 가진다고 생각해보면, 가히 멋진 일이다. 논리와 이성을 기반으로 생각하고 행동하는 습관을 가진 엄마는 아이를 함부로 꾸짖지 않는다. 부당한 것, 실현할 수 없는 것, 근거 없는 것의 실행을 요구하지 않으며, 아이 스스로도 책임질 수 없는 상황에서 벌어진 일로 아이를 탓하지 않는다. 인과관계가 인정되지 않는 일, 고의가 인정되지 않는 일에 대해서는 아이를 벌하지 않는다. 될 수 있는 한 예측 가능성이 보장되도록 지시와 꾸지람을 하고 같은 규정을 같은 상황에서 매번 같게 적용하기 위하여 노력한다. 입증되지 않는 추측만으로는 사실을 확정하지 않는다. 그 과정에서 아이의 반론권은 철저히 보장받는다.

그래서, 실제로 너는 공정하고 정의로운 엄마냐고 따지고 물으면 나는 다시 쪼그라들 수밖에 없다. 다시 말하지만 이것은 어디까지나 이상에 대한 이야기다. 세상의 수많은 육아 지침서, 교육 지침서들의 지침을 우리가 다 지키지 못하는 것과 마찬가지다. 아이의 성장 시간을 오롯이 함께하지 못해 미안한 엄마가, 죄책감 말고 가질 수 있는 어떤 것을 찾기 위한 안간힘이다. 검사 엄마라는 단어만 듣고도 미리부터 울컥하는 나와 내 동료들을 향한 실없는 농담이자 위로 같은 것이다.

엄마의 역할을 살뜰한 보살핌으로 한정해 생각해보면 나와 내 동료들은 평균 이하의 점수를 받는 미안한 엄마일 수밖에 없을 것이다. 그러나 엄마가 아이에게 주어야 할 것, 줄 수 있는 것이 다만 보육자로서의 역할만은 아니라고 생각한다. 엄마는 아이의 보육자인 동시에 아이가 가장 가까운 곳에서 통째로 지켜볼 수 있는 또 하나의 인생이다. 한 사람의 어른이 자신의 직업을 어떻게 대하고 꾸려나가는지, 사회와 어떻게 반응하고 소통하는지, 인생에서 닥치는 문제들을 어떤 원칙을 가지고 풀어나가는지를 아이는 엄마의 삶을 지켜보며 자연스레 배우고 익히게 된다. 따라서 엄마는 좋은 방향으로도 나쁜 방향으로도 아이의 롤모델이 될 수밖에 없다. 어차피 보육자로서의 살뜰한 역할은 이 생에는 망한 것이라면, 흔치 않은 직업을 가진 한 사람의 어른으로서 생을 멋지게 보여주는데 집중해야 하지 않을까.

바쁘다는 핑계로 아이 팬티에 구멍 난 줄도 몰랐던 엄마가,

그 와중에 그래도 자신의 직업적 존재감과 부모 역할의 절충점을 찾고자 고심하는 사이, 옆에서 레고를 가지고 놀던 남매 사이에 사소한 다툼이 일었다. 아이들은 상념에 빠져 있던 엄마에게 달려와 각자 자기주장과 그 근거를 늘어놓는다. 둘 다 나름의 논리적 완결성을 갖추고 있으나 자기 입장에서만 문제를 서술하고 있어 객관적인 사실 확인이 힘들다. 엄마가 선뜻 답을 내려주지 않자 참다 못한 둘째가 도전적인 목소리로 묻는다.

"그래서… 엄마는 누구 편이야?"

그 물음에 대해서라면, 자신 있게 대답해줄 수 있다.

"엄마는 언제나… 정의의 편이지!"

4장

다정한
외곽주의자

외곽주의자

　　4차선 고속도로에서는 2차로나 3차로를 탄다. 어쩌다 1차로를 탈 일이 있으면 잠깐만 타고 얼른 나온다. 2차로나 3차로 정도가 마음이 편하다. 그렇다고 아예 4차로는 아니다. 고속도로를 달릴 때만 그런 건 아니다. 어정쩡한 입지 선정은 인생 전반에 적용된다. 나는 언제나 2차로나 3차로 정도가 마음 편한 사람이다.

　　한번은 차를 몰고 친구들과 카페를 찾아갔다. 주차할 자리가 있을까 걱정하면서 갔는데 카페에 도착해보니, 웬일인지 입구 가장 가까운 곳에 외따로 마련된 널찍한 주차 공간 하나가 비어 있었다. 장애인 전용 구역은 아닌 것 같았지만, 잠시 망설이다 그 자리를 패스하고 주차장 끝까지 가서 차를 대고 왔다. 친구들이 도대체 왜냐고 물었다.

　　"자리가 너무 좋아서 내 자리가 아닌 거 같아."

　　주차조차 가장 좋은 자리에는 하지 못하는 나를 친구들은 외곽주의자라고 불렀다.

　　대한민국에서 검사라는 직업을 갖게 된 것만으로 개천에

서 용이 된 것이 아니냐고도 할 수 있겠지만, 용의 세계에도 중심과 외곽은 있고, 내 포지션은 외곽이다. 지방대를 나온, 집안적·사회적 아무런 배경이 없는, 체력이 다소 떨어지는, 여성인 나는…. 검찰에서도 내내 중심이라 할 수 없는 형사부, 공판부에서 일했고, 공판부 중에서도 주로 꺼려하는 국민참여재판을 전문으로 하고 있다.

지금까지의 한국 사회는 늘 원의 중심이 명백한 사회였다. 서울 혹은 대도시, SKY 대학, 판사, 서울의 5대 로펌, 특수부, 공안부…. 그런 것들이 의심 없이 중심의 자리를 차지했고, 무서운 구심력으로 그 시대의 구성원들을 끌어들였다. 왜 끌려가는지 모르는 채 끌려가던 나날이 계속되었다. 홀린 듯 중심을 향해 나아가면서도 왜 저것은 중심인가, 왜 우리에게 작동하는 힘은 구심력밖에 없는가 의문은 일었다. 그러나 당장은 중심을 향해 나아가는 것이 급선무였으므로, 그런 의문 따위에 대답을 찾을 여유가 없었다. 답을 찾지 못한 채 일단은 남들 가는 방향으로 가고 볼 일이었다. 주춤대면서도 발걸음을 멈출 수가 없었다. 주춤대며 걸으니까 더 힘들었다.

지금은 시대가 바뀌고 있다고 하지만, 전통적으로 검찰의 중심은 특수부나 공안부가 속해 있는 소위 인지부서였다. 형사부에서 인정받은 검사는 인지부서로 발탁되어 갔고, 그 발탁의 기회를 잡기 위해 형사부 검사들은 실적을 쌓았다. 보통 6개월마다 한 번씩 오는 인사 시기에서 누가 인지부서로 뽑혀 가는가가 가장 큰 관심사였다. 형사부장들의 능력은 자신의 부원들을 몇 명이나 인지부서로 보냈는가에 의해 평가되기도 했다. 밤낮없이 퀭한 눈으로 미제 사건 처리에 매진하던 형사부 검사들이 어쩌다 특수부장이 여는 술자리에 초대되면 열 일 제쳐두고 달려가 눈도장을 찍는 이유도 거기에 있었다. 일단 특수부에 들어가야 이름 있는 사건에 내 이름 한 자 올릴 수 있고, 그 실적을 바탕으로 다시 특수부에 소속될 수 있으며, 그 기회가 주어져야 다시 이름난 사건의 수사에 참여할 수 있는 것…. 그것이 특수부의 높은 성곽과 그 성곽을 오르려는 자들을 구성하는 원리라고 했다.

인지부서를 지향하지 않는 검사에 대한 공식적인 자리가 검찰에는 없었다. 의욕이 없는 자, 검사 일에 대한 애착이 없는 자로 평가될 뿐, 그 자체로 다른 지향을 가진 검사로 평가되지 못했다. 그런 의미에서 어떤 검사는 실제로 자신이 인지부서에서 일하기를 원하는가와 별개로 의욕을 상실한 검사로 보이지 않기 위해 줄기차게 특수부 공안부 지망을 적어내기도 했다.

능력을 인정받지 못해서 인지부서에 뽑혀가지 못하는 상황도 갑갑하겠지만, 모든 이들이 한결같이 지향한다는 그 높은 곳에 가고 싶은 생각이 애초에 없는 사람도 그 나름대로 갑갑하다. 1차로가 비어 있는데 왜 갑갑하게 2차로만 달리고 있느냐고 끊임없이 채근하는 누군가를 조수석에 태우고 운전하는 기분이랄까.

그러한 방황과 고뇌로부터 자유로워진 것은 아마 10년 차가 넘어서고부터인 것 같다. 실은 10년 차가 넘고 보니 '이제 와 더 이상 뭘 어쩌겠느냐'는 현실 인식 같은 것이 나의 운신의 폭을 좀 더 자유롭게 해주었다고 해야겠지만, 그 무렵 어느 동기와의 대화에서 나는 해답 비슷한 무언가를 찾은 것도 같았다.

동기는 일을 참 잘하는 검사였다. 내가 보기에는 너무나 어려운 일도 그녀에게 가면 쉽고 빠르게 처리되었다. 내가 정말 어려워하는 상사와도 그녀는 쿨한 입장을 보이며 아주 잘 지냈다. 그런 그녀는 능력을 인정받아 특수부에 발탁되었고 전국적으로 이름난 매우 중요한 수사를 하고 있다고 소식을 들었다. 그리고 얼마간 시간이 지난 뒤 나는 형사부로 다시 돌아온 그녀를 만났다. 특수부는 어떻더냐는 나의 물음에 그녀는 특유의 쿨한 태도로 특수부는 정말이지 자기와 맞지 않는 곳이었다고 말했다.

"특수부에 갔으니 정말 잘하고 싶었고, 열심히 했지. 어느 날 출근을 하는데 청소하시는 아주머니가 "어머 검사님 구두가 왜 그래요?"라고 하는 거야. 그제야 보니까 내가 구두를 짝짝이로 신고 출근한 거였어. 그것도 굽 높이가 전혀 다른 것으로 말이야. 그런데 그 사실을 그분이 이야기해주기까지는 정말 몰랐다니까. 그때 깨달았어. '아 나는 정말 나에게 안 맞는 일을 하고 있구나⋯.'"

결국 세상이 설정한 표준 사이즈가 뭐든 간에 사람들은 각자 자기만의 굽 높이 같은 것을 가지고 있는 것이다. 자신의 굽 높이는 세심히 살피지 않고 남들 하는 대로 맞추다 보면 어느 순간 절뚝거리며 걷게 되는 것이다. 자기가 절뚝이고 있다는 사실조차 모르게 되는 것이다. 그곳이 중심이라는 일반론을 덮어두고, 그곳에 서 있는 구체적인 나를 그려보았다. 내가 무엇을 잘하고 못하는지, 무엇에 보람을 느끼거나 느끼지 않는지, 무엇이 나를 움직이게 하는지를 추상적으로 말고, 아주 구체적으로 하나씩 따져보았다.

그러한 과정을 통해 마침내 나의 외곽은 스스로 형태를 갖추었다. 스스로 형태를 갖춘 외곽이 있는 한, 많은 사람들이 어디를 중심이라고 하든, 그건 더 이상 중요하지 않았다. 외곽주의자는 다만 원의 중심으로 들어가지 못한 주변인이 아니라, 스스로 찾은 외곽의 어느 지점에 머물고자 하는 의지를 가진 자다. 그게 그거 아니냐고 하겠지만 실은 많이 다르다. 중심을 향해 진격하는 사람들 사이에서 진격의 질서를 거부하고 딴청 부리는 사람들은 언제나 존재해왔고, 실은 알려진 것보다 그 수가 많을지도 모른다. 다만 그동안의 사회는 언제나 어딘가에 중심을 설정하고 그 중심으로 향하고자 하는 힘으로 수레바퀴를 굴려 세상을 움직여왔다. 더 힘차게 수레바퀴를 돌리기 위해서는 중심을 향하여 달려가는 힘을 극대화해야 했고, 그것은 중심의 질서만을 그 세계를 움직이는 하나의 표준 질서로 인정하는 방식으로 달성되었다. 그 중심을 향해 달려가기만도 바쁜데, 그 흐름에서 도태될까 불안하기만 한데, 그 와중에 딴청 부리는 자들이 있다고 해보자. 거길 왜 가는 거냐고 성가시게 묻는 자들의 존재는 중심으로 흐르는 도도한 물결의 한 귀퉁이를 불안하게 만든다. 그걸 일일이 대답해주면서는 저 높은 곳까지 갈 수가 없다. 뭘 자꾸 물어보고 다른 걸 꿈꾸면 안 되겠느냐고 하는 어중이떠중이들은 일단 성가신 존재들이므로 그냥 '루저'라고 부르기로 한 것이다. 이해하기 어렵고 거슬리는 존재일수록 최대한 획일적이고 단순한 이름을 붙여 더 이상의 의미 부여를 제거하는 것, 이 또한 이 사회가 진격의 질서를 유지하는 하나의 방식이었던 것이다.

그러나 자신의 외곽 형태를 구체적으로 인식하기 시작한 외곽주의자에게 이제 그런 류의 이름 붙이기는 별로 힘을 발휘하지 않는다. 중심의 질서가 우리를 루저라고 부르든 뭐라고 부르든 별 상관없다. 그리고 그 지점에서부터 시작할 수 있다. 내가 정말 좋아하는 일, 내가 보람과 편안함을 느끼는 일이 무엇인지를 망설임 없이 찾아 나서는 일 말이다. 외곽주의라는 것은 하나의 이념이라기보다 어떤 취향에 가깝다. 중심을 거부하겠다는 높은 뜻이 있는 것이 아니라, 그저 체질적으로 사람이 많이 모이는 곳, 복잡한 곳, 핫한 곳, 관심이 집중되는 곳, 가장 높고 가장 비싼 곳이 좀 불편할 뿐이다. 그 불편함을 외면하거나 무시하지 않겠다는 다소간의 고집이 외곽주의의 실체다.

그러니까 그냥 그런 사람이 있는 것이다. 서울에, 강남에 살고 싶지 않은 사람이 있고, 특수부에 공안부에 가고 싶지 않은 검사가 있고, 입구에서 가장 가까운 자리에 주차하고 싶지 않은 운전자가 있는 것이다. 제일 빠른 차로로 달리고 싶지 않은 사람도, 가장 예쁘고 비싼 가방을 가지고 싶지 않은 사람도 있다는 사실이 자연스러워지는 세상을 꿈꾼다. 거기에서는 마침내 그럼 어디에 살고 싶은지, 어떤 일을 하고 싶은지, 어떤 속도로 달리고 싶은지를 내 머리로 고민할 수 있으리라. 조금 덜 주저하면서, 조금 덜 흔들리면서.

지방에 살고
있습니다만

"어디에 살아요?"

누군가를 처음 만나 서로 알아가는 단계에서 많이 하고 듣게 되는 질문이다. 사는 지역이 어디냐는 것은 거주지에 대한 정보 외에도 그 사람에 대한 많은 정보를 제공해준다. 사는 지역의 부동산 시세에 비추어 재력의 정도를 짐작해볼 수도 있지만 자연스레 출퇴근 시간은 얼마나 걸리는지, 그 지역은 어떤 분위기인지, 아이들을 교육하기에 좋은 환경인지 대화를 이어가기 위해서다. 어디에 산다는 것은 그 사람이 처한 경제적·문화적 환경을 응축하여 보여줄 수 있는 정보다.

검사로 일한 16년 중에 초반 4년을 제외하면 나는 줄곧 대구를 중심으로 한 경상도 지방에서 근무했다. 나처럼 낙동강 유역을 떠돌며 근무하는 자를 두고 어떤 이들은 '신라검사'라고 칭했다. '신라검사'로서 오랫동안의 신라 지역 근무를 마치고 조직의 지엄한 경향 교류 원칙에 따라 서울에서 근무하는 동안 "어디에 살아요?"라는 질문을 참 많이 들었다. 그런데 그 질문이 상정하고 있는 '어디'라는 것의 바운더리가 서울과 수도권을 벗어나지 않는다는 사실을 어느 순간 깨달았다. 그러니까 어디에 사느냐는 질문은 대전에 사느냐 서울에 사느냐 김천에 사느냐가 아니라 서울의 어느 구 어느 동이냐, 혹은 인접한 수도권의 어디냐를 묻고 있었던 것이다. 질문자가 내심 상정하고 있는 바운더리가 그와 같다는 것을 알면서부터 어디 사느냐는 질문에 대답할 때면 한 박자 뜸을 들여 대답하게 된다.

"아… 그게…. 저는… 대구에 살아요."

어디 사느냐는 질문에 서초라거나 송파라거나 마포라고 대답한다면 질문자는 "그곳에도 요즘 부동산 가격이 많이 올랐지요?"라거나 "거기 아이들 키우기 좋다면서요?"라는 등의 다음 대화를 이어가려고 준비하고 있었을 것이다. 그런 그에게 뜬금없이 지방의 어느 도시 이름을 들이대는 일은 잠시 당황스러움을 불러온다. 그러므로 내가 한 박자 뜸을 들여 대답을 하는 이유는 그의 당황스러움을 이해하고, 그에게 무언가 다른 포지션을 취할 여유를 주기 위한 일종의 매너다.

대구라는 지방 도시의 이름을 들었을 때 잠시 당황해하면서도 "아, 저도 친구 만나러 한 번 놀러 가본 적이 있어요"라거나 "우리 사촌 이모님이 대구에 살아요"라는 반응을 보인 경우라면 나름 순발력 있는 대응이다. "대구는 사과와 미인이 많은 고장이라면서요?" 같은 시대에서 한참 뒤떨어진 고전적인 지식을 내어놓는 경우도 그런대로 나쁘지는 않다. 그런데 의외로 드물지 않게 듣게 되는 다음 질문은 이것이다.

"왜요?"

그런 질문을 선택하는 사람은 내가 부여한 매너 타임에 당황하지도 않고 정말로 궁금하다는 얼굴로 묻는다.

'왜… 냐… 고?'

이 경우 당황하는 쪽은 오히려 나다. 왜 그곳에 사는가…. 이것은 누군가를 만나 서로를 알아가는 가벼운 대화 주제로서는 어울리지 않는 심오함을 담고 있다.

사람들이 어느 지역에 사는 이유는 다양하다. 직장이 가깝다거나 학군이 좋다거나 교통이 편리하다거나 경치가 좋다거나, 아이를 돌봐줄 부모님 댁이 가깝다거나 재정상 문제로 구할 수 있는 집이 그곳뿐이라거나 하는 수많은 이유가 있을 것이다. 내가 대구의 어느 동네에 터를 잡은 이유에도 따지고 보면 그중 몇 가지 이유 때문이겠지만, 사실 왜 그곳에 사는가에 대해 진지한 고민을 해본 적이 별로 없다. 다만 여러모로 적당해서 그곳에 터를 잡았다. 당신들도 대부분 그렇지 않은가?

그렇게 찾을 수 있는 대답은 많겠지만 내가 쉽사리 적당한 대답을 찾지 못하고 당황하는 이유는 저 순진무구한 "왜요?"가 요구하는 답이 그런 것이 아니라는 점을 알기 때문이다. 그곳에 사는 이유를 묻는 그 물음에는 그 이상의 무엇, 그러니까 서울에 살지 않는 특별한 사연에 대한 기대가 들어 있는 것이다.

지방 도시에서 나고 자란 역사를 읊어보기도 하고, 분지 지형의 아름다움 타령을 해보기도 하는 시행착오를 겪은 끝에 마침내 그런 류의 질문을 하는 사람들이 가장 흡족해하는 답을 찾아냈다.

"아유~ 서울은 집이 너무 비싸잖아요."

다 알면서 뭘 묻느냐는 표정으로 어깨까지 으쓱해주면 상대방은 곧바로 수긍한다.

"맞아요, 서울 집값은 정말 미친 집값이에요. 뼈 빠지게 일한 대가를 다 집 밑에 처박고 있다는 것이 이해가 돼요? 교육비는 또 어떻고요…. 지방에 사신다니 그것은 부럽네요."

부럽다고 하면서 왜 그들의 입꼬리가 씩 올라가는 것인지는 알 수 없지만 말이다. 이 정도에서 서로 어설픈 공감대를 형성했다고 치고 다른 주제로 넘어가는 경우는 그나마 다행이다. 그런데 평균 이상으로 적극적인 어떤 사람들은 기어이 다음 질문으로 이어가기도 한다.

"그래서, 언제 서울로 옮길 계획인데요?"

그런 계획은 없다고 말하면 오는 반응은 크게 세 가지다. ① 정말요? ② 왜요? ③ 후회할 텐데…. 이 세 가지 질문을 숨도 안 쉬고 한 번에 쏟아내는 사람도 만난 적이 있다. 그런 인식의 흐름이 폭력적일 수 있다는 생각은 꿈에도 하지 못한 순진한 얼굴로.

다들 서울, 서울 하니 나 역시 서울에 가서 살아야 하는 것 아닌가 고민해보지 않은 것은 아니다. 서울은 분명 아름답고 매력적인 도시다. 모든 것이 서울을 중심으로 돌아간다는 점에서 그곳에 더 많은 기회와 더 많은 자극이 있을 것은 분명하다. 그렇다고 해서 그것이 모든 사람이 서울에 가서 살아야 할 이유는 되지 못한다. 아름답기로 치자면 또 다른 의미에서 더 아름다운 어딘가가 있겠지만 그렇다고 해서 모든 사람이 가장 아름다운 그곳에 살아야 하는 것은 아닌 것과 마찬가지다. 반대로 대구에 살고 싶은 이유는 그럭저럭 여러 가지를 찾았다. 이 또한 도발적인 질문을 던지는 자들 덕분이기는 하다.

대구는 내가 나고 자란 도시다. 성장하면서 자연스럽게 이곳을 삶의 터전으로 인식하게 되었고 도시의 크기나 거리가 적당해서 편안하다고 느낀다. 그중에서도 내가 터를 잡은 동네는 대구의 동쪽 끝머리인데, 분지형의 너른 평지 너머로 울타리처럼 둘러친 산세가 좋았고, 그 먼 산 너머로 특별히 크고 둥근 해를 띄우는 하늘이 멋졌다. 적당히 번잡하고 적당히 호젓해서 내 취향에 맞는다고 할 수 있겠다. 서울에서의 삶이 전부라고 여기는 사람들에게 그저 취향에 맞아서 지방에 산다는 말은 '한가한 뜬구름 잡기'쯤으로 들릴지도 모르겠다. 아니면 서울의 미친 부동산 가격을 감당할 만한 재력과 용기를 가지지 못한 자의 비겁한 변명으로 들릴 수도 있겠다. 그러나 왜 그런 것에 용기를 발동해야 하는지 모르는 자에게는 취향이 우선이다. 서울이 아닌 곳에서도 똑같은 크기의 삶과 만족이 있을 수 있다는 사실을 정녕 이해하지 못하는 자들은 끝내 이해하지 못할 수도 있겠지만 말이다.

서울에서 근무하는 동안 금요일 저녁이면 서울역으로 달려갔다. 급히 사무실을 정리하고 몇 번 지하철을 갈아타고 서둘러 서울역에 도착하면 기차 시간까지 10분에서 20분 남짓의 시간이 남는다. 가벼운 저녁거리를 사서 승강장이 내려다보이는 계단에 앉아 숨을 돌리면 서두르느라 반쯤 나가 있던 정신이 그제야 돌아온다. 숨을 고르며 서울역 역사를 무수히 오가는 사람들을 내려다보고 있으면 이곳이 세상의 끝인가, 세상의 시작인가 하는 아득한 생각으로 빠질 때가 있다. 승강장마다 출발 준비를 하며 대기하고 있는 기차는 이제 세계의 중심인 듯한 서울을 떠나 각자의 지방을 향해 달려갈 것이다. 지방의 어딘가에 가족과 삶의 터전을 두고 세상의 중심으로 일하러 온 사람들이 급한 저녁을 삼키며 그들의 집으로 돌아갈 준비를 한다. 기차가 달려 도착할 그 어느 지방의 도시에 똑같은 크기의 삶과 만족과 취향이 깃든 우리들의 집이 있다. 그곳은 중심이 아니라고 누가 감히 말할 수 있겠는가.

아는 비둘기가
있다는 것

아는 비둘기가 있었다. 신림동에서 고시 공부를 할 때니 20년 정도 전의 일이다. 서울, 그것도 고시촌은 한없이 낯선 곳이었다. 서울에는 마땅히 아는 사람도 없었던 나는 독서실과 고시 학원을 오가는 사이, 주로 땅바닥만 쳐다보며 다녔다. 그러다가 유난히 햇살이 좋은 어느 날 무릎 나온 추리닝과 삼선 슬리퍼들이 바삐 오가는 한림 법학원 앞 공터를 멍하니 바라보다가 그 마당에서 어딘가 움직임이 이상한 비둘기 한 마리를 발견했다. 자세히 보니 비둘기는 발가락이 하나 잘려나가고 없었다.

'쟤는 날개도 있는데 어쩌다가 발가락이 잘린 걸까, 위험이 닥치면 포르르 날아가버리면 되지 않나?'

그러나 생각해보니 비둘기가 사는 도시 환경은 발가락을 잃을 만한 위험이 도처에 있는 곳이었다. 건물의 에어컨 실외기도, 좁은 하수구 틈도 어쩌면 모두 비둘기에게 위험한 곳이었다. 밥벌이를 위해 전선이 복잡하게 얽혀 있는 비좁은 빌딩 사이를 날아다니다 불쑥 거대한 타이어 바퀴가 들이닥치는 아스팔트 위에 내려앉아 부스러기를 쪼아야 하는 존재에게, 날개가 있다는 사실이 그다지 완전한 안전장치는 아니라는 사실을 오래지 않아 알 수 있었다.

비둘기는 잘린 발로도 주차장에 뿌려진 부스러기들을 찾아 연신 이리저리 바쁘게 돌아다니고 있었다. 발가락이 모두 있는 다른 비둘기에게 뒤질세라, 발가락이 하나 없는 발이 바쁘게 움직였다. 그때부터 학원을 가는 길이면 공터에서 그 비둘기를 찾아보곤 했다. 발가락이 하나 없는 비둘기는 알아보기 쉬웠고, 나는 서울 땅에 아는 사람은 없어도 '아는 비둘기가 있는' 사람이 되었다.

아는 비둘기가 있다는 것은 아무 일 아닌 것 같지만 실은 그렇지가 않다. 그 비둘기를 알게 된 이후 어디가나 비둘기를 보면 발가락을 먼저 보게 되었다. 그러고 보니 도처에 발가락을 잃은 비둘기들이 있었다. 경복궁에서도 여의도공원에서도 발가락이나 발목을 잃은 비둘기들을 만났다. 사실은 비둘기들에게 발가락을 다치는 일이 매우 흔한 일이며, 발가락을 잃고도 밥벌이를 위해 차가운 공원 바닥을 뒤뚱거리며 뛰어다니는 비둘기가 많다는 사실을, 비로소 알게 되었다. 비둘기는 날개를 가지고 있지만 발가락도 가지고 있는 존재라는 것, 그 존재의 발가락을 위협하는 위험한 환경 속에서 그들이 먹이를 찾아 고군분

투하면서 하루하루를 살아간다는 것도 알게 되었다. 아는 비둘기가 생기기 전에는 정말이지 생각지도 못했던 사실이었다.

누군가를, 무언가를 안다는 것은 그런 일이다. 존재하였으되 인식해보지 못한 세계로 인식의 지평이 열리는 것이다. 그가 나의 세계로 들어오고, 나의 우물이 조금 더 깊어지는 것이다.

비둘기를 알지 못하였듯이 아직도 내가 모르는 생은 얼마나 많은가. 법조인들이 법률이라는 이름으로 더듬고 재고 자르는 세상에는 우리의 인식 밖에 머무는 존재들이 얼마나 많은가. 매일 화장실 입구에서 마주치는 청소 노동자도, 현관문을 반쯤만 열고 맞이하는 배달 라이더도, 태풍에 쓰러진 볏단을 일으키는 TV 속 늙은 농부의 삶도, 우리는 개별자로서의 그들을 알기 전에 제대로 그들을 안다고 말할 수 없다. 우리는 그들의 날개가 아닌 발가락을, 발가락을 잃을 수밖에 없는 삶터의 위험들을 안다고 말할 수 없다.

2010년 충남 당진의 어느 제철소 일하던 스물일곱 살 청년이 용광로에 빠져 사망하는 사고가 발생했다. 1600도의 펄펄 끓는 쇳물 속에서 그는 흔적도 없이 사라졌다. 그에 대해 누군가 〈그 쇳물 쓰지 마라〉는 시를 남겼고, 시는 노래가 되어 사람들에게 전해졌다. 기사에 따르면 그는 발을 헛디뎌 용광로에 빠진 것이라고 했다. 발을 한 번 헛디디는 것만으로 흔적조차 남기지 않고 사라질 수 있는 20대의 생이 거기 있었음을 우리는 이전까지 미처 알지 못했다.

사법연수원 시절 전문 기관 연수 프로그램의 하나로 포항에 있는 제철소를 방문한 적이 있다. 작업 현장에 들어가기 전에 인솔자는 현장의 위험도, 난이도에 따라 'A, B, C' 코스가 있는데 어느 곳을 선택하겠느냐고 물었었다. 안전 장비를 다 착용하고도 숨이 막히던 분진과 소음이 가득한 검은 현장과, 그 현장을 가로질러 옮겨지던 붉은 쇳덩어리에 압도되었던 기억이 난다. 그리고 겁이 나서 난이도가 가장 높다는 A코스에는 결국 가보지 못했다는 사실을 기억해낸다. 그때 겁만 먹지 말고 기어이 A코스에도 들어가봤더라면, 인솔자의 꽁무니만 따라가는 것이 전부이더라도 그 현장을 통과해봤더라면, 〈그 쇳물 쓰지 마라〉라는 그 노래를 조금은 죄의식 없이 들을 수 있었을까, 아니면 그 반대일까….

생각은 막다른 골목에 돌아 다시 고시생 시절 한림 법학원 앞의 주차장에 다다른다. 법조인이 되겠다는 꿈을 품고 아는 사람 하나 없는 서울에 올라와 발가락이 잘린 비둘기를 오래 지켜보던 얼굴색이 헬쑥했던 고시생과 지금의 나 사이, 무엇을 더 알게 되었고, 어떤 생을 더 이해하게 되었는가를 묻는다면 쉽게 답을 찾지 못할 것 같다.

위로받는 사람들의
국숫집

오래된 꿈이 있다.

작은 국숫집 주인이 되는 것이다. 이름도 정해 놨다. '위로 받는 사람들의 국숫집'. 규모는 반드시 크지 않아야 한다. 손님 몇 명이 앉으면 가득 찰 규모였으면 좋겠다. 그마저도 테이블이 매번 가득 차지는 않았으면 좋겠고 '국수'라고 쓰인 미닫이문이 있는 가게였으면 좋겠다. 문에는 경쾌한 소리가 나는 풍경을 달아둘 테다. 칼국수 아니고 멸치 국물 우린 잔치 국수다. 여름에는 시원한 냉국수로 판다. 곁들이는 반찬은 신선한 겉절이(익은 김치가 나오려나?)에 매콤짭짤한 고추 장아찌, 고급 그릇은 아니더라도 젓가락만은 맵시 나게 잘빠진 놈으로 마련해두고 싶다. 20대부터 지금까지 쭈욱~ 조금씩 조금씩 구체화해온 꿈이다.

왜 국숫집인가 묻는다면, 국수를 좋아하기 때문이다. 실은 국수의 맛을 좋아한다기보다는 국수라는 음식을 먹는 방식, 아무 때나 한 그릇 후루룩 먹기 좋다는 점을 좋아한다. 전체적으로 비실비실한 타입인 나는 무언가 에너지를 많이 투입해야만 하는 일을 별로 좋아하지 않는다. 게다가 먹는 일에 평균보다는 약간 관심이 없는 편이라고 할 수 있다. 먹는다는 행위는 주로 맛을 추구하는 일이라기보다는 다만 배를 채우고 다음 활동을 할 에너지를 충전하는 데 족하면 된다고 생각하는 편이다. 그러다 보니 산 넘고 물 건너 맛집을 찾아가는 일은 물론이거니와 차리고 먹는 데 거창한 음식들을 좋아하지 않는다. 에너지가 부족한 신체와 정신은 자주 지치고 피곤한 상태가 되었고 그런 날이면 힘들여 씹고 삼키는 일이 다 귀찮다. 그런데 또 배는 자주 고프고, 배고픈 상태로는 아무것도 못한다.

그럴 때면 국수가 딱이다. 국수는 적당한 육수만 준비되어 있다면 면을 삶아 말기만 하면 된다. 갖가지 고명을 만들려면 그것도 정성이 필요한 일이지만 아무거나 대충, 냉장고에 있는 반찬이나 채소를 넣어도 괜찮다. 겨울에는 추우니까 뜨끈하게, 여름에는 더우니까 시원하게 말아 먹으면 된다. 말아 먹다 지겨우면 비벼 먹어도 되고, 그 변용의 폭이 넓다. 무엇보다 좋은 것은 먹는 데 힘이 별로 안 든다는 것이다. 그저 후루룩, 커다란 그릇에 얼굴을 처박고 후루룩 면발을 들이키면, 이상하게도 지친 나를 위해 내가 무언가를 해주고 있다는 느낌이 든다. 입 안도, 주린 배도 쉽게 가득 찬다. 한 그릇의 국수가 주는 포만감, 그 간단한 위로가 좋아서, 사법연수원 시절 자취하던 좁은 원룸에서 자주 나만을 위한 한 그릇 국수를 준비하곤 했다.

그때쯤부터였다. 국숫집 주인의 꿈을 갖게 된 것은⋯. 나처럼 기운 없고 쉽게 지치는 사람들을 위해 후루룩 간단히 먹을 수 있는 국수 한 그릇을 내어놓는 작은 가게. 싸고도 간결한 위로 한 그릇을 모르는 사람들과 나눌 수 있는 사람이 되고 싶다는 생각, 그것이 내내 그 사람을 일으키는 대단한 보양은 되지 못하겠지만 먹는 것마저 지친 어떤 사람에게는 한 끼, 가득한 위로가 될 수 있는⋯.

그래서 이름을 '위로받는 사람들의 국숫집'으로 정했다.

그러나 나는 아직까지 국숫집 주인이 되지 못했다. 국숫집 주인이 되기에는 지나치게 공부를 잘한 것 아니겠느냐고 누군가 말했다. 어쩌다 보니 사법시험까지 합격해버린 마당이라 이제와 국숫집을 낸다고 하기에는 사회적·집안적 저항이 만만치 않을 것이니 그 말도 영 그른 말은 아닌 듯하지만, 나는 알고 있다. 실은 내가 국숫집을 내지 못하는 이유는 공부를 잘해서가 아니라 국수를 잘 만들지 못하기 때문이다. 혼자서 자취방에서 말아 먹는 국수와 국숫집 주인이 되어 손님들에게 돈을 받고 팔아야 하는 국수는 분명히 다르다. 잘은 모르지만 그것에는 분명 아마추어와 프로 사이의 넘지 못할 차이가 있을 것이다. 아무리 지친 사람들에게 건네는 작은 위로 한 그릇이라 하더라도 그것이 생계 수단인 이상 어느 정도는 장사가 되어야 할 것이 아닌가. 이 정도 수준의 체력과 요리 솜씨로 나를 먹여 살릴 자신이 없다. 게다가 위로도, 최소한 맛이 있어야 할 것이다. 결정적으로 그 당시 미닫이문이 달린 작은 테이블의 국수 가게를 차릴 만한 자본금이 나에게는 없었다.

일말의 현실 인식 덕분에 나는 국숫집 주인의 꿈을 가슴 한편에 품은 채 국가의 녹을 먹는 법률 노동자가 되었다. 국수를 말아 먹으며 갈고 닦은 법률 지식을 원천으로 세상의 온갖 범죄를 추궁하고 재단하고 판단하는 일을 한다. 이 일은 역시 고되고, 종종 내 능력에 벅찬 일이 아닌가 싶기도 하지만, 최소한 국가가 보증을 하고 자격을 줬으니, 게다가 국가가 적지 않은 임금을 꼬박꼬박 주니 국숫집 주인보다는 현실적으로 할 만한 일이다.

'요리는 그 재료들이 가지고 있는 각각의 특성을 이해하는 것에서부터 시작하는 거야, 재료가 가진 특성을 알고 그에 알맞은 조리법을 적용하게 되면 그 재료들이 있어야 할 자리를 찾아 하나의 완결된 요리가 되지.'

식당 주인의 꿈을 가진 나는 말한다.

마찬가지로 기록에 실려오는 세상의 온갖 사연들도 그 특성을 이해하고 그 특성에 맞게 다루는 방법을 익히면 어렵지 않게 그에게 알맞은 자리를 찾아줄 수 있다. 하나의 사건 처리는 그렇게 완결된다. 그것을 알지만 매번 재료의 특성과 그날의 날씨가 다르듯 사람들의 사연은 어느 하나 뻔한 것 없이 다달라서, 매번 내가 내어놓은 결과가 정답일까 고민하게 된다. 괜찮은 법률 노동자가 되기에도 공력이 부족한 탓인지, 아니면 세상사가 원래 다 그런 건지 모르겠지만 말이다.

다만 그 와중에도 꿈이 있다면, 내가 국수 대신 세상에 내어놓기로 마음먹은 법률 서비스가 간혹 누군가에게 한 그릇의 위로가 되었으면 좋겠다는 것이다. 힘들고 지친 인생을 한방에 일으킬 수 있는 보양식은 아닐지라도, 힘을 내기 위해 무언가를 찾아 나설 기운조차 없는 어느 허기진 저녁에 한 그릇 끼니는 되었으면 좋겠다. 너무 힘들이지 않고도 후루룩, 입과 빈 위장을 가득 채울 수 있는, 그 잠시의 위로를 딛고 또 다른 무언가를 위해 나아갈 수 있는 최소한의 에너지원인 그 무언가가, 매번은 아니더라도 가끔은 되기도 했으면 좋겠다.

솔직히 말하자면, 나는 아직 국숫집 주인의 꿈을 포기하지는 않았다. 아직도 인근에 새로 국숫집이 생기면 꼭 먼저 달려가 육수를 분석해본다. 이번에는 좀 더 욕심을 내서, 2층으로 된 점포를 얻은 다음, 1층에서는 국수를 팔고 2층에다 변호사 사무실을 차리는 꿈을 꾼다. 법률사무소에 일감이 별로 없을 수 있으니 주로는 국수를 팔고, 국수가 생각보다 잘 안 팔릴 수 있으니 변호사 일도 하는 거다. 둘 다 말아먹기 딱 좋은 구조라고 누군가는 말하지만 나는 아무래도 괜찮은 꿈이라는 생각을 버릴 수가 없다. 언젠가 찾아올 그날을 위해 가족들을 대상으로 꾸준히 국수 말기 실험을 계속하고 있는데, 현재까지는 성공과 실패가 반반 정도다.

언젠가, '위로받는 사람들의…'라는 간판의 가게를 발견한다면, 밥 한 끼 씹어 넘기는 일조차 힘들고 지친 저녁에 가볍게 미닫이문을 밀어주시라. 풍경 소리가 경쾌하게 울릴 것이다. 나의 국수 솜씨를 믿을지 법률 서비스를 믿을지는 당신의 선택이다.

내 친구 조급증,
그 옆에 불안증

친구, 오래 두고 사귄 벗이라고 한다. 누구에게나 늘 옆을 지키는 친구들이 있겠지만 나에게도 오래된 친구가 있다. 오늘은 그 친구들에 대한 이야기를 해보려고 한다.

조급증, 급한 친구다. 친구니까 편하게 '조급이'라고 부른다. 이 친구를 만난 건 초임검사 시절이다. 초임지에 발령받아 한 달가량 지났을 무렵 선배로부터 전해들은 나에 대한 부장님의 평가는 '좀 느리다'는 것이었다. 법리 구성이 치밀하지 못하다거나 논리가 빈약하다는 게 아니고 '좀 느리다'라니…. 프로의 세계에서는 직무 능력보다 '속도'가 중요하다는 사실을 전혀 몰랐던 나로서는 너무나 충격적이었다. 그때부터였다. 조급이는 항상 내 사무실 책상머리에 함께 있었다. 출근해 컴퓨터를 켤 때부터 안달하다가 어떤 날은 퇴근길까지 따라나서기도 한다. 인사 이동지마다 따라와 지금도 나의 오른쪽 옆에 앉아 내가 하는 양을 못마땅한 표정으로 지켜보고 있다.

조급이와 함께 있으면 항상 달리는 기분이다. 월초인데도 마음은 중순을 넘어 월말 언저리를 기웃거리게 되고, 컴퓨터가 사건 검색 화면을 띄우는 시간을 기다리는 것이 초조하다. 앉아서 손가락만 놀려 보고서를 쓰고 있는데도 이상하게 헐떡이게 된다. '조급이'는 몸의 속도를 높이는 것보다 마음의 속도를 높이는 데 능해서 항상 마음이 몸보다 앞서 달린다. 저 멀리 앞서 뛰고 있는 마음을 따라가느라 몸은 항상 숨이 가쁘다.

조급이는 만족을 모른다. 쉽게 만족할 거였으면 자기 이름이 만족이지 조급이겠냐고 따져 묻는데, 생각해보면 옳은 말이다. 어쨌든 조급이가 옆에서 늘 채근해준 덕분에 더 이상 '느리다'는 평가는 받지 않게 되었다. 그러나 이렇게까지 조급할 일도 아닌데 이유도 묻지 않고 달리기 먼저 시작하는 나 자신을 돌아보면 우리의 관계가 이렇게 계속되어도 좋은가에 회의가 일기도 한다. 실제로 어떤 일을 하느라 들어가는 에너지보다다만 조급하느라 들어가는 에너지가 더 많은 것이 아닌가 하는 의심이 슬며시 고개를 든다.

또 다른 친구는 조급이가 원하는 속도를 맞추기에는 내 능력이 부족하다고 느끼는 순간, 찾아왔다. 이름이 '불안이'다. 이친구는 불쑥 나타난다는 특징이 있다. 조급이가 한바탕 쓸고간 자리에, 부장님이 찾으신다는 메시지가 뜰 때, 사무실 전화벨이 울릴 때, 실무관이 심각한 표정으로 누군가와 통화를 하고 있을 때 불안이는 빠짐없이 찾아왔다. 그러나 가장 무서운 것은 아무런 일이 일어나지 않은 어느 순간에, 불현듯 '내가 어디선가 무언가를 잘못해놓은 것은 아닐까' 하는 방식으로 찾아올 때다. 그 밑도 끝도 없음은 정말 치명적이다. 어디선지, 무언지 알 수 없으므로 헤어날 길이 없다.

나중에 알게 된 사실이지만 불안이는 원래 조급이와 항상 같이 다니는 단짝이었다. 조급이가 불안이를 불렀고 불안이가 조급이를 데리고 왔다. 말하자면 그 둘은 쌍쌍바를 나눠 먹으며 서로를 격려하는 관계였다. 그들의 시너지는 대단한 것이어서 나는 늘 어느 정도는 조급한 채, 어느 정도는 불안한 채 그들을 먹여 살릴 쌍쌍바를 찾아 헤매는 자가 되었다. 그런 것이 프로의 세계라고, 이제 정 검사 너도 프로가 다 되었다고 친구들은 입을 모아 칭찬했다. 만신창이가 되어서도 칭찬을 받으면 우쭐해지는 것은 어쩔 수가 없었다.

어쨌든 친구들은 지금까지의 나를 밀고 여기까지 왔다. 이 친구들이 있어 그나마 프로의 세계에서 대략 업무의 속도를 맞추는 자가 되었다. 어느 날은 문득, 기질적으로 맞지 않는 그들에게 잠식되어 피곤하다는 생각이 들지만, 친구란 원래 좋을 수만은 없는 것이니까…. 오래 두고 함께해온 나의 벗들과 이제와 단칼에 절교할 수도 없고. 어떻게 거리를 두고 사귀어야 할지 곰곰 생각해보는 중이다.

나의 하이마트

하이마트Heimat. 우리에겐 전자제품 판매점으로 더 널리 알려져 있지만 '고향'을 뜻하는 독일어다. 짧게 독일어를 공부할 때는 그저 '고향'이라고 외웠는데, 독일에서 잠시 지내고 독일에 대한 문헌을 읽으면서 하이마트는 그보다는 훨씬 심오한 뜻으로 사용된다는 사실을 알게 되었다. 독일 브로크하우스 백과사전에는 하이마트의 의미 중 하나로 '한 사람이 태어나 정체성과 성격, 정신 구조, 세계관 등을 주로 형성하게 되는 초기 사회화를 경험하는 장소, 또는 풍경'이라고 기재되어 있다고 한다.

나를 아는 사람들은 어느 날 문득 묻곤 한다. "너는 강원도 사람이니 경상도 사람이니?" 대구 사람으로 아는 사람도 있고 강원도 정선 사람이라고 아는 사람도 있다. 그때마다 기분에 따라 답하곤 하는데, 초기 사회화를 경험하는 장소 또는 풍경으로서의 하이마트를 묻는 것이라면 나의 고향은 강원도 정선이라고 해야겠다.

1980년대 초반, 두 살 터울의 아이 세 명을 양육하던 한 여자와 염색 공단에 다니던 한 남자가 있었다. 남자는 몸이 말랐고 예민해 한창 뭉실뭉실 일어나던 산업화의 물결 속에서 자주 아팠다. 여자는 팔목이 가늘고 손이 작았지만 왜인지 몰라도 시골 생활에 대한 로망을 간직하고 있었다. 그 둘은 어느 날, 용감하게도 대구에서 기차를 타고 7시간이나 가서도 산을 하나 더 타고 올라가야 하는 강원도 정선의 어느 산촌으로 이주하기로 마음먹는다.

'첫째가 여섯 살이니까, 애가 중학교 들어가기 전까지만 살다가 다시 돌아오자.'

삶의 터전을 그리 쉽게 옮겼다가 다시 돌아올 수 있으리라고 젊은 부부는 진짜로 믿었던 것인지, 아니면 눈물 바람으로 뜯어 말리는 여자의 친정 엄마를 안심시키기 위한 방편이었는지는 모르겠다. 어쨌든 남자와 여자는 얼마 되지 않는 세간과 이제 막 돌이 지난 셋째의 돌반지를 팔아 강원도의 산꼭대기 마을로 이주했다. 하늘 아래에 바로 사람의 집이 있는 마을이었다. 마을 뒤로 산의 봉우리가 조금 솟아올라 있었고, 발밑으로 굽이굽이 산자락들이 펼쳐져 있는, 낮은 분지에서만 살아온 남자와 여자에게는 그저 생경한 풍경이었다. 집의 위치는 해발 980미터, 한 번에 오르면 기압차로 귀가 멍멍해서 반드시 침을 한 번 꿀꺽 삼켜야 했다.

　마을은 전략촌이라고 불렸다. 산중 여기저기에 불을 내 밭을 일구며 살던 화전민들을 한곳에 모아 전략적으로 만든 마을이라는 뜻이라고 했다. 당시 강원도 산중에는 무장간첩이 숨어들 수 있으므로 간첩들에게 은신처를 제공할 수 있는 화전민을 한곳에 모아 관리하고자 한 것이었다. 산꼭대기 근처에다 마을을 짓기 위해 벽돌이며 시멘트를 헬리콥터로 날라 지었다는 사실을 마을 주민들은 은근한 자랑으로 여겼다. 똑같은 모양의 집들이 반달 모양으로 반듯하게 모여 있고, 그 앞으로 넓은 화전밭이 하늘과 맞닿아 있었다. 해는 화전밭 너머로 떴다가 화전밭 너머로 졌다.

　당시 TV만 틀면 나오던 대통령이 야심차게 축산 장려 정책을 펴고 있었기 때문에, 국가 시책에 발맞추어 남자와 여자도 소를 샀다. 농사일에 대해서는 아무것도 몰랐지만, 소는 풀을 먹이고 키우기만 하면 되니까…. 도시에서 고등교육을 받고 자란 남자는 파란 슬래브 지붕을 얹은 최신식의 축사를 짓고 소를 늘려갔다. 그러나 얼마 안 가 한우 파동이라는 것이 났다. 대통령의 동생 때문이라고 했다.

　파란색 지붕이 산뜻하던 축사의 소들이 어떻게 되었는지, 소를 다 떠나보낸 남자가 어떻게 다시 원래의 마을 주민들에게 섞여 고랭지 채소 농사를 시작하게 되었는지에 대해서는 잘 기억나지 않는다. 다만 내가 기억하는 초기 사회화의 풍경은 눈이 맑은 소가 꼬리를 휘둘러 성가신 쇠파리를 쫓는 모습을 오래 구경하던 것과 그 옆에서 팔다리가 가느다란 젊은 아빠가 비틀거리며 생애 최초의 지게를 지고 일어나던 모습이다. 그 뒤로 부끄러워서 다른 사람들 있을 때는 빨래터에 못 가고, 낯선 말씨를 쓰는 마을 아낙들이 한바탕 떠나간 후에야 후딱 빨래를 해오던 젊은 날의 엄마가 있다. 몸체가 가느다란 도시내기의 붉은 뺨이 하얗게 입김을 뿜는 새벽들이었다.

나는 그곳에서 산과 하늘을 보고 자랐다. 밭을 일구는 사람들과 산속에 있는 광업소에서 석탄을 실어 나르던 커다란 탄차들이 지나다니기도 했지만 압도적인 것은 역시 산과 하늘이었다. 하늘이라는 것이 머리 위에만 있는 것이 아니고 눈앞에도 있을 수도 있다는 것을 처음으로 알았다. 산이라는 것이 멀고 높은 곳에 있는 것이 아니고 발 아래로 펼쳐질 수 있다는 사실을 매일처럼 새롭게 깨달았다. 산 중턱에 있는 학교까지 씽하고 내리막을 달리면 길가에 늘어선 조팝나무와 싸리꽃 향내가 따라왔다. 슈퍼마켓이 없는 동네에서 아이들은 간식으로 최고로 단맛이 나는 무를 골라 뽑아 먹으며 자랐다. 한 학년을 통틀어 아홉 명밖에 되지 않아서 축구 경기라도 하려면 남자 여자 가릴 것 없이 모두 참가해야 했다. 학교 도서관에 있던 책은 벌써 모조리 다 읽었고, 집이 서로 먼 친구들이 뿔뿔이 흩어지고 나면 언덕에 앉아 발 아래로 펼쳐진 풍경을 오래 바라보는 수밖에 없었다.

산 뒤에 다시 산, 그 뒤에 다시 조금 더 옅은 실루엣의 산들이 교차한 세상을 내려다보면 '저 산 너머에도 나 같은 아이들이 있겠지' '심심하게 언덕에 앉아 다른 산 너머의 아이를 상상하기도 하겠지' 생각했다. 가끔 산 너머로 꼬물꼬물 사라지는 기차의 꽁무니가 보이기도 했다. 온통 조용한 세상에서 기차의 기적은 멀리까지 울렸다. 기차가 가닿는 세상에 대해 상상하는 일은 내가 가장 좋아하는 일이었다. 냉이꽃이 바람에 낮게 흔들리는 조그마한 언덕 너머로 매일 같은 해가 같은 하늘을 다르게 물들이며 지는 것을 바라보며 어느덧 아이는 중학생이 되었다.

첫째가 중학생이 될 때까지만 살다가 다시 도시로 돌아가겠다는 다짐을 부부는 지키지 못했다. 삶이라는 것의 뿌리가 어느 척박한 토양에 박혔을 때 그것을 파내어 다시 옮긴다는 것이 그리 쉬운 일이 아니라는 사실을 이전에는 진정 몰랐던 것일까. 그보다는 삶이라는 것이 실은 땅에만 뿌리내리는 것이 아니라 매일 다른 파노라마를 펼쳐내는 산과 하늘에도 어느 정도 뿌리를 박게 된다는 사실을 젊은 부부는 농사일에 손마디가 좀 더 굵어진 후에야 알게 되었다고 하는 것이 적절할 수 있겠다.

쉽사리 반달 모양의 마을을 떠날 수 없게 된 자신들을 발견한 부부는 대신 이제 막 중학생이 된 첫째만큼은 도시로 돌려보내기로 한다. 산굽이 사이로 꽁무니를 감추던 기차를 타고 나는 다시 내가 태어났던 도시로 돌아갔다. 원래 영특한 아이였으므로 도시의 생활에도 금방 적응했다. 교복단을 접어 입는 아이들에 섞여 오가는 등굣길은 항상 분주했으므로, 산언덕에 올라 다른 산을 오래 바라보던 날들은 까마득히 잊혀졌다.

개나리가 흐드러지던 봄날이었다. 주말을 지나고 학교에 가보니 학교 울타리에 심어진 개나리가 일제히 꽃망울을 터트려 장막처럼 쏟아져내리고 있었다. 마침 길을 건너온 친구 무리에게 "개나리가 피었어"라고 말했다. "너는 꽃 같은 걸 보고 다니는구나"라는 대답이 돌아왔다. 꽃이 저렇게 장막을 치고 있는데도 보지 않고 지나갈 수도 있다는 사실을 충격 속에 깨달았다. 그 이후 '산의 실루엣은 늘 같은 듯하면서도 매일 조금씩 변한다'든가 하는 이야기들은 정말 마음이 통하는 단짝 친구에게만 몰래 해주어야 한다는 사실을 자연스레 알게 되었다.

1년에 한 번, 여름 방학이면 기차를 타고 집으로 돌아갔다. 경상도에서 출발해 충청도를 거쳐 강원도로 가는 긴 여정이었다. 기차 안의 사람들이 쓰는 말씨가 점점 변해 강원도 사투리로 가득 찰 때쯤 작은 시골 역에 도착할 수 있었다. 엄마는 오랜만에 돌아온 딸에게 해주고 싶은 것이 많았다. 산촌의 아침은 이르게 시작되었다. 이른 아침부터 어서 일어나 저 안개들을 보라고, 안개 속에서 꿈틀거리는 산을 보라고, 거기서 일어나는 씁쌀하고 구수한 나무 냄새를 맡아보라고 채근했다. 하루도 같지 않은 서쪽 하늘의 파노라마를 혼자 보는 것이 너무 아깝다고 했다. 친구, 친척, 이웃은 물론이고 이미 세상을 떠난 죽은 사람들까지 모두 불러 저 하늘을 보여주고 싶다고 엄마는 말했다.

"그렇지? 너도 네 친구들 모두 불러 보여주고 싶지?"

도시에서 혼자서 침묵하는 법을 터득해가는 딸을 알지 못한 채 물색없이 뺨이 붉게 물드는 엄마에게 심통이 나서 대답했다.

"내 친구들은 저런 것 봐도 아름다운 거 몰라, 그런 걸 좋다고 생각하지 않는 아이들이 많아."

엄마의 눈빛에 한순간 당혹과 실망이 일더니, 잠시 후 단호한 눈빛으로 돌아보며 말했다.

"그런 친구들이랑은 놀지 마."

임대 아파트에 사는 친구랑은 놀지 말라거나 공부 못하는 친구와 놀지 말라는 것도 아니고 대자연의 아름다움을 느낄 줄 모르는 자와는 친구를 하지 말라는 것이 내 엄마의 가르침이라니.

'아, 그러면 되는 거였구나' 허탈하고도 뿌듯한 마음으로 하하 웃던 순간들이 있다.

나의 초기 사회화와 그 순간의 풍경은 세상의 모든 색깔을 풀어내던 서쪽 하늘과 그 하늘을 바라보며 타박타박 집으로 걸어가던 엄마의 작은 어깨 위에 있다. 산을 내려와 침묵하는 법을 배우던 아이는 커서 검사가 되었다. 침묵한 채로 칼날 같은 사실의 세계를 헤집는 일을 직업으로 삼았다. 산에서의 날들보다 도시에서 침묵해온 날들이 훨씬 더 많으니 그런 것쯤, 입 다물고 논리의 칼을 벼리는 일쯤 못할 것도 없었다.

그러다가도 문득, 제 칼에 베인 잔 상처들로 아리게 뒤척이는 날에는 웅크리고 앉아 떠나온 그곳의 산들을 생각한다. 그러다 보면 내 안에도 산이 있다는 것을 느낄 수 있다. 그러면 많은 일들이 괜찮아진다. 매일 다른 안개를 뿜어내며 뒤척이는 산들과 한 번도 같지 않았던 하늘이 어딘가에 있다는 사실을 아는 자는 무릇, 웬만한 일에 대해선 괜찮은 법이다.

"언니는 아이를 어떻게 키우고 싶어요?"

어느 날 친한 후배가 물어왔다.

"인생의 많은 문제들로부터 담대하면서도 그 안에 숨은 작은 기쁨들과 대자연의 아름다움을 놓치지 않는 사람."

이렇게 적어 보냈더니, 후배는 과연 놀랍다는 반응을 보였다. 같은 질문을 여러 지인들에게 해보았으나, 삶의 태도를 들어 답한 사람은 나밖에 없다는 답이 돌아왔다.

"그래? 남들은 뭐라고 답하는데?"

"어느 중학교를 거쳐 어느 고등학교, 대학교를 보내겠다거나, 언제까지는 영어를 마스터하고 그다음엔 수학이라거나, 언제까지 책을 몇 권 읽히겠다는 답도 있었고요…."

"아… 그런 거였어? 정말 상상도 못 했네~."

늘 바쁜 엄마인 나는 딸아이 옆에서 그의 성장과 교육을 살뜰하게 챙겨주지 못한다. 아이의 성장에 맞는 옷과 신발을 제때 챙겨주지 못하고, 요즘 잘나간다는 무슨 학원에 보내주지도 못한다. 그런 기준에서 자격 미달인 엄마지만 결국 내가 딸에게 물려주어야 할 것은 삶의 태도에 대한 것이라고 생각한다. 엄마가 제 삶을 어떻게 바라보고 어떻게 살아내는지를 보며 딸은 자란다. 엄마가 무엇을 중요하게 생각하고 어디에 가치를 두는지 딸들은 하나하나 일러주지 않아도 자연스럽게 터득한다. 매일 눈만 뜨면 보이는 산에게 매번 새롭게 감탄하는 엄마의 어깨를 바라보며 내가 자란 것처럼 말이다.

누구나에게 하이마트가 있겠지만, 나처럼 멋진 하이마트를 가진 자가 그리 많지 않을지도 모르겠다. 게다가 나의 하이마트는 과거의 어느 풍경이 아니라 지금도 늙어가는 부모와 함께 거기에 있고, 자라나는 내 아이에게 대물림되고 있다는 사실이 그 무엇보다 좋다. 그런 의미에서, 연약하고 깡마른 몸을 가졌지만 무모하고 용감했던 1983년의 젊은 부부에게 나는 감사한다. 그리고 내 아이의 손을 잡고 마을의 가장 높은 곳에 올라 내가 가장 좋아하는 그 풍경을 보여준다. 아이는 아직 심드렁하지만, 곁눈질로라도 굽이치는 강원의 산들과 그 산을 내려다보는 엄마의 어깨를 지켜보고 있다는 사실을 나는 알고 있다.

구간 단속 구간에서
아우토반을 꿈꾼다

속도, 그것은 언제나 풀기 어려운 문제였다. 어떤 일을 할 때, 차를 몰아갈 때, 달릴 때, 걸을 때도 어떤 속도가 가장 적절한 것인지에 대해 고민한다.

운전을 시작한 지 10년도 훌쩍 넘었지만, 고속도로 주행은 늘 신경이 쓰인다. 실은 운전 자체를 그다지 좋아하지 않지만 그중에서도 고속도로 운전은 가능하면 하고 싶지 않다. 그것은 다름 아닌 속도감 때문이다. 모두가 고속으로 달리는 가운데 나 역시 끊임없이 달린다는 것에서 오는 스트레스다. 이렇게 말하면 내가 만사에 느리고 느긋한 사람으로 보일지 모르겠으나 그렇지는 않다. 굳이 분류를 하자면 그 반대다. 사실은 느린 것을 잘 견디지 못하는 편이다. 뭉근하게 오래 끓여야 하는 음식들을 하지 못한다. '약한 불에 오래 졸인다'라고 쓰여 있는 레시피에는 아예 도전을 하지 않는다. 운전면허 주행 시험을 마쳤을 때 심사하는 경찰관이 합격에 도장을 찍어주면서 "앞으로 속도광이 될 기질이 있으니 주의하세요"라고 하기도 했다.

고속도로에는 고속도로만의 속도가 있다. 물론 어느 도로

나 제한속도가 정해져 있지만 그 규정 속도를 말하는 것이 아니다. 누구도 단속 카메라가 없는 구역에서 규정 속도를 지켜 운전하지는 않는다. 당연한 듯 제한속도보다 높은 속도로 달리다가 단속 카메라가 나타나면 일제히 브레이크를 밟는 것이 고속도로에서의 암묵적인 룰이다. 그러니까 여기서 말하는 고속도로만의 속도는 단속 카메라 앞에서 일제히 브레이크를 밟는 그 차들이 평소에 운행하는 속도를 말하는 것이다. 그 속도는 보통 공식적으로 도로관리청이 정한 제한속도를 약간 상회해서 형성된다.

빠르게 달려 목적지에 도착하고자 하는 인간의 욕망과 차를 안전하게 컨트롤할 수 있는 속도 내에서만 가능하다는 인간의 한계가 맞닿는 지점에서 차의 속도는 결정된다. 도로의 상황은 공통적으로 주어지는 것이고 차의 성능 역시 크게 다르지 않으니, 도로를 달리는 다양한 차들이 형성하는 속도도 대략 엇비슷하다. 그 엇비슷함에서 '여긴 이 정도 속도로 달리는 것이 적당하다'는 그 도로를 이용하고 있는 자들 사이의 암묵적인 합의가 도출된다. 그러니까 그것은 일종의 눈치다. 인간의 욕망과 차가 낼 수 있는 한계속도 사이의 어느 지점을 그 도로의 평균속도로 설정하는 것, 눈치를 잘 살펴 내가 감당할 수 있으되 다른 차의 흐름을 방해하지 않는 정도의 속도를 유지하는 것, 그 눈치 보기가 나를 힘들게 하는 부분이다.

　나에게도 적합하면서도, 남들의 흐름에 발맞추는 속도를 유지하기 위해서는 정신을 바짝 차리고 있어야 한다. 잠시라도 정신을 놓아버리면 남들에 비해 너무 빠르거나 너무 느린 상태가 되어버리기 십상이다. 남들보다 빠르거나 느리면 교통의 흐름에 방해가 된다. 지금 내가 너무 빠른가? 아니면 너무 느려서 다른 차의 진행을 방해하고 있나? 끊임없이 눈치를 보며 운전하는 일은 여간 피곤한 일이 아니다. 거기다가 가끔씩 나타나는 단속 카메라에 맞춰 또 일제히 적당한 타이밍에 브레이크를 밟아줘야 한다는 것까지 더하면 정말 피곤한 일이 아닐 수 없다.

　나는 남의 눈치를 보는 것을 싫어하면서 남에게 폐 끼치는 것 또한 싫어하는 인간이다. 그 아이러니가 고속도로를 달리고 있는 심정을 복잡하게 만든다. 뭐든 복잡한 것은 좀 싫다. 나를 복잡한 심경 속에 몰아넣곤 하는 아이러니가 일시적으로 잦아드는 구간이 있으니 그것은 다름 아닌 '구간 단속 구간'이다. 일정 구간의 속도 전체를 단속하겠다는 표지가 나오면 차량들은 일제히 속도를 늦춘다. 그리고 그 구간만큼은 단속자가 설정한 제한속도에 딱 맞춰서 운행한다. 요즘은 차량에 탑재된 스마트 크루즈 기능에 의해 아예 그 구간의 속도를 제한속도에 딱 맞춰놓고 운행하기도 한다. 그 구간에 이르러서는 더 이상 운전자들의 눈치가 아닌 제한속도의 법칙이 지배하는 세상이 되는 것이다.

더 이상 눈치를 볼 필요가 없다는 점에서 나는 구간 속도 단속 구간을 좋아한다. 일제히 모든 차량이 하나의 질서 아래 움직이고 있으므로, '더 빨리 달려야 하나?' 혹은 '속도를 늦춰야 하는 것이 평균의 법칙인가'를 고민할 필요가 없다. 그저 머리 위에 떠 있는 제한속도에 맞추기만 하면 나는 누구에게든 떳떳한 운전자가 된다. '여긴 뭐 더 어쩔 수가 없네.' 그 전체주의가 주는 안도감에 쉽게 마음을 놓아버린다.

독일에서 1년간 생활하면서 아우토반에서 운전할 일이 많았다. 정해진 제한속도가 없는 아우토반은 우리말로 속도 무제한 도로로 번역되면서 모든 차량이 무한의 속도로 질주하는 꿈의 도로라는 환상이 생겨났다. 한국에서 고속도로 운전을 싫어하던 내가 독일의 속도 무제한 도로에서 운전을 하고 다녔다고 하면 놀라는 사람들이 많다. 사람들은 눈을 동그랗게 뜨고 '그곳에서는 도대체 얼마나 빨리 달려야 하느냐'고 묻는다.

그러나 생각해보면 제한속도 규정이 없는 아우토반에서의 운전이 나로서는 오히려 편하게 느껴졌다. 정해진 속도가 없다는 것은 곧 각자 달리고 싶은 속도로 달리면 된다는 말처럼 이해되었다. 그곳에는 속도를 가늠할 수 없을 정도로 바람처럼 나타났다 사라지는 차들이 있는가 하면 세월아 네월아 자기 갈 길을 가는 차들도 있었다. 그 사이에서 나는 내 속도가 평균적인지, 남들의 흐름의 방해되지는 않는지 눈치 볼 필요가 없었다. 내가 달리고 싶고 내가 안전하다고 느끼는 속도로 그저 달리면 되는 것이었고, 다만 나와 비슷한 정도의 속도로 달리는 차들이 주로 이용하는 차선을 이용하며 추월 차로인 1차로를 비워두기만 하면 되는 것이었다. 제한이 없다는 것은 내가 기준을 설정하면 되는 것이라는 말과 같은 것이었다. 눈치를 보지 않아도 되는 곳에서 나는 한국에서 보다 훨씬 빨리 달렸다. 빨리 달리면서도 불안하지 않았다. 찾아보니 독일의 고속도로 사고율은 세계 최저 수준이라고 한다.

그러고 보면 나는 고속으로 달리는 것을 싫어하는 인간이 아니고 평균의 속도에 맞추기 위해 눈치 보는 행위를 싫어하는 인간이었던 것이다. 어떤 면에서 항상 남의 눈치를 보고 평균인지를 가늠해야 하는 곳이 한국이었다면 최소한의 규칙만 지키면 남에 대해 신경 쓸 필요가 없다고 느꼈던 곳이 독일이라는 점에서 도로의 속도 제한과 그 나라의 문화가 닮아 있다는 생각도 든다. 눈치 보기에 지쳐 차라리 구간 속도 단속 구간이 편하다고 생각하는 찌질이 운전자로 살아가면서도, 나에게 적합한 속도는 뭔가, 남에게 비춘 것이 아닌 나만의 속도는 어디쯤인가 내내 생각해보게 되는 지점이다.

그리고 금속 탐지기
가 남았다

무언가를 찾기 위해 집의 창고를 뒤지다가 낯선 물건 하나와 마주한다. 온통 외국어가 쓰여 있는 낯선 박스의 물건이 무엇인지 언뜻 생각이 나지 않는다.

"저게 뭐지?"

잠시 기억을 더듬은 끝에야, 그 물건이 독일 파견을 마치고 귀국하면서 싸 짊어지고 온 금속 탐지기라는 사실을 깨닫는다. 그렇다 우리 집에는 금속 탐지기가 있다. 무려 스위스에서 산 금속 탐지다. 원래 집집마다 금속 탐지기 하나씩은 가지고 있는 것인지 모르겠지만, 우리 집에 금속 탐지기가 따라온 사연은 이렇다.

1년간의 독일 연수 기간이 거의 끝나갈 즈음이었다. 귀국을 앞두고 마지막 휴가로 스위스를 찾았다. 겨울 추위가 한풀 꺾인 2월이었지만 그곳은 세계에서 몰려온 스키어들과 썰매를 타려는 자들로 북적였다. 우리는 007 영화 촬영지로 유명한 쉴트호른에 올라갔다가 하산하는 중이었다. 융프라우가 가장 잘 보인다는 쉴트호른에 오르기 위해서는 케이블카를 몇 차례 갈아타고 올라가야 하는데, 그 첫 번째 케이블카 정착지에 뮈렌이라는 그림 같은 마을이 있다. 깎아지르는 절벽 위에 비현실적으로 내려앉은 마을은 아무래도 동화 속에서 튀어나온 것이 분명한 모습이었다. 집집마다 지붕 위로 1미터는 넘는 눈을 이고 있는 풍경 사이로 발에 스키를 장착하거나 썰매를 탄 사람들이 유쾌하게 골목을 누비는 곳이었다. 하산 길에 우리도 썰매를 타보겠다고 썰매 대여소에 갔으나 곧바로 거절당하고 말았다.

행색을 보아하니 초보자로 보이는 우리에게 대여소 종업원은 썰매를 타본 적이 있느냐고 물었다. 동네에서 포대나 좀 타본 것을 내세울 분위기는 아닌 것 같아 고개를 가로젓자 초보자는 여기에서 썰매를 탈 수 없으니 산 건너 초보자 코스로 가라는 안내가 돌아왔다. 풀이 죽어 케이블카 정류장으로 향하는데, 어디선가 나타난 꼬마가 케이블카 정류장 옆 언덕 아래로 쏜살같이 미끄러져 내려가는 것이 아닌가. 그 뒤로 태어날 때부터 썰매를 타고 다닌 것이 아닌가 싶은 포스의 아이들이 차례로 언덕을 미끄러져 내려갔다. 정해진 코스 같은 것 없이 그저 언덕 아래에 있는 집으로 이동 중인 듯했다. 그것을 본 아이들과 남편이 잠시 눈빛을 마주치더니 가방을 벗어 나에게 맡기고 눈 언덕을 엉덩이로 미끄러져 내려가기 시작했다. 1미터인지 2미터인지 깊이를 가늠할 수 없는 눈 언덕은 엉덩이 썰매만으로도 충분히 잘 미끄러졌다. 한참 미끄러져 내려간 후 남편은 잠시 서서 주머니 안의 휴대폰을 꺼내 사진을 찍었다. 그러고 나서 이번에는 눈밭을 데굴데굴 굴렀다. 아이들도 신이 나서 같이 굴렀다. 이렇게 해서 우리의 유럽 마지막 휴가가 멋지게 끝나는 듯했다. 언덕 위에서 그들이 하는 양을 흐뭇하게 바라보고 있는데 갑자기 뭔가 당혹스러운 일이 벌어진 듯한 기운이 올라왔다. 남편이 우왕좌왕 눈밭을 헤집는 가운데 아이가 손나팔을 하고 소리쳤다.

"엄마, 아빠 휴대폰 잃어버렸어."

너무 신이 난 나머지 눈밭을 데굴데굴 구른 것이 문제였다. 사진을 찍고 난 뒤 휴대폰을 주머니에 넣은 채 데굴데굴 굴렀으니 그 과정에서 휴대폰이 주머니를 빠져나와 눈밭에 묻힌 것이다. 남편을 따라 아이들도 데굴데굴 굴렀으니 눈 속 더 깊은 곳으로 박혀 들어간 것이다(남편과 아이들의 몸 자국이 새겨진 눈밭 어디에도 휴대폰은 보이지 않았다).

남편은 사진 찍기를 좋아했다. 자신이 보는 모든 풍경을 사진으로 남기는 것이 아닐까 싶을 정도로 사진을 많이 찍어댔다. 소위 '남는 건 사진밖에 없다' 주의자였던 것이다. 반면 나는 사진 찍는 것에 그다지 흥미가 없었다. 사진을 찍느라고 눈으로 보고 즐기는 순간을 놓치는 것이 아쉬웠다. 게다가 당시 내 휴대폰은 카메라가 거의 고장 수준이었다. 내가 찍지 않아도 사진 집착자 남편이 모든 것을 찍고 있었으므로 굳이 상태 안 좋은 내 휴대폰을 꺼낼 필요도 없었다. 그런 이유로 우리가 독일에서 함께 보낸 시간에 대한 기록 대부분이 남편의 휴대폰에 저장되어 있었다. 지난 1년간의 가족의 추억이 뮈렌의 눈밭에 묻혀 흔적도 없이 사라진 것이다.

엉덩이 썰매를 타고 난 다음 휴대폰을 꺼내 사진을 몇 장 찍고, 휴대폰을 주머니에 넣은 후 데굴데굴 굴렀으니, 분명 휴대폰이 떨어진 곳은 데굴데굴 구간 안이다. 넓게 잡아도 가로세로 5미터 구간 안에 있을 것으로 추정됐다. 우리는 즉시 수색 작업에 들어갔다. 스위스의 추위 속에 휴대폰 배터리는 빨리 닳았다. 남편의 휴대폰도 내 휴대폰도 배터리가 거의 끝나가고 있는 상황이었다. 우선 내 휴대폰으로 눈밭 어딘가에 묻혀 있을 남편의 휴대폰에 전화를 걸었다. 남편의 말로는 미세하게 휴대폰의 생존 신호가 들리는 듯했다고 하는데, 그 즉시 내 휴대폰의 배터리가 나가버렸다. 가능한 한 눈 속을 파보았으나 휴대폰은 보이지 않았다. 아이들은 손이 시리고 배가 고프다고 호소하기 시작했고 야속한 해는 스위스의 그림 같은 산봉우리 너머로 지고 있었다. 케이블카 막차 시간도 다 되었기 때문에 우리는 어쩔 수 없이 하산했다. 그때까지만 해도 휴대폰은 여기에 있으므로 내일 와서 제대로 눈을 파기만 한다면 어렵지 않게 우리의 추억 상자를 되찾을 수 있을 줄 알았다.

다음 날은 마음먹고 중무장을 하고 뮈렌으로 올랐다. 삶은 계란과 우유와 빵 등 비상식량을 든든히 챙기고 숙소 주방에 있던 주걱과 뒤집개도 챙겼다. 원래 예정되어 있던 그날의 관광 일정은 모두 폐기하고 우리는 휴대폰 수색에 집중했다. 다시 찾은 뮈렌 마을은 여전히 그림 같은 풍경으로 우리의 휴대폰을 품은 채 잠잠했다. 하루가 지나고 와보니 어제 비교적 선명하던 데굴데굴 구역은 우리의 혼란한 발자국에 뒤덮여 다소 경계가 모호해져 있었으나 어쨌든 가장 유력한 구역부터 파 들어갔다. 나는 주걱, 남편은 뒤집개를 들고 한참을 파고들어갔으나 도무지 휴대폰은 나타나주지 않았다.

눈은 너무 깊었다. 파도 파도 눈이었다. 이거 깊이가 얼마나 될까? 1미터는 분명 넘는데…. 2미터? 3미터? 매끈한 휴대폰이 매끄러운 눈의 표면을 타고 깊이깊이 눈 속으로 빠져들었을 것을 생각하니 도대체 얼마나 깊이 파야 할지 가늠할 수 없었다. 주걱으로는 도저히 안 될 것 같아 인근에 있는 주택에 갔다. 마당에 나온 주민은 아침부터 눈밭을 파고 있는 동양인들을 신기하게 구경하고 있었다. 나는 가서 사정을 설명하고 삽을 하나 빌리는 데 성공했다. 삽이 투입되고 수색 작업에 속도가 붙는 듯했으나 쉽사리 휴대폰은 나오지 않았다. 분명 여기 가로세로 5미터 구간 안 어딘가에 휴대폰이 있는 것은 분명한데, 어째서 나오지 않는 것인지 이해할 수 없었다. 실은 원래부터 휴대폰은 없었던 것이 아닐까, 여기서 잃어버렸다는 말은 거짓말이 아닐까, 분명 휴대폰을 꺼내 사진을 찰칵 찍고 다시 주머니에 휴대폰을 넣은 채 구르는 남편을 보았음에도, 모든 것이 거짓말처럼 느껴졌다. 눈밭의 수색 작업은 더디기만 했고, 익숙하지 않은 인부들은 쉬이 지쳤다. 삽질을 하다가 의심과 절망에 휩싸인 채 허리를 펴면 숨 막히게 아름다운 스위스의 협곡이 장엄하게 눈앞에 펼쳐졌다. 모든 것이 비현실적이었다. 아이들은 옆에서 계란을 까먹고 이글루를 만들면서 놀았다. 믿을 수 없지만 그날의 수색 작업도 성과 없이 끝났다. 성과라고 하자면 뮈렌의 언덕에 쌓인 눈의 깊이는 가늠할 수 없을 정도로 깊다는 사실과 눈밭에서 무언가를 잃어버리면 쉽사리 찾을 수 없다는 사실을 새롭게 알게 되었다는 정도?

허탈한 얼굴로 삽을 반납하러 가자 마을 주민은 진심으로 우리의 처지를 안타까워해주었다. 나는 혹시나 하는 심정으로 그에게 나의 이메일 주소를 적어주고 언젠가 휴대폰이 발견된다면 연락을 해달라고 부탁했다. 우리에게 필요한 것은 다만

사진이 담긴 메모리칩이라고 힘주어 말했다. 사람 좋아 보이는 그는 선선히 알겠다고 했다.

케이블카 막차 시간에 맞춰 하산하면서 이제 이만하면 되었다고 그만 잊자고 남편에게 말했다. 그러나 남편은 케이블카가 아찔한 협곡에 매달려 내려오는 동안에도 내내 뮈렌의 언덕 쪽에서 눈을 떼지 못하고 있었다.

남편은 다음 날 취리히에 가자고 했다. 드디어 뮈렌의 언덕에 묻은 휴대폰을 잊고 원래 계획했던 여행을 계속하기로 한 것인가 잠시 반가웠는데, 그것이 아니었다. 남편은 폭풍 검색 끝에 취리히에 금속 탐지기를 파는 상점이 있다는 사실을 알아냈다.

"취리히에 가면, 당신은 아이들과 시내 구경을 해. 나는 금속 탐지기를 사올 테니까. 그리고 나서 오후 4시에 시청 옆 스타벅스에서 만나자."

"4시 시청 옆 스타벅스? 그냥 금속 탐지기 다 사면 전화를 해."

"내가 지금 전화가 없어서 이러는 거잖아."

"아~ 참, 그렇지."

휴대폰이 없는 삶은 생각보다 생경한 것이었다. 카메라만 없는 것이 아니라 연락할 수단도, 지도도, 번역기도 없다는 것이었고, 그런 상태로 처음 와보는 도시에서 누군가와 헤어졌다 만난다는 일은 쉬운 일이 아니었다. 아이들과 나는 취리히 시내를 한 바퀴 돌면서도 오후 4시까지 시청 옆 스타벅스에 도착하기 위해 신경을 곤두세워야 했다. 오후 4시에 맞춰 급히 시청에 도착하는 것은 성공했으나 그 옆에 있다는 스타벅스는 어디에도 보이지 않았다. 분명 지도에는 스타벅스가 있다고 표시되어 있었는데…. 갑자기 모든 것이 막막해졌다. 우리는 숙소로 돌아가기 위해 5시에는 취리히 중앙역에서 기차를 타야 하고 기차표는 모두 남편이 가지고 있다. 헤매다 중앙역에 거의 다 온 지점에서 스타벅스를 발견하긴 했다. 그런데 여기는 애초에 약속했던 시청과는 많이 떨어진 곳이었다. 어쨌든 이 도시에서 스타벅스는 여기뿐인 것 같으니 그곳에서 기다리기로 했다. 딸아이는 아빠가 최소한의 센스가 있으면 결국 여기로 오지 않겠느냐고 했다. 그러나 결국 그런 센스는 없는 자였다. 5시 기차 시간이 다 되어 오자 초조해진 우리는 일단 중앙역으로 이동했다. 기차 시간이 다 되어도 남편을 만나지 못한다면 결국 남편을 포기하고 기차를 타야 할 것인가, 끝까지 기다려야 할 것인가. 플랜B를 짜지 않은 채 헤어진 것을 자책하며 중앙역을 향하던 중 기적적으로 남편을 만났다. 중앙역 앞 사거리 벤치에 몹시 지친 표정의 동양인 한 명이 금속 탐지기를 꼭 끌어안고 앉아 있었다.

다음 날 아침 일찍 남편은 금속 탐지기를 둘러매고 뮈렌으로 올라갔다. 그런데 문제는 우리가 취리히에 다녀오는 동안 뮈렌에는 눈이 한바탕 더 내렸다는 것이었다. 도착해보니 우리의 수색 구역은 새로 내린 눈으로 흔적이 모두 사라져 있었다고 남편은 전했다. 그래도 최대한 수색 지역을 가늠하여 금속 탐지기를 들이대보았으나 소용이 없었다고 한다. 맥주캔 하나를 눈에 묻고 금속 탐지기를 실험해보았더니 얕은 깊이에 묻혀 있을 때는 찾을 수 있었으나, 조금 더 깊이 묻자 아무런 반응이 없었다고 실의에 빠진 남편은 전했다.

그렇게 우리의 독일 생활 마지막 휴가가 끝났다. 우리는 지난 6개월의(다행히 이전 6개월의 사진은 백업을 받아둔 이후였다) 추억을 뮈렌의 그림 같은 언덕에 묻고 돌아왔다. 이제는 귀국 준비를 해야 할 때였다.

너무 길어서 이야기를 안 하려고 했는데, 실은 남편은 그 뒤에도 한 차례 더 휴대폰 수색을 다녀왔다. 독일에 돌아와 짐을 정리하던 어느 밤, 남편은 가방에 별로 소용이 없어 보이는 금속 탐지기와 컵라면 몇 개를 챙겨서 혼자서 스위스행 야간열차를 탔다. 밤새 꼬박 달려 아침녘에 도착한 다음 휴대폰 매몰지에서 가장 가까운 곳에 숙소를 잡고 종일 눈을 팠다고 한다.

그렇게 1박 2일 원 없이 눈을 파고 난 다음에야 우리 가족의 지난 추억이 담긴 휴대폰을 융프라우가 보이는 언덕에 남겨두고 와야 한다는 현실을 받아들였다고 한다. 허탈하게 마지막 맥주 한 캔을 마시고 뮈렌의 언덕에 작별을 고하면서도 그는 마지막으로 호텔 직원에게 물었다.

"여기 눈이 언제 녹죠?"

"April!"

우리의 장대한 설산 수색기를 전해들은 독일인 이웃은 말했다.

"Snow is moving."

눈은 움직이고 있다는 것이다. 눈은 다만 쌓여 머물러 있는 것처럼 보이지만 그 아래에서 천천히 흐르고 있기 때문에 우리가 휴대폰을 떨어트린 그 지점에 더 이상 휴대폰은 없다는 것이다. 거길 백날 파봤자 소용이 없는 이유에 대해 그는 명쾌하게 설명했고, 더불어 눈이 녹는 4월에 다시 찾아가보겠다는 남편의 집념을 말려주었다. 아들은 스위스의 눈이 녹으면 라인 강으로 흐르니 라인 강에 그물을 치고 기다리면 된다는 멋진 의견을 냈다. 하지만 그물이 없는 우리는 할 수 없이 취리히에서 산 금속 탐지기를 싸 들고 한국으로 돌아왔다. 휴대폰은 없고, 추억의 사진들도 없고, 금속 탐지기가 남았다.

무언가를 잃고 애타게 찾는 일, 그러나 결국 찾을 수 없다는 사실을 깨닫는 일, 수색을 중단하고 각자의 방식으로 각자의 마음을 정리하는 일, 그 마음을 갈무리 하는 일에 대한 기억으로 우리 가족은 스위스의 뮈렌 마을을 품고 있다.

용량이 다 된 클라우드에 산발적으로 저장되어 있다가 우연히 발견되곤 하는 그 시절의 사진을 보면 우리가 생각했던 것 보다 훨씬 어린 모습의 아이들이 그림 같은 유럽 풍경 안에서 웃고 있다. 그 사진들이 모두 남아 있었다면 얼마나 좋았겠느냐고, 그 시절의 골목 하나하나 아이들의 웃음 하나하나를 떠올릴 수 있지 않겠느냐고 남편은 지금도 안타까워한다. 그런 이유로 잠이 안 오는 어느 밤 가족 중 누군가 독일에 있던 시절 이야기를 시작하면 우리의 이야기는 항상 뮈렌 마을에서 끝난다.

그런데 그 뮈렌 이야기가 너무 재미있다. 아이들은 눈밭에서 데굴데굴 구른 아빠의 무모함과 며칠째 미친 사람처럼 눈밭을 파던 아빠의 집념에 대해 신이 나서 이야기한다. 이상하게도 그때 눈을 파는 부모 옆에서 하루 종일 이글루를 만들며 놀았던 날을 유럽에서의 가장 재미있었던 하루로 꼽는다. 스위스의 병풍 같은 산자락을 바라보며 마신 딸기 우유가 얼마나 맛있었는지, 뒤집개를 들고 눈밭을 파헤치던 아빠의 엉덩이가 얼마나 웃겼는지 아이들은 어제처럼 이야기한다. 그러면 나도 금속 탐지기를 사러간 남편을 만나기 위해 지도 속에만 존재하던 스타벅스를 찾아 취리히 시내를 헤매던 이야기와 그 와중에도 너무 아름다웠던 취리히의 풍경에 대해 말한다. 남편은 파도 파도 눈만 나오던 귀신이 곡할 노릇의 수색 작업에 대해, 홀로 금속 탐지기를 끌어안고 야간열차를 타던 때의 심정에 대해 이야기를 보태고, 결국 4월이 몇 번 지나도록 우리의 휴대폰을 찾았다는 메일이 도착하지 않았음을 아쉬워한다.

이야기가 그쯤에 다다르면 이제는 눈이 녹은 뮈렌의 언덕에서 키 작은 풀꽃들 사이에 얌전히 누워 알프스의 햇살을 받고 있을 휴대폰을 상상한다. 우리의 한 시절이 그토록 아름다운 곳에 남아 있다고 생각하면 그나마 위안이 되는 것도 같다. 아니면 아들의 말대로 우리의 삼성 갤럭시는 무빙하는 눈을 타고 스위스의 협곡을 내려와 라인 강을 타고 북해까지 흘러갔을지도 모르겠다. 바다는 하나니까 북해로 들어간 휴대폰이 망망대해를 떠돌다 우리의 구룡포 앞바다에 당도하는 일이 일어날지도 모른다고 아이들과 나는 〈용감한 갤럭시의 여행〉이라는 제목의 이야기를 만들어 무한 상상의 나래를 펼쳐 보기도 한다.

할부 기간이 다소 남아 있던 휴대폰과 그 안에 디지털 기술로 저장된 우리의 추억은 이제 없다. 사진으로 남지 않은 그 시절을 잊지 않기 위해 우리는 더 자주 그 시절에 대해 이야기한다. 기억은 흐려지기도 하고, 다른 곳에 대한 기억과 뒤섞여 뒤죽박죽이 되기도 하지만, 한 시절이 오직 우리의 머릿속에만 있다는 절박함은 이야기를 살아 있게 만든다. 그러고 보면 명백한 증거들이 존재하지 않음으로 인하여 더욱 생생하게 살아나는 세계가 있다. 그 사실을 우리 가족은 뮈렌의 언덕에서 뜻하지 않게 얻어온 것이다. 그리고 우리 집에는 금속 탐지기가 남았다.

저것으로 도대체 무엇을 탐지해야 할지 막연하지만, 언젠가 또 무언가를 잃어버린다면 그때는 헤매지 않고 보다 전문적인 수색에 들어갈 수 있겠지. 그곳이 깊은 눈밭이 아니라면 말이다.

친애하는 나의 민원인

초판 1쇄 발행 2021년 7월 9일
초판 7쇄 발행 2023년 11월 30일

지은이   정명원
펴낸이   이상훈
편집1팀   김진주 이연재
마케팅   김한성 조재성 박신영 김효진 김애린 오민정

펴낸곳   (주)한겨레엔 www.hanibook.co.kr
등록   2006년 1월 4일 제313-2006-00003호
주소   서울시 마포구 창전로 70(신수동) 화수목빌딩 5층
전화   02) 6383-1602~3 팩스 02) 6383-1610
대표메일   book@hanien.co.kr

ISBN   979-11-6040-619-1 03300